Simon Peng-Keller, Albert Schmucki (Hrsg.)

Aufbruchsfreude und Geistesgegenwart
Gestalten einer erneuerten christlichen Spiritualität

TVZ

Simon Peng-Keller
Albert Schmucki (Hrsg.)

Aufbruchsfreude und Geistesgegenwart

Gestalten einer erneuerten christlichen Spiritualität

EDITION NZN
BEI TVZ
Theologischer Verlag Zürich

Die deutsche Bibliothek – Bibliografische Einheitsaufnahme
Die Deutsche Bibliothek verzeichnet diese Publikation in der Deutschen Nationalbibliografie; detaillierte bibliografische Daten sind im Internet über <http://dnb.ddb.de> abrufbar.

ISBN: 978-3-290-20039-8

Umschlaggestaltung: Simone Ackermann, Zürich
Satz: Verena Schaukal, Paris
Druck: ROSCH-BUCH GmbH, Scheßlitz

www.tvz-verlag.ch

Inhalt

Vorwort

Dass sich christliche Spiritualität heute in einem tiefgreifenden Wandlungsprozess befindet, ist wohl kaum zu bestreiten. Die gesellschaftlichen Umwälzungen verändern auch die Formen christlichen Lebens. Entgegen dem Anschein, dass das Christentum im gegenwärtigen Europa eine von Geistesarmut geprägte Altersphase durchläuft, findet man bei näherer Betrachtung eine Fülle von verheißungsvollen Neuaufbrüchen. Oliver Clément meint aufgrund solcher Erfahrungen der Aufbruchsfreude und der Geistesgegenwart sogar, dass sich ein neues «Christentum abzeichnet, das fähig ist, ein ungeschminkteres Zeugnis vom Evangelium abzulegen.» Die Geschichte zeigt, dass am Anfang einer spirituellen Erneuerungsbewegung oft nicht ein klar umrissenes Projekt steht, sondern eine verheißungsvolle Intuition, die zum Wagnis ermutigt, sich auf neue und persönliche Weise auf das Evangelium einzulassen.

Beispielhaft dafür stehen die in diesem Band porträtierten fünf Gestalten, die mit ihrem Leben und ihrem Werk prägnante Neuakzente gesetzt haben. Was sie verbindet, ist ihr Versuch, Gottes Gegenwart in der Not ihrer Zeit wahrzunehmen. Die fünf Porträts gehen auf die Sommervorträge 2006 an der Theologischen Hochschule Chur zurück. Sie werden eingerahmt durch zwei Beiträge, die etwas von den Diskussionen dokumentieren, die diese Vortragsreihe begleitet haben.

Dem Lektor der Edition NZN bei TVZ sei nicht nur für seine rege Beteiligung daran, sondern auch für die umsichtige Betreuung des Bandes herzlich gedankt. Ein großer Dank gebürt schließlich der Römisch-katholischen Synode des Kantons Zürich und der Katholischen Landeskirche von Graubünden, die mit Druckkostenzuschüssen dieses Buch möglich gemacht haben.

Simon Peng-Keller/Br. Albert Schmucki OFM

Simon Peng-Keller

Brennpunkte christlicher Spiritualität heute

An der 7. Vollversammlung des Ökumenischen Rates der Kirchen, die 1991 in Canberra stattfand, hatte die koreanische Theologieprofessorin Chung Hyung Kyung die Aufgabe, nach dem orthodoxen Patriarchen von Alexandrien Parthenios das zweite Hauptreferat zum Tagungsthema «Komm, Heiliger Geist, erneuere die ganze Schöpfung» zu halten. Sie begann ihren Vortrag mit einem Tanz und einer Anrufung der ‹Geister› von Gewaltopfern der jüngeren und ferneren Vergangenheit. Deren Namen hatte sie zuvor auf eine Rolle aus Reispapier geschrieben, die sie am Ende der Litanei nach der Art eines schamanistischen Reinigungsrituals verbrannte. Anschließend erläuterte Chung Hyung Kyung ihr Gebet: «Wenn wir das Schreien dieser Geister nicht hören, können wir auch die Stimme des Heiligen Geistes nicht vernehmen. Ich hoffe, dass die Gegenwart der Geister all unserer Vorfahren Ihnen kein Unbehagen verursacht. Für uns sind sie die greifbar und sichtbar gewordenen Ikonen des Heiligen Geistes.»[1] Obwohl die reformierte Theologin auf diese Weise die Wirklichkeit des Heiligen Geistes von den vielen Geistern unterschied, die sie angerufen hatte, zog sie durch ihre Bezugnahme auf buddhistische Gottheiten und fernöstliche Religiosität den Vorwurf auf sich, den christlichen Glauben durch einen unchristlichen Schamanismus zu ersetzen. Chung Hyung Kyungs Referat und die hitzigen Diskussionen und gegensätzlichen Reaktionen, die es hervorrief, dokumentieren das innerchristliche Ringen um zeitgemäße Lebensformen und Ausdrucksgestalten christlicher Spiritualität. In den gegensätzlichen Positionen zeigt sich auf unterschiedliche Weise die Grundspannung, die für christliche Spiritualität prägend ist: Der gleiche Geist, der Jesus in die Wüste und in die Welt trieb, ermutigt auch heute noch zum Widerstand gegen den Ungeist der Welt, indem er die passionierte Liebe zum Leben in all seinen Formen weckt. In sich verändernden gesellschaftlichen und politischen Konstellationen führt diese geistgewirkte Spannung zwischen radikaler Weltrelativierung und umfassender Schöpfungsfreude zu neuen Formen christlicher Spiritualität. In einem in Canberra verfassten Bericht heißt es dazu:

> «Spiritualität wurzelt in der Taufe und in der Nachfolge. Durch sie sind wir in das Sterben und die Auferstehung Christi hineingenommen, werden Glieder seines Leibes und empfangen die Gaben des Heiligen Geistes, damit wir ein Leben führen, das in den Dienst für Gott und für Gottes Kinder gestellt ist. (...) Spiritualität ist die Feier der Gaben Gottes, Leben in Fülle, Hoffnung in Jesus Christus, dem gekreuzigten und auferstandenen Herrn, und Verwandlung durch den Heiligen Geist. Spiritualität ist auch das unablässige, oft mühsame Ringen um das Leben im Licht inmitten von Dunkelheit und Zweifel. Spiritualität bedeutet, das Kreuz um der Welt willen auf sich nehmen, an der Qual aller teilhaben und in den Tiefen menschlichen Elends Gottes Antlitz suchen. (...) Spiritualität – in ihren vielfältigen Formen – heißt lebensspendende Energie empfangen, geläutert, inspiriert, frei gemacht und in allen Dingen in die Nachfolge Christi gestellt werden.»[2]

Der folgende Versuch, einige Brennpunkte heutiger Spiritualität zu benennen, hat angesichts der unübersichtlichen Vielfalt christlicher Existenz seine offenkundigen Grenzen. Mit der metaphorischen Rede von ‹Brennpunkten› sollen Frage- und Suchbereiche in den Blick kommen, in denen sich etwas bündelt und fokussiert, was besonders dringlich und verheißungsvoll erscheint: Scheide- und Schmerzpunkte also ebenso wie geistgewirkte Bruch- und Berührungsstellen, an denen die Klarheit des Evangeliums, die österliche Freude und die pfingstliche Begeisterung die Gegenwart zu durchdringen beginnen. Ich beschränke mich, nach einer ersten abgrenzenden Konturierung des Problemfeldes (1.), auf sechs Themenbereiche: Die Spannung zwischen dem Gefühl der Abwesenheit Gottes und Erfahrungen seiner unerwarteten Nähe (2.), die Suche nach neuen spirituellen Lebensformen (3.), das Verhältnis zwischen Selbst- und Gotteserkenntnis (4.), die kirchliche Dimension christlicher Spiritualität (5.), die Herausforderung der Gastfreundschaft (6.) und die Frage nach der Radikalität des Evangeliums (7.).

1. Spiritualität jenseits von weltloser Vergeistigung und geistlosem Vitalismus

Soll «die Sehnsucht nach einer spirituell angeleiteten Vereinfachung (...) nicht in die Simplizität» und «eine sterile Verweigerung der geistigen Pluralität unserer Zeit» abgleiten,[3] dann bedarf es sowohl der geistlichen Vertiefung als auch der geistigen Differenzierung. Deshalb beginne ich mit einer kurzen Differenzialdiagnose der gegenwärtigen spirituellen Suchbewegungen, in denen geschichtlich bereits vielfach begangene Wege und Abwege neu beschritten werden.

1.1 Verkürzungen: Intellektualismus, Vitalismus und Spiritualismus

Es gehört zu den problematischen Seiten der Geschichte christlicher Spiritualität, dass sich die Unterscheidung zwischen dem Geist Gottes (griech.: *pneuma hagion*; lat.: *Spiritus Sanctus*) und dem menschlichen Geist (griech.: *nus*; lat.: *intellectus, mens*) oft verwischte. Die Folge war eine stark vergeistigte und oft auch leibfeindliche Spiritualität. Als Reaktion auf diese intellektualistische Verkürzung wird heute manchmal ein vitalistisches Geistverständnis propagiert, das nicht weniger einseitig ist. Die Identifikation des Heiligen Geistes mit einer alles erfüllenden Lebenskraft tendiert ähnlich wie das intellektualistische Geistverständnis, das sich den Geist als alles durchwaltende Weltseele vorstellt, zu einer pantheistischen Verschmelzung von kreatürlicher und göttlicher Wirklichkeit. Eine dritte Verkürzung christlicher Geisterfahrung, die heute ebenfalls verbreitet ist, stellt schließlich ein Spiritismus dar, der anstelle des Hörens auf den einen göttlichen Geist (vgl. 1 Kor 12,4ff.) die Kommunikation mit einer Vielzahl von Geistwesen setzt. Zu diesen drei Missverständnissen kommt man, wenn wir vergöttlichen, was wir als erleuchtend, mächtig oder geheimnisvoll erfahren: die Leistungskraft unseres Intellekts, die Stärke der sich ständig erneuernden Lebensenergie oder das Wirken von geheimnisvollen guten oder bösen Mächten in der Tiefe unserer Seele oder im gesellschaftlichen Zusammenspiel.

1.2 Christliche Spiritualität: Aus der Wirklichkeit des Heiligen Geistes leben

Zwar versteht auch das Christentum den Heiligen Geist als Kraft, die den Intellekt des Menschen erleuchtet, die sein Leben stärkt und erneuert und die ihn in all seinen Beziehungen geheimnisvoll durchwirken kann. Der Heilige Geist erleuchtet, erneuert, heilt, tröstet... – und ist dennoch nicht mit der geschöpflichen Wirklichkeit zu identifizieren, an der und durch die er wirkt. Wenn das christliche Gottesverständnis an dieser Unterscheidung festhält, dann aus der Erfahrung heraus, dass der Grund unseres Seins ein «Antlitz» hat, das uns in seiner Zuwendung neues Leben schenkt. Der Heilige Geist ist Gottes Nähe bei uns. Und wo wir Gott uns nahe kommen lassen, wird alles neu. Deshalb fürchten diejenigen seine Nähe, die möchten, dass alles beim Alten bleibt!

Soll christliche Spiritualität zu einem Leben hin führen, das sich vom gleichen Geist bestimmen lässt, der schon Jesus von Nazaret erfüllte und auf seinen Weg brachte (vgl. Lk 3,22 u. 4,1.14.18), dann unterscheidet sie sich sowohl von einem weltlosen und alltagsfernen Spiritualismus als auch von einer vitalistischen Selbstverherrlichung des Menschen. In der Hoffnung, dass Gottes Geist das Leben radikal erneuert und aus dem Tod rettet, müssen Begrenzung, Krankheit und Tod nicht ‹spirituell› übersprungen werden, sondern können nüchtern wahr- und angenommen werden:

> «Der Segen Gottes erhöht die Vitalität, aber dämpft sie nicht. Die Nähe Gottes macht das Leben wieder liebenswert und nicht verächtlich. (...) Im Sturmwind des göttlichen Lebensgeistes beginnt der endgültige Frühling der Schöpfung, und die ihn schon jetzt erfahren, spüren, wie das Leben wieder lebendig und liebenswert wird. Der kranke, gebrechliche und sterbliche Leib wird zum ‹Tempel des Heiligen Geistes›. (...) Wir werden (...) nicht *von* der Welt erlöst, sondern *mit* der Welt. Die christliche Geisterfahrung separiert uns nicht von der Welt. Je größer wir für die Welt hoffen, desto tiefer wird unsere Solidarität mit ihrem Leiden und ihrem Seufzen.»[4]

2. Gottesfinsternis und Geistesgegenwart

2.1 Das verbreitete Gefühl der Abwesenheit Gottes

Das Gefühl, dass sich Gott aus einer durchrationalisierten Welt, aus dem ‹eisernen Gehäuse› der Spätmoderne, stillschweigend zurückgezogen hat, ist auch unter Christen und Christinnen verbreitet. Das Buch der Schöpfung scheint bei allem Wissenszuwachs zugleich verrätselt und geheimnislos. Die Dominanz ökonomischer und technologischer Rationalität evoziert ein Gefühl von kosmischer Klaustrophobie, das die Welt in ihrer leeren Weite als bedrückend eng empfinden lässt – zu eng scheinbar auch für Gottes raumschaffenden Geist. Erfahrungen von Liebe und Glück vermögen zwar dieses Gefühl zeitweilig als böse Laune vertreiben, sind Fingerspuren Gottes im Sand der Welt. Doch machen solche Erfahrungen erfüllter Gegenwart nicht nur Gottes geheimnisvolle Gegenwart erahnbar, sondern sie intensivieren auch das Gefühl seiner Verborgenheit. Entziehen sich die erfüllten Stunden, die uns unverhofft geschenkt werden, nicht allzu rasch? Sind wir nicht diesbezüglich erstaunlich vergesslich? Und weisen die Spuren, die sie hinterlassen, nicht immer nur zurück auf eine Vergangenheit, die uns unwiederbringlich entzogen ist? Das sich in der Neuzeit ausbreitende Gefühl der Abwesenheit Gottes verband sich häufig mit dem elegischen Gefühl, einst sei es anders gewesen, sei die Welt Gottes voll gewesen. So dichtete Hölderlin am Ende des 18. Jahrhunderts: «Aber Freund! wir kommen zu spät. Zwar leben die Götter, / Aber über dem Haupt droben in anderer Welt.»[5] Die Götter, so verkündet der «Dichter in dürftiger Zeit», haben die Welt bereits vor langer Zeit verlassen und haben auf der Erde Trauer zurückgelassen. In der Moderne vollendet sich nach

Hölderlin die Götterdämmerung der griechischen Aufklärung, eine Erfahrung des Sich-Verbergens des Göttlichen, die sich markant von der Gottesferne unterscheidet, die Israel fast gleichzeitig in abgründigen Kriegs- und Exilserfahrungen durchlitt und die von ihren Propheten als Läuterung gedeutet wurde. Entsprechend richtete sich hier – wie später auch im werdenden Christentum – der Blick nicht zurück auf eine unwiederbringliche Kindheit und ein ewig verlorenes goldenes Zeitalter der Gottesnähe, sondern nach vorn auf eine Zukunft, die als endgültige Heimkehr in Gottes Heilsgemeinschaft erhofft wurde. Es mag für die Postmoderne kennzeichnend sein, dass dieser messianische Horizont, der bei Hölderlin noch von ferne leuchtete, auch noch in seinen säkularisierten Formen zweifelhaft geworden ist. Das Gefühl der Absenz Gottes verstärkt sich, wo keine Zeit mehr vorstellbar ist, die wieder von seiner Gegenwart erfüllt sein könnte. Unter diesen Umständen wächst allerdings auch die Sehnsucht danach, Gottes Nähe erfahren zu können.

2.2 Gottes geheimnisvolle Gegenwart

Das steigende Interesse an der vielgestaltigen Tradition christlicher Mystik kann als Ausdruck dieser Sehnsucht verstanden werden. Die heutige Mystikrenaissance ist dem Verdacht ausgesetzt, sie versuche der Gottesfremde der Postmoderne in fragwürdiger Weise zu entkommen: Zum einen dadurch, dass sie, gemäß einer ursprünglichen Bedeutung von *myein*, schlicht empfehle, die Augen vor der äußeren Misere zu verschließen und sich in eine vermeintlich heile Innerlichkeit zurückzuziehen; zum andern durch eine mystisch-sakrale Wiederverzauberung der Welt, die sich auf ein angeblich ‹ganzheitlicheres› Denken beruft. Gegenüber solchen Aktualisierungsversuchen ist in Erinnerung zu rufen, dass die Tradition christlicher Mystik auf das *Mysterion* des Glaubens zurückverweist: auf die verborgene Ankunft Gottes beim Menschen. Die urchristliche Erfahrung, dass Gott auf geheimnisvolle Weise verborgen ist und dem Menschen gerade so heilsam nahe kommt, unterscheidet sich auf bedeutsame Weise vom postmodernen Gefühl, Gott habe sich aus der Welt zurückgezogen. Zwar wird Gottes Verborgenheit bereits in biblischer Tradition zuweilen als äußerst leidvoll erfahren (Ps 22,2–4). Doch auch dieses Leiden wird nochmals vor Gott getragen und so der Verwandlung übergeben. Dass der Glaube an Gottes heilsame Gegenwart und das Leiden an seiner Verborgenheit zusammengehören, dafür stehen die gleichen Gestalten christlicher Spiritualität, die oft als Zeugen und Zeuginnen intensiv erlebter Gottesgegenwart angeführt werden. Das mystische Glück, von Gottes Nähe umfangen zu sein, ist gepaart mit der Erfahrung der Nacht, in die hinein der ‹Geliebte› sich entzogen hat – um gerade so den von der Gottesliebe verwundeten Mensch auf einen wagnisvollen Weg zu bringen. Im Gottvermissen, so lehren diese Texte, kommt alles darauf an, dass man sich nicht angstvoll oder resigniert auf sich selbst zurückzieht, sondern vielmehr sich auch aus sich herausrufen lässt und wahrzunehmen versucht, ob sich die Nähe Gottes auf bisher unbekannte Weise erschließt. Meister Eckhart drückt es so aus:

> «Der Mensch soll sich in keiner Weise je als fern von Gott ansehen, weder wegen eines Gebresten noch wegen einer Schwäche noch wegen irgendetwas sonst. Und wenn dich auch je deine großen Vergehen so weit abtreiben mögen, dass du *dich* nicht als *Gott* nahe ansehen könntest, so sollst du doch *Gott* als *dir* nahe annehmen. Denn darin liegt ein großes Übel, dass der Mensch sich Gott in die Ferne rückt; denn, ob der Mensch nun in der Ferne oder in der Nähe wandele: *Gott* geht nimmer in die Ferne, er bleibt beständig in der Nähe; und kann er nicht drinnen bleiben, so entfernt er sich doch nicht weiter als bis vor die Tür.»[6]

An Gottes Gegenwart zu zweifeln und sich in Erfahrungen von Schuld und Versagen fern von ihm zu fühlen, das sind für Eckhart Weisen, sich seiner Gegenwart zu verschließen, ihn in die Ferne zu rücken und seine Nähe zu übersehen. Zu diesen Distanzierungsformen ist auch die heutige Verabsolutierung der in aller Größe begrenzten Weltwirklichkeit zu zählen, die das lähmende Gefühl weckt, Gott sei abwesend und der Mensch ein einsamer Zigeuner am Rand eines leeren und kalten Universums. Die Ausrichtung auf die verborgene Gegenwart Gottes, zu der Eckhart mit vielen anderen christlichen Meistern ermutigt, erfüllt hingegen den schlichten Alltag mit einem Hauch von erfüllter Gegenwart. Sie lässt im Lärm unserer Aktivitäten Gottes Stille laut werden, macht sein leises Klopfen hörbar. Das Leben in und aus Gottes Gegenwart erschließt die Tiefe gelebter Gegenwart, deren Reichtum im Zug der immer rascher verrinnenden Zeit leicht übersehen oder im Drang nach künftigen Erfüllungen übersprungen wird. Wo man im Glauben wagt, in der Gegenwart zu leben, erschließt sich auch die verborgene Gegenwart des Geistes: Man nimmt wahr, dass der Mut, sich auch ‹in dunkler Nacht› auf Gottes lichtvolle Wirklichkeit zu verlassen, sich nicht eigener Kraft und Entscheidung verdankt. Alles Wagen und Trauen ist gezogen vom Zug der Gnade, bewogen durch eine verheißungsvolle Heilspräsenz: «Diese vollkommene kommunikative Präsenz trägt biblisch-christlich den Namen Immanuel: Hier ist Gott ganz da. (...) Gottes radikale Präsenz ist Seine radikale *Zugänglichkeit.* Sie eröffnet das mit-ihm-Sein, wo der Tod alles Beziehungs-Sein zu durchtrennen scheint. Sie eröffnet Zukunft, wo alles vergangen zu sein scheint: zuerst seinem Immanuel, dann auch all denen, die in seiner Spur diese Präsenz suchen.»[7]

2.3 Wenn Gott einfällt...

Die Konsequenzen solcher unspektakulärer Erfahrungen sind nicht zu unterschätzen. Mag auch Gottes Gegenwart unscheinbar sein wie eine «Stimme verschwebenden Schweigens» (1 Kön 19,12 nach M. Buber): Wer sie vernimmt, kann nicht mehr so weiterleben wie bisher. «‹Wenn Gott einfällt›, ändert sich alles – das Verhältnis zu mir selbst und zum andern, zur Weltwirklichkeit insgesamt. Denn alles gerät in das Licht des einseitig entgegenkommenden Anderen, des ganz Anderen.»[8] Gottes radikales Anderssein, das zunächst als Abwesenheit Gottes erlebt und erlitten wird, ist wohltuend, auch wenn es irritieren und stören mag. Seine Selbstvergegenwärtigung, die unsere Ordnungen überschreitet und sie in gewisser Weise durcheinanderbringt, weckt zunächst Befremden und Staunen, bevor sich im Befremdenden das heilsam Verwandelnde zeigt. Was Mose vor dem brennenden Dornbusch widerfuhr, erfahren Menschen noch heute: «Es gehört zu Gottes Wesen, dass Gott da ist. Hat er sich im brennenden Dornbusch doch selber definiert als der ‹Ich bin der, der da ist› (Ex 3,14). Was das heißt, ist buchstäblich zu verstehen. Es wirft einem den Lebenskurs um wie einen Kahn im Strom und treibt ihn in der Gegenrichtung voran. Gott ist da, Gott ist da! Was ist daneben eigentlich noch wichtig? Dass Gott nicht nur da ist, dass er auf uns hin da ist, macht alles noch umwerfender – der Ausdruck sagt, dass uns das auf die Knie werfen sollte.»[9] Für Silja Walter bedeutete diese Relativierung von allem, was bisher wichtig schien, den Wechsel der Lebensform. Wenn Gott nicht nur da ist, sondern sogar *auf uns hin da ist*, dann ist es konsequent, ebenfalls ganz auf ihn hin da sein zu wollen. Aus der Begegnung mit der verborgenen Nähe Gottes formt sich so die Bereitschaft, sein ganzes Leben neu auf Gottes Gegenwart hin zu orientieren. Und das heißt: eine neue Lebensform zu entdecken und einzuüben.

3. Spirituelle Lebensform und geistliche Lebenskunst

3.1 Eine alternative Lebensform

Was das Christentum in den ersten Jahrhunderten seiner Existenz attraktiv machte, war nicht zuletzt die Tatsache, dass es alternative Lebens- und Sozialformen anzubieten hatte, die sich von allem Vertrauten und Althergebrachten markant unterschieden. Manche Zeichen deuten darauf hin, dass sich eine ähnliche Konstellation heute wieder einstellt. Die jahrhundertealte Symbiose von Kultur, Politik und Christentum ist in einem raschen Auflösungsprozess begriffen und die gegenwärtig dominanten Lebensformen sind kaum mehr christlich geprägt. Wenn heute dem Christentum, so wie es sich institutionell präsentiert, der Glanz des Neuen und Überraschenden fehlt, so hat es doch im Laufe seiner langen Geschichte eine Vielfalt von Lebensformen herausgebildet, die sich in transformierter Gestalt auch in Zukunft bewähren dürften. Die kreative Anknüpfung an bereits gelebte und überlieferte Gestalten christlicher Spiritualität eröffnet eine große Vielfalt an verheißungsvollen Wegen und Lebensexperimenten. In neuer Weise wird dabei das Verhältnis zwischen vorgegebenen Modellen und gemeinschaftlich getragenen Formen einerseits und der notwendigen Transformation bzw. der persönlichen Aneignung dieser Formen zur Aufgabe. Angesichts der Fülle an gelebten Wirklichkeiten und offenstehenden Möglichkeiten beschränke ich mich darauf, einige grundlegende Aspekte zu thematisieren.

3.2 Ars spiritualis – spirituelle Lebenskunst

In der Regel des Heiligen Benedikt findet sich die Rede von einer «ars spirit(u)alis» (4,95), einer spirituellen Kunst, worunter eine bewährte und zur Nachahmung empfohlene Praxis christlichen Lebens verstanden wird. Eine Lebensform bedarf der geduldigen Eingewöhnung und Einübung. Ohne das regelmäßige Zurückkommen auf bestimmte Gebetsformen und Grunderfahrungen bleibt ein geistliches Leben formlos und unverbindlich. War es über weite Strecken eher die Überregulierung, die eine lebendige Spiritualität gefährdete, so dürfte heute eher das Problem der fehlenden Übungs- und Gestaltungsformen im Vordergrund stehen. Eine gewichtige Ursache für diesen Formverlust liegt in der Entfremdung zwischen Liturgie und Spiritualität. Während in den Kirchen des Ostens noch heute die Liturgie der primäre Raum darstellt, in dem spirituelle Vollzüge eingeübt und erlebbar werden, so empfinden viele Christinnen und Christen des Westens kirchliche Liturgie und persönliche Spiritualität als zwei getrennte Wirklichkeiten, die mehr oder weniger spannungsvoll zueinanderstehen. Liturgie erscheint in einer solchen Perspektive als mehr oder weniger verhärtete Außenseite der Religion, während Spiritualität auf ihr inneres Wesen zielt und anders als der kollektive ‹Kult› auf den individuellen Weg zu Heil und Heilung führt. Dieses Modell, das sich seit der Aufklärung des 17. und 18. Jahrhunderts einer wachsenden Beliebtheit erfreut, hat eine lange Vorgeschichte. Es findet sich bereits in manchen Philosophenschulen der Antike, die es vermieden, mit dem staatlich geforderten Opferkult zu brechen, diesen jedoch als eine Religionsform betrachteten, die gegenüber ihrem ‹geistigen› Gottesdienst eines philosophischen Lebens als minderwertig einzustufen ist. Dass Gott nicht durch

Tier- oder Naturalopfer zu verehren ist, sagte auf andere Weise auch das frühe Christentum: Das Opfer, das Gott gefällt, besteht nach Paulus in der Selbsthingabe, die der Barmherzigkeit Gottes zu entsprechen sucht (Röm 12,1). Die wahre Anbetung kann überall geschehen, denn «Gott ist Geist, und alle, die ihn anbeten, müssen im Geist und in der Wahrheit anbeten» (Joh 4,24). Der Verzicht auf eine kultische Opferpraxis bedeutet jedoch nicht eine Absage an gemeinsame Gottesdienstfeiern. Christliche Spiritualität lebte von allem Anfang an vom Wechselspiel zwischen gemeinsamem Beten und Feiern einerseits und der persönlichen Gebets- und Glaubenspraxis andererseits. Wie wichtig dieses Zusammenspiel ist, lässt sich daran ablesen, dass es bei allen großen spirituellen Erneuerungsbewegungen zum Thema wird. Taizé kann hier beispielhaft für das 20. Jahrhundert stehen.

3.3 Übung der Achtsamkeit

Der Bewährungs- und Reifungsort der «ars spiritualis» ist allerdings nicht die Liturgie, sondern der Alltag in seinen vielen Facetten. Er ist der Acker, in dem der Schatz des Evangeliums verborgen ist (Mt 13,44). Wer nicht bereit ist, ihn mit seinen Disteln und Steinen zu ‹kaufen›, und sich eine einladendere ‹spirituelle› Insel erträumt, versäumt es, den Schatz ans Licht zu bringen. Die «ars spiritualis» zeigt sich im Wie des Lebens. Christliches Leben lässt sich durch die Liebe formen und kultiviert die Achtsamkeit im hörenden Gebet und im alltäglichen Tun und Lassen. Dieser Achtsamkeit, die sich durchaus einüben lässt, kommt man dort auf die Spur, wo man entdeckt, wie ein waches Verweilen in dem gegenwärtig Gegebenen und Aufgegebenen Freude weckt und im Unscheinbaren eine unerwartete Fülle ans Licht bringt. In einem bleibend lesenswerten Text mit dem sprechenden Titel *Betrachtungen über den rechten Gebrauch des Schulunterrichts und des Studiums im Hinblick auf die Gottesliebe*[10] hat Simone Weil ihre diesbezüglichen Erfahrungen für ihre Philosophieschülerinnen zusammengefasst. Die Übung der Achtsamkeit, die sich mit den verschiedensten Tätigkeiten verbinden lässt, besteht gemäß dieser Anleitung in der Suche einer Geisteshaltung, die das, was ich im Zusammenhang mit einer bestimmten Tätigkeit wahrnehme und erkenne, nicht durch meine eigene Überaktivität und Gedankenflut überdeckt, sondern eine staunende Offenheit wahrt: «Der Geist soll hinsichtlich aller besonderen und schon ausgeformten Gedanken einem Menschen auf einem Berge gleichen, der vor sich hinblickt und gleichzeitig unter sich, doch ohne hinzublicken, viele Wälder und Ebenen bemerkt. Und vor allem soll der Geist leer sein, wartend, nichts suchend, aber bereit, den Gegenstand, der in ihn eingehen wird, in seiner nackten Wahrheit aufzunehmen.» Sich im achtsamen Verweilen üben, bedeutet zudem, sich von eigenen Zielen und Vorstellungen zu distanzieren und die notwendige Eigenaktivität mit einer Haltung des (Zu-)Lassens zu verbinden. Denn die «kostbarsten Güter soll man nicht suchen, sondern erwarten.» Anstelle des zielsetzenden Willens setzt Simone Weil die Freude am gesammelten Tun: «Die Freude des Lernens ist zum Studium ebenso unerlässlich wie dem Läufer das Atmen.» Doch lässt die Übung der Achtsamkeit nicht nur die Freude am Studium und anderen Tätigkeiten wachsen, sondern kann nach Weil auch als Teil einer spirituellen Praxis betrachtet werden. Sie stellt nach N. Malebranche das natürliche Gebet der Seele dar. Deshalb sollen die Studierenden, «die Gott lieben, (...) niemals sagen: ‹Ich liebe die Mathematik›, ‹Ich liebe das Französische›, ‹Ich liebe das Griechische›. Sie sollen dies alles lieben lernen, weil alles dieses das Wachstum jener Aufmerksamkeit fördert, die, auf Gott gerichtet, das eigentliche Wesen des Gebetes ist.» Es ist die auf das alltäglich Aufgegebene und auf Gott gerichtete Aufmerksamkeit, welche die christliche «ars spiritualis» ausmacht. Sie öffnet dem Heiligen Geist die Tür, der formbildenden Kraft eines geistlichen Lebens, dessen konkrete Gestalt dadurch bei allen Anleihen von vorgegebenen Traditionen eine je einmalige und einzigartige Prägung erhält.

4. Selbsterkenntnis und Gotteserkenntnis

4.1 Vom «Erkenne Dich selbst!» zum «Erkenne denjenigen, der Dich erkennt!»

Die Frage nach dem Verhältnis von Selbst- und Gotteserkenntnis begleitet die Religions- und Philosophiegeschichte von Anfang an. Von Sokrates erzählt eine Lebensbeschreibung aus dem vierten vorchristlichen Jahrhundert, er sei einmal von einem Inder gefragt worden, worüber er philosophiere. Dessen Antwort, er denke über das menschliche Leben nach, habe der Inder lächelnd mit der Aussage kommentiert, das Menschliche lasse sich nur aus der Erkenntnis des Göttlichen ergründen.[11] Der Vordenker abendländischer Weisheit muss gemäß dieser bemerkenswerten Anekdote daran erinnert werden, dass eine Selbsterforschung, die sich auf immanente Einsichten beschränkt, das Menschliche nicht zu ergründen vermag. Hatte der Philosoph vergessen, dass das «Erkenne Dich selbst!», das an gut sichtbarer Stelle im Tempel zu Delphi zu lesen war, zunächst die Aufforderung bedeutete, sich an seine menschlichen Grenzen zu erinnern, bevor man sich dem Heiligen näherte? Das von Sokrates verkörperte griechische Denken, das sich von seinen religiösen Ursprüngen bereits emanzipiert hatte, wird durch den als überlegenen Gesprächspartner auftretenden Inder mit der fernöstlichen

Verschränkung von Selbsterkenntnis und religiöser Praxis kontrastiert. Es fällt nicht schwer, in den Protagonisten dieser Anekdote heutige Gestalten zu erblicken: Die Aufgabe des Sokrates, die Menschen über sich aufzuklären und dialogisch zu sich selbst zu führen, erfüllt heute die Psychologie als Wissenschaft und die Psychotherapie als Heilpraxis. Auf der anderen Seite stehen die Vertreter verschiedener Religionen, die auf unterschiedliche Weise daran erinnern, dass der Mensch sich nur in einem sehr begrenzten Maße aus sich selbst heraus verstehen kann. Damit steht eine heutige christliche Spiritualität vor der doppelten Herausforderung, zum einen ihr Verhältnis zu psychologischer Selbsterkenntnis und psychotherapeutischen Heilungswegen zu klären, zum andern ihre spezifische Form spiritueller Selbsterkenntnis herauszuarbeiten.

4.2 Psychologische und spirituelle Selbsterkenntnis

Anders als Sokrates und die griechische Philosophie verstand das Christentum das delphische «Erkenne dich selbst!» nicht als Aufforderung zur analytischen Selbsterforschung diesseits aller Gottesbeziehung, sondern als Ruf zu betender Einkehr und gläubigem Bekenntnis. Es transformierte dabei den delphischen Imperativ zur evangelischen Einladung «Erkenne denjenigen, der Dich jederzeit erkennt und liebend umfängt!» (vgl. 1 Kor 13,12). Sich taufen zu lassen, bedeutete im frühen Christentum nicht nur, ein neues Leben zu beginnen, sondern sich ausgehend von einer neuen Gotteserkenntnis neu zu verstehen: als Kind Gottes, Ebenbild Christi, neues Geschöpf des Geistes... Doch in welchem Verhältnis stehen hier psychologische und spirituelle Selbsterkenntnis? Das Gleichnis vom Verlorenen Sohn zeichnet modellhaft ein Wechselspiel von Einkehr zu sich und Heimkehr zu Gott: Der Sohn, der in sich geht, sich seine Not eingesteht und sich auf den Heimweg macht, besitzt zwar schon ein gewisses Maß an Selbsterkenntnis, doch erst die überraschende Erfahrung mit seinem Vater macht ihm das Ausmaß seiner nun überwundenen Verlorenheit bewusst. Im Anschluss an dieses Gleichnis lässt sich die psychologische Selbstwahrnehmung als Vorbereitung für die nicht aus ihr ableitbare spirituelle Selbsterkenntnis verstehen. Die Einkehr, die die Heimkehr aus dem «Land der Flucht» (Gen 4,16) ermöglicht und die Erneuerung der Gottesbeziehung vorbereitet und begleitet, ist allerdings keine obsessive Selbsterforschung, was eine neue Gestalt der Flucht wäre. Sie lässt sich eher beschreiben als ein geduldig fragendes Wahrnehmen dessen, was einen umtreibt und zerstreut, was einen ruft und sammelt. Bei Blaise Pascal findet sich eine hellsichtige Analyse der menschlichen Mühe, zu sich zu kommen und zu Gott zu finden:

«Die Menschen bilden sich ein, wenn sie dieses Amt erhalten hätten, so würden sie hierauf mit Vergnügen ausruhen, und sie nehmen nicht die unersättliche Natur der Begierde wahr. Sie glauben, aufrichtig nach Ruhe zu streben, und sie streben tatsächlich nur nach rastloser Bewegung. Sie haben einen geheimen Trieb, der sie bewegt, äußerliche Zerstreuung und Beschäftigung zu suchen, und der aus dem Gefühl ihres beständigen Elends erwächst. Und sie haben einen weiteren geheimen Trieb, der von der Größe unserer ursprünglichen Natur übriggeblieben ist und der sie erkennen lässt, dass das Glück tatsächlich nur in der Ruhe und nicht im Tumult liegt. Und aus diesen beiden entgegengesetzten Trieben bildet sich in ihnen ein verworrener Vorsatz, der sich vor ihren Blicken am Grunde ihrer Seele verbirgt und der sie bewegt, nach Ruhe durch Geschäftigkeit zu streben und sich stets vorzustellen, dass sie die Zufriedenheit, die sie nicht im mindesten haben, erreichen werden, wenn sie erst einige klar erkennbare Schwierigkeiten überwunden haben und sich dadurch das Tor zur Ruhe öffnen können. So verrinnt das ganze Leben; man sucht die Ruhe, indem man gegen einige Hindernisse kämpft, und wenn man sie überwunden hat, wird die Ruhe unerträglich wegen der Langeweile, die sie erzeugt. Man muss sie aufgeben und sich eifrig ins Getümmel stürzen.»[12]

Der Grund, weshalb es den Menschen nicht gelingt, zur Ruhe in sich und vor Gott zu finden, obwohl sie eine Sehnsucht danach in sich tragen, liegt nach Pascal in der Ablehnung ihrer Armut und Endlichkeit, die sie mit einem Gefühl des Elends erfüllt. Eine heutige christliche Spiritualität muss sich fragen, ob sie Menschen dabei hilft, aus einem Leben in Unrast und Zerstreuung mehr zu sich zu finden, oder ob sie die ‹weltliche› Hyperaktivität nur durch einen religiösen Aktivismus ersetzt. Aus der Flucht in die Zerstreuung und dem unruhigen Kreisen um sich findet man nicht ohne ein gewisses Maß an Selbstreflexion und Sammlungsfähigkeit. Ohne Erinnerungsarbeit und achtsame Selbstwahrnehmung droht die Gefahr pseudo-spiritueller Überhöhung. Man identifiziert sich mit einem ‹spirituellen› Wunschbild seiner selbst und verdrängt oder bagatellisiert, was nicht ins Bild passt: Ängste, aggressive Gefühle, Suchttendenzen etc.: «Man will der werden, der man nicht ist, und weigert sich, der zu sein, der man eigentlich ist. Bei allem Tun und Lassen wirft man immer einen verstohlenen Blick seitwärts auf das überidealisierte Bild seiner selbst, das sich unbewusst zu einer Gottheit ausgewachsen hat.»[13] Ähnlich wie in einer psychotherapeutischen Klärung solcher Schattenseiten seiner selbst setzt auch die geistliche Reifung die Bereitschaft voraus, sich einer Vertrauensperson vorbehaltlos mitzuteilen und seine Not zu bekennen. Eröffnung der Gedanken nannten die Wüstenväter diesen Vorgang, ohne den keine Unterscheidung der Geister und keine geistliche Selbsterkenntnis möglich sind. Der Begleiter oder die Begleiterin hat vor allem andern die Aufgabe, achtsam zuzuhören, ohne zu kommentieren, und durch ihre wohlwollende Präsenz die liebende Gegenwart Gottes zu vermitteln, die den Raum der heilsamen Selbsterkenntnis eröffnet. Die Begegnung mit der göttlich-schöpferischen Liebe, die überraschende Wege zu einem neuen Leben zu erschließen vermag, weckt eine Reue über das Vergangene, die sich deutlich von den Schuldgefühlen unterscheidet, die von einem unbarmherzigen inneren Zensor geweckt werden: «Schuldgefühle und Sündenbewusstsein sind zweierlei. Bei der echten Reue weiß man sich in Liebe und Dankbarkeit angenommen, auch und gerade trotz aller Schwächen und Sünden. Darum sind Tränen der Reue zugleich auch Tränen der Wiedergeburt, eines völligen Geborenwerdens. Man begreift plötzlich: man darf mit all seinen Schwächen vor der Liebe Gottes bestehen und in dieser Schwäche kommt Gottes Kraft zum Zuge.»[14]

4.3 In Christus sein – das Bild Christi in uns tragen

Ein Merkmal heutiger Spiritualität ist die geläufige Rede vom inneren Meister, vom Christus in uns und vom göttlichen Seelenfunken. Skeptiker beargwöhnen, dass die Konjunktur dieser und ähnlicher Bezeichnungen, die eine solide biblische und spiritualitätsgeschichtliche Tradition hinter sich haben, einen untergründigen Pantheismus verraten, der das heilsame Gegenüber von geschöpflicher und göttlicher Wirklichkeit preisgibt. Zweifellos kann die Metaphorik des Göttlichen in uns sehr verschieden gebraucht werden. Entscheidend dürfte sein, ob dabei die Differenz zwischen dem ‹Inneren› und dem ‹Göttlichen›, das darin wohnt, gewahrt bleibt und ob die Einwohnung als fester Besitz oder als unverfügbare Gabe gedacht wird. Bei Augustinus ist das ‹Innere› kein geschlossener Raum, sondern geöffnet auf Gott hin. Deshalb mahnte er die Einkehrenden auch, nicht in sich stehen zu bleiben, sondern über sich hinauszuschreiten. Gleich einem klaren Bergsee soll die Seele transparent werden auf ihren Grund hin. Der innere Christus ist für ihn nicht identisch mit der Innerlichkeit des Menschen. Im ‹Innersten› gehören wir nicht uns selber, sondern sind uns entzogen, auf Gott hin enteignet. Paulus und Johannes, die beiden Hauptquellen des Einwohnungsgedankens, reden deshalb auch häufiger vom Sein und Bleiben *in Christus* als von der Einwohnung Gottes in uns. Die Unio mit Christus muss als Communio verstanden werden, und zwar in zweifacher Hinsicht: Sie ist zum einen die Gemeinschaft mit dem Auferstandenen, der mir vorausgeht, mich begleitet und mir entgegenkommt. Zum andern ist sie die Teilhabe am Leib Christi, an der Gemeinschaft derer, die ihr Leben vom Auferstandenen bestimmen lassen.

Für die Communio mit Christus, die geschenkhafte Partizipation an seinem unvergänglichen Leben (Gal 3,20) findet sich in der Tradition christlicher Spiritualität in Anknüpfung an 2 Kor 3,17 ein vielfach benutztes und abgewandeltes Bild, nach dem die menschliche Seele einem Spiegel gleicht, in dem das Antlitz Christi aufleuchtet. Ein jüngeres Zeugnis dieser Tradition findet sich bei Thomas Merton, der in einem erst nach seinem Tode veröffentlichten Manuskript nach den Charakteristika christlicher Einkehr im Vergleich zum Zen-Buddhismus fragt: «Der Mensch ist Bild Gottes; sein Inneres Selbst gleicht einem Spiegel, in dem nicht Gott sich selbst, sondern wir Gott sehen können. (...) Paradoxerweise existiert unser innerstes Sein in Gott und Gott wohnt in ihm – und zugleich muss man zwischen der Erfahrung des eigenen inneren Seins und der Erfahrung unterscheiden, in der Gott selbst sich uns in und durch unser Innerstes Selbst zeigt. Wir müssen wissen, dass der Spiegel unterschieden ist vom Bild, das sich in ihm spiegelt.»[15]

4.4 Läuterung?

Die Rede vom inneren Spiegel, in dem sich auf überraschende und unverfügbare Weise der Glanz des Auferstandenen zeigt, ist traditionellerweise mit der Feststellung verknüpft, dass diese Spiegelerfahrung nicht ohne Umkehr geschenkt werde. Der Spiegel sei nämlich verdunkelt und verstaubt und bedürfe einer Reinigung, damit er zum Medium der göttlichen Gegenwart im Menschen werden könne. Hinsichtlich der menschlichen Mitwirkung an dieser Umkehr und Läuterung stellen sich zwei Fragen, die bis heute kontrovers diskutiert und beantwortet werden: Zum einen, wie das Verhältnis zwischen göttlicher und menschlicher Aktivität bzw. Passivität zu bestimmen ist (a.); zum andern, welche Rolle der Imagination und der Affektivität in diesem Prozess zukommt (b.).

a. Menschliche Aktivität und Passivität auf der ‹via purgativa›: Die christliche Gnadenbotschaft, dass Gott den Menschen ohne Vorbedingungen in seine Gemeinschaft ruft und ihn von allem läutert, was diesem Zusammensein widerspricht, versteht die ‹via purgativa› zunächst als ‹via passiva›: Wenn es um die Beziehung zu Gott geht, kann niemand sich selber reinigen – und muss es auch nicht (Joh 13,8). Das entspricht auch dem Taufvollzug, auf den christliche Spiritualität bleibend zurückverwiesen ist: Die Reinigung im Zeichen des Wassers spendet der Täufling nicht sich selber, sondern empfängt sie. Auf dem Hintergrund dieser menschlichen Grundpassivität vor Gott ist nun jedoch auch vom Tun und Lassen zu sprechen, das der Erfahrung der Gnade entspringt und ihr zu entsprechen sucht. Dass es dabei oft mehr um ein Lassen denn um ein Tun geht und in diesem Zu- und Loslassen die besondere Herausforderung eines geistbestimmten Lebens steckt, unterscheidet die ‹ars spiritualis› von anderen ‹Künsten›. Ohne die Bereitschaft, auch Schmerzliches an uns herankommen zu lassen und uns mit allem, was uns bedrängt, Gott zu überlassen, treten wir auf der Stelle, ohne zu innerer Klärung zu finden. Wer sich ernsthaft um nüchterne Selbsterkenntnis und um eine Erneuerung seines Lebens bemüht, erfährt in aller Regel den hartnäckigen Widerstand alter Vorstellungen und Gewohnheiten. Ohne sein Bemühen kommt er nicht zu dieser Einsicht, die ihm jedoch zugleich offenbart: Du kannst es nicht selbst machen! Du kannst dich zwar in dieser oder jener Hinsicht verändern, doch kannst du dich nicht selbst verwandeln! An diesem Punkt mag einem dann auch stärker bewusst werden, dass bereits das bisherige Bemühen getragen war von einer glaubenden Hoffnung, die man nicht sich selber verdankt, sondern empfangen hat und sich immer wieder neu schenken lassen muss. Alle meditativen Methoden und religiösen Praktiken sind daraufhin zu befragen, ob sie in die Grundhaltung dankbarer Empfänglichkeit hineinführen oder aber einen angstvollen ‹spirituellen› Aktivismus nähren, der die Ohren für die «Stimme verschwebenden Schweigens» (1 Kön 19,12 nach M. Buber) verschließt. Paul Claudels Parabel von Animus und Anima fasst das Problem metaphorisch: Dem geschwätzigen Animus, dem unruhigen Intellekt, der ohne Dankbarkeit von der Mitgift seiner Anima zehrt und alles zu wissen meint, entgeht das Geheimnis seiner Lebensgefährtin. Immer außer Haus oder in Eigenaktivität versunken überhört er ihren Gesang. Es bleibt ihm verschlossen, was es heißt, zu beten «mit Seufzen, das wir nicht in Worte fassen können» (Röm 8,26). Im Wirkfeld einer *vita hyperactiva*, die den Geist nicht mehr zur Ruhe kommen lässt, singt die Seele nur noch hinter gut verschlossener Tür. Man mag die Pointe von Claudels Parabel, dass die Seele schweige, sobald sie der Geist anblickt, für überzogen halten. Im Hinblick auf den ausgesprochenen Antiintellektualismus mancher ‹spiritueller› Bewegungen heute wäre neben dieser Kommunikationsstörung zwischen ‹Animus und Anima› auch eine andere, gegenteilige ins Auge zu fassen, die ihren prägnanten Ausdruck in dem Titel findet, den Max Ernst für eines seiner Bilder wählte: Wo die Vernunft schweigt, singen die Sirenen.

b. Imagination und Affektivität: Die Frage, welche Bedeutung der Imagination und der Affektivität bei einem spirituellen Läuterungsprozess zukommt, schließt hier unmittelbar an, können doch diese beiden seelischen Wirkkräfte sowohl als menschliche Eigenaktivität betrachtet werden als auch, im Gegensatz zum Wollen und Denken, der passivischen Dimension unserer Psyche zugeordnet werden. Entsprechend ambivalent ist die Rolle von Affektivität und Imagination für die Reinigung des ‹inneren Spiegels›. Zum einen muss der innere Tempel des Heiligen Geistes von den Götzen- und Trugbildern entleert werden, in denen wir uns selber in unseren Wunschbildern verherrlichen. Der Seelengrund bedarf, um zum transparenten Spiegel für Gottes Glanz zu werden, einer Läuterung der Bilder, die ihn verdecken, und der besetzenden Affekte, die ihn in Unruhe halten. In einem unruhigen und bewegten Fluss kann sich die Sonne weder spiegeln, noch vermag sie ihn aufzuwärmen.[16] Zum anderen kommt der Imagination und der Affektivität auch eine positive Rolle bei diesem Befreiungsprozess zu, können doch Bilder durch Bilder (Seuse) und Affekte durch Affekte (Melanchthon) geheilt werden. Die mediale Flut an Bildern und die mit ihr verbundene werbetechnische Manipulation der Gefühle stellt hohe Anforderungen an eine spirituelle Lebenskunst. Um diesseits oder jenseits einer nur virtuellen Realität die Wirklichkeit Gottes wahrzunehmen, bedarf es einer «Umkehr der Einbildungskraft» (P. Ricœur), eine Phantasie für die Möglichkeiten Gottes in einer Welt, die auf ihre eigenen Möglichkeiten und Grenzen fixiert ist. Ein origineller Versuch, eine «Taufe der Phantasie» vorzubereiten und die Vision vom Reich Gottes zu wecken, findet sich in der christlich inspirierten Fantasy-Literatur von G. MacDonald, J. R. R. Tolkien und C. S. Lewis, die durch ihre Romane Menschen für das Heilsmysterium und für das Heilige in ihrem Leben zu sensibilisieren versuchten. Von theologischer Seite war es insbesondere Eugen Drewermann, der mit tiefenpsychologischer Sensibilität für Traumbilder und mythologische Symbolik eine neue Form christlicher Mystagogie entwickelte.

Soll der neu geweckte Sinn für die Bilder der Seele bzw. für mythologische und biblische Bilderwelten nicht in eine Mythisierung des christlichen Glaubens und eine antirationalistische Wiederverzauberung der Welt münden, bedarf der Weg der Imagination eines Ausgleichs durch eine Mystagogie der Stille und Leere. Das alttestamentliche Bilderverbot und die christliche Tradition negativer Theologie halten das Bewusstsein wach, dass Bilder von Gott und dem Göttlichen zu Fixierbildern erstarren, wo sie nicht ständig neu verflüssigt und zurückgenommen werden und so die Aufmerksamkeit öffnen für eine Gegenwart, die sich in kein Bild fassen lässt. Schaut man auf gegenwärtige religiöse Suchbewegungen, so dürfte die anhaltende Attraktivität des Zen für westliche Gottessucher auch etwas damit zu tun haben, dass er auf radikale Weise auf eine überbildliche Wirklichkeit hinführt. Die vom Geist des Zen inspirierten Zeichnungen und Gartenanlagen verweisen auf eine hintergründige Präsenz, die sich dort zeigt, wo das Vordergründige, das üblicherweise das Feld beherrscht, durchlässig wird. Die Öffnung aufs Hintergründige im Lassen der Bilder, die auch den kontemplativen Wegen des Christentums vertraut ist, hat ihre eigene Faszinationskraft, die spirituelle Suchwege nachhaltig beflügelt. Anders als die Zen-Kunst, die das friedvolle Verschwinden des Einzelnen in der weiten Leere vor Augen führt, rückt die christliche Ikonographie die Vollendung des Menschen in seiner

Individualität vor Augen. Durch die bildliche Widerspiegelung seiner Gottebenbildlichkeit vergegenwärtigt sie gerade dort, wo sie ins Überbildliche und Undarstellbare führt, das österliche Geheimnis: Gott, der in sich Gemeinschaft der Liebe ist, lässt die Beziehung zu den Menschen, die er ins Leben gerufen und ein Leben lang gesucht hat, auch im Tod nicht abbrechen. Mit Form und Farbe dient christliche Bildkunst so der *memoria passionis et resurrectionis Christi:* Sie weckt die Wahrnehmung für die sich je neu ereignende Selbstvergegenwärtigung Gottes als leidüberwindende und zukunftseröffnende Liebe, die Menschen in ihrer Einzigartigkeit würdigt und sie zu einem Leben in der Gegenwart befreit.

5. *Kirchliche Spiritualität im Horizont der Ökumene*

Kirche und Spiritualität stellen heutzutage in den Augen vieler zwei Größen dar, die in einem Spannungsverhältnis zueinander stehen oder sogar einen Gegensatz darstellen. Sich als ‹spirituell› und zugleich als nicht-kirchlich zu bezeichnen, liegt gemäß Umfragen im Trend (wobei zu fragen wäre, inwieweit diese Kategorialisierung nicht eine problematische Separierung suggeriert und ob sie selber ein Symptom des von ihr diagnostizierten Trends darstellt). Wenn Spiritualität als etwas betrachtet wird, das nicht notwendigerweise mit Kirche zu tun hat, dann geht es offenkundig um mehr oder um etwas anderes als um die in der Geschichte immer schon vorhandenen und unausweichlichen Spannungen zwischen kirchlicher Institution und Charisma bzw. zwischen theologischer Reflexion und religiösen Erfahrungen. Vielmehr wirkt sich hier die Tendenz zur Enttraditionalisierung und Individualisierung, die die westlichen Gesellschaften kennzeichnet, folgerichtig auf den Transzendenzbezug der Menschen aus. Wo das Wort ‹Spiritualität› nicht schlicht eine lebensprägende Grundhaltung irgendwelcher Art bezeichnet, versteht man es in der Regel als unmittelbare Bezugnahme des Einzelnen zu einer ‹spirituellen› Wirklichkeit, der man nicht unbedingt göttliche oder personale Züge zuschreibt. Die Differenz zu den althergebrachten Formen religiösen Lebens und der christlichen Theologie wird oft dadurch markiert, dass persönliches Erleben gegenüber gemeinschaftlichen Vollzügen und die Intuition und das Spüren gegenüber der kritischen Reflexion besonders betont werden. Auch Karl Rahners Aussage, der «Fromme von morgen wird ein ‹Mystiker› sein, einer, der etwas ‹erfahren› hat, oder er wird nicht mehr sein»,[17] verdankt ihre anhaltende Popularität wohl nicht zuletzt ihrer rhetorischen Pointierung, die diesem Trend zur religiösen Privatisierung und zur spirituellen Erlebnisorientierung entgegen kommt. Liest man diesen Satz auf dem Hintergrund von Rahners übrigen Schriften und seinem lebenslänglichen kirchlichen Engagement, so wird allerdings schnell deutlich, dass es ihm selber zwar durchaus um eine individualisierte christliche Spiritualität und um den Zuwachs an religiöser Selbstverantwortung ging, nicht jedoch um eine Entkirchlichung und Enttraditionalisierung oder um einen Verzicht auf kritische Selbstreflexion und theologische Forschung. Rahners Ausspruch muss als prophetische Warnung verstanden werden, sich dem spätmodernen Individualisierungsdruck nicht einfach entgegenzustemmen und auf eine festgeprägte und unverrückbare großkirchliche Identität zu pochen. Eine kreative christliche Antwort auf eine säkular geprägte Gesellschaft, die den Einzelnen viele Lebensoptionen offen lässt und ihnen zugleich wenig sozialen Rückhalt gibt, kann sich nicht mit den Antwortversuchen der Vergangenheit begnügen. Doch sie kann nach Rahner an Formen christlicher Spiritualität anknüpfen, die die Unmittelbarkeit des Einzelnen zu Gott besonders akzentuiert haben und sich dem ebenfalls vagen Wort ‹Mystik› zurechnen lassen. Dass Rahner diesen Ausdruck selber in Anführungszeichen setzt, weist darauf hin, dass er ihn in einem unspezifischen Sinne verstanden haben möchte. Die Geisterfahrung, die er im Auge hat, kann sehr schlichte und unspektakuläre Formen von alltäglicher Hingabebereitschaft und wachsender Selbst- und Lebensbejahung annehmen.[18]

Die ignatianische Tradition, auf die sich Rahner bezieht, bietet sich heute deswegen als fortzubestimmendes Modell besonders an, weil sie den Zusammenhang von spiritueller Individualisierung und kirchlicher Solidarität mit besonderem Nachdruck betont. Die besondere Aufgabe und Lebensform, die aus einem je einzigartigen Charisma heraus Gestalt gewinnen soll und zu deren Wahl die ignatianischen Exerzitien hinführen möchten, versteht sich als persönliche Teilnahme an dem kirchlichen Auftrag, das Evangelium vor aller Welt zu bezeugen. Die eigene Aufgabe findet man in diesem Verständnis nicht unter Ausblendung der anderen und der gesamtkirchlichen Sendung, sondern durch die Frage, wie und wo ich am besten an diesem nur gemeinsam zu verwirklichenden Auftrag mitwirken kann. Das individualisierende Moment christlicher Spiritualität findet sich in der immer persönlich ‹adressierten› Berufung Gottes, in seine Gemeinschaft einzutreten und gemeinsam mit vielen Schwestern und Brüdern diese Einladung Gottes zu bezeugen. Der Geist Christi, der den Einzelnen den Mut zum Glauben, die Freude an Gott und die Kraft zum Zeugnis schenkt, atmet im Leib Christi, der Gemeinschaft derjenigen, die an ihn glauben und aus ihm leben.

Die paulinische Metapher vom einen Leib Christi mit vielen Gliedern, die je eine besondere Aufgabe erfüllen und die alle gleich bedeutsam sind (1 Kor 12), reibt sich, so kann man einwenden, mit dem Faktum einer Vielfalt von Kirchen, die nur in teilweise verwirklichter Communio zueinander stehen. Wenn im Blick auf diese Defiziterfahrung die Forderung nach einer ‹ökumenischen Spiritualität›[19] geäußert wird, so kann das zweierlei bedeuten: Einerseits eine christliche

Spiritualität, die versucht, die konfessionellen Eigenheiten zu minimieren bzw. zu verbinden und Formen des Betens, Feierns und Zusammenlebens zu entwickeln, die die bisherigen Differenzen transzendieren oder (z. B. im Rückgriff auf frühchristliche Grundformen) unterlaufen. Ökumenische Spiritualität kann andererseits heißen, die Zugehörigkeit zu einer bestimmten kirchlichen Tradition so zu gestalten, dass sie der Ökumene der verschiedenen Kirchen dient und deren Charismen und Nöte wahrzunehmen versucht. Vor welchen Herausforderungen eine ökumenische Spiritualität heute steht, zeigt das eingangs zitierte Referat von Chung Hyung Kyung. Die kritische Anfrage, ob eine neue Bezeugungsgestalt noch als Evangelium Jesu Christi und nicht vielmehr als ‹ein anderes Evangelium› (Gal 1,6) identifizierbar ist, hat im Ringen um die größere Ökumene ebenso Platz wie die Rückfrage, ob man vielleicht das Zeugnis, das einen befremdet, fälschlicherweise als anderes Evangelium wahrnimmt, statt in ihm den fremden An- und Zuspruch des Evangeliums zu hören, der einen in bisher unbetretene Weiten führen möchte.

6. Gastlichkeit als geistlich-soziale Tugend

Das Vorhergehende könnte die Frage provozieren: Beschränkt sich christliche Spiritualität auf Innerlichkeit? Wo bleibt da das Engagement nach außen? Und wie lässt sich das Eintauchen in die Innenwelt mit dem Einsatz für die Mitwelt verbinden?

6.1 Introversion als Öffnung statt als Einkapselung

«Geh nicht nach draußen, kehr wieder ein bei dir selbst! Im inneren Menschen wohnt die Wahrheit. Und wenn du deine Natur noch wandelbar findest, so schreite über dich selbst hinaus!»[20] Nicht ganz zu Unrecht zog das augustinische Modell des geistlichen Weges, Einkehr zu sich und Selbstüberschreitung ‹nach oben›, den Verdacht auf sich, denjenigen Ort der Gottesbegegnung aus den Augen zu verlieren, der für die Evangelien zentral ist: der Nächste. Denn sich in sich zurückzuziehen und über das Wandelbare hinausschreiten zu wollen, kann auch Ausdruck einer Weltmüdigkeit sein, die wenig mit der biblischen Schöpfungsfreude und christlicher Nächstenliebe zu tun hat. Es gilt heute sorgsam zu unterscheiden, ob eine meditativ geübte Einkehr mich stärker zu mir selbst – und damit auch zur Mitwelt – kommen lässt, oder mich in eine Beziehungs- und Verhältnislosigkeit führt, die der ‹dunklen Nacht› christlicher Mystik zum

Verwechseln ähnlich scheinen mag. In der Einkehr, die zu heilsamer Selbsterkenntnis vor Gott führt, liegt ein Moment von Gastlichkeit und Empfänglichkeit für eine Ankunft, die nicht in meiner Macht liegt. Introversion im Horizont des Glaubens bedeutet nicht Abkapselung, sondern Öffnung und Aufbruch nach innen: ein Freigeben des Innersten, damit der Fern-Nahe bei mir einkehren kann, der sich auf heilsame Weise von mir unterscheidet. Wo sich diese Ankunft ereignet, wird sie als befreiende Selbstenteignung erlebt, die dazu ermutigt und befähigt, sich vorbehaltloser auf die Not der Mitmenschen einzulassen.

6.2 Göttliche Gastfreundschaft leben

In der Gastfreundschaft erneuert sich die menschliche Gottebenbildlichkeit, gehört es doch zu Gottes Wirklichkeit, dass er seinen Geschöpfen Raum und Zeit schenkt, um bei ihm, bei sich und beieinander ankommen zu können:

> «Gottes Kraft zur Selbstbeschränkung, Gottes innere Weiträumigkeit und Aufgeschlossenheit, sein innerster Beziehungsreichtum sind ... zugleich, aus sich heraustretend und das andere seiner selbst wollend, die Ermöglichung einer Menschenwelt, in der wirklich Communio gelingt ... Gottes Heiliger Geist ist, dementsprechend, das Geheimnis seiner Gegenwart, dank dessen Menschen untereinander so in Gemeinschaft treten können, dass sie den Beziehungsreichtum Gottes realgeschichtlich ‹abbilden› und wirklich präsent machen.»[21]

Dass gastliche Menschen, ohne es zu wissen, Engel (Gen 18,2f.; Hebr 13,2) oder sogar den Auferstandenen (Lk 24,29) beherbergen, gehört zu den wiederkehrenden und verheißungsträchtigen Erfahrungen der Glaubensgeschichte. Eine Gastlichkeit, die in der Ankunft des Fremden den Messias erwartet, verlangt allerdings nach einer Sozialgestalt, nach Gaststätten eigener Art, nach Orten der Einkehr und der Sammlung, nach Räumen, in denen sich die Begegnung von Fremden ereignen kann und auf diese Weise die Welt etwas heimatlicher wird. Die in den Beiträgen dieses Bandes porträtierten Gestalten christlicher Spiritualität bezeugen, wie die im Wanderdasein Jesu verankerte und im eucharistischen Mahl gefeierte Praxis der Gastlichkeit heute gelebt werden kann. Sie bewährt sich dort, wo die Angst vor Identitäts-, Raum- und Zeitverlust der Erfahrung weicht, dass die Verwandlung des Eigenen durch den Fremden unsere Welt erneuert. Welche Herausforderungen und Schwierigkeiten dabei zu bewältigen sind, ist im Blick auf die vielgestaltigen Migrationsbewegungen, die verbreitete Vereinsamung und Isolation und das bedrohte Ökosystem Erde offenkundig. Eine vom Evangelium inspirierte Gastlichkeit vermag hier Hoffnungszeichen zu setzen, die in aller Vorläufigkeit und Unscheinbarkeit die neuschöpferische Beziehungstreue Gottes erahnen lässt, die diejenigen, die einst in der Ferne waren, in die Nähe zu sich selber, zu andern und zu Gott führt (Eph 2,13).

6.3 Interreligiöse Gastlichkeit?

Ein Prüfstein für die christliche Gastlichkeit ist heute neben der innerchristlichen Ökumene insbesondere die Begegnung und der Umgang mit anderen religiösen Traditionen. Dass der interreligiöse «Dialog des Lebens» und der spirituelle Austausch die Basis für den theologischen und institutionellen Dialog darstellen, wird heute allgemein anerkannt.[22] Wo es zwischen Menschen verschiedener Religionen zu einem offenherzigen Austausch über ihren Glauben, ihre Hoffnung und ihre Sorgen kommt, wird dies fast immer als Bereicherung, Ermutigung und Ansporn für den eigenen Glaubensweg erlebt. Im Gespräch mit dem anderen lernt man sich selber besser kennen und entdeckt, was man bisher als selbstverständlich hingenommen und vorausgesetzt hat. Das fremde Zeugnis und die Fragen und Einsprüche aus der Außenperspektive machen einem bewusst, dass man auch hinsichtlich des eigenen Glaubens noch manches nicht hinreichend durchdacht und verstanden hat. Wo man versucht, Differenzen im Gottes-, Welt- und Menschenverständnis wahrzunehmen und die Grenzen des Verstehens zu benennen, übt man sich in der Unterscheidung zwischen Gott und seinem eigenen Gottesverständnis. Im günstigsten Fall kann es «geschehen, dass ein Christ in fremden Glaubensweisen die Gegenwart jener heilvollen Macht glaubt wiedererkennen zu dürfen, welche für ihn selbst in Christus und seinem Evangelium wirksam ist. Und so mag es ihm widerfahren, dass ihm im Anderen, dem er Christus nahe bringen will, eben dieser selbst entgegentritt, so dass er in der Begegnung mit dem Anderen und dessen fremder Religiosität von Christus selbst neu beschenkt wird.»[23] Ebenso kann einem in der Fremdheit des anderen, in der «Wüste der Alterität»,[24] die unserem Verstehen entzogene Größe von Gottes Wirklichkeit begegnen, die anzuerkennen gerade aus der Gottvertrautheit des Glaubens möglich wird. Das muss nicht bedeuten, auf billige Weise vom geheimnisvollen Gott zu reden, statt zu klären, ob überhaupt von Gott und nicht von einem Abgott die Rede ist. Die kritische Unterscheidungsgabe, die zunächst sich selber gegenüber einzuüben ist, darf auch in der Begegnung mit fremden Formen religiöser Praxis nicht fehlen. Wie auch immer es um die Wahrheit bestimmter religiöser Vorstellungen steht: Die Menschen, die sie vertreten, werden das, was sie zu bezeugen haben, immer auch in gewisser Hinsicht verdunkeln. Deshalb ist alle religiöse Praxis daraufhin zu befragen, ob sie aus Gott nicht eine

Milchkuh (Eckhart) oder ein großes Brötchen (J. B. Brantschen) macht, also einer religiösen Bedürfnisbefriedigung huldigt, statt Gott die Ehre zu geben und ihn um seiner selbst willen zu suchen und zu lieben.

Das Gespräch mit dem Andersgläubigen kommt dort in Gang, wo ich meine eigene Berufung und meinen bisherigen Glaubensweg mit der Bereitschaft einbringe, besser verstehen zu lernen, was mir geschenkt und widerfahren ist, um es zu bezeugen. Verzweifelt nicht sich selbst sein zu wollen, ist die schlechteste Voraussetzung für ein interreligiöses Gespräch. Mehr noch als der Dialog auf der Ebene der Theologien setzt der spirituelle Dialog voraus, dass ich zu dem stehe, was sich mir als vertrauenswürdig und verlässlich gezeigt hat, und dass ich von Innen kenne, wovon ich rede. Man kann sich einigermaßen leicht Kenntnisse über andere religiöse Wege aneignen, doch kann ich in der mir gegebenen Lebensspanne nur einen einzigen Weg konsequent beschreiten. Und soll dieser Weg nicht ein Produkt meiner eigenen Wünsche und Phantasien sein, kommt alles darauf an, mich auf diesen Weg in immer wieder neuem Horchen rufen zu lassen. In einem von Ordensleuten verfassten Dokument *Contemplation and interreligious Dialogue* heißt es: «Interreligiöse Begegnung ist nur dann wirklich fruchtbar, wenn sie in einem Herzen stattfindet, das bekehrt und einsgeworden ist durch eine, und sei es noch so bescheidene Erfahrung des Lebens in Christus. Wer immer Christus auf diese Weise kennt, der weiß, dass ‹sich selbst zu verlieren› in irgendeiner Form von Kontemplation, nichts anderes bedeutet, als sich vom Herrn ergreifen zu lassen.»[25]

7. Radikalität

7.1 Radikalität als Imperativ?

Mit dem Ende des volkskirchlichen Christentums tritt die Radikalität christlicher Initiation wieder stärker ins Bewusstsein. Das Evangelium von Gottes unbedingter und heilschaffender Nähe bringt diejenigen, die es hören und beginnen, sich darauf einzulassen, in ein Spannungsverhältnis zu den gesellschaftlich dominierenden Lebensformen und Idealen. Viele der Antworten auf diese neue Situation haben ihre Vorläuferinnen in der langen Geschichte des Christentums: Die Opposition zum Hauptstrom der Gesellschaft weckt heute wie zu früheren Zeiten ebenso die Spielformen eines streng moralisch oder asketisch geprägten Christseins wie den Rückzug in endzeitlich, gnostisch-esoterisch oder pfingstlich inspirierte Sondergruppen. Jede dieser Bewegungen nimmt für sich in Anspruch, gegenüber den lau gewordenen volkskirchlichen Gruppen die Radikalität des

Evangeliums wieder zur Geltung zu bringen. ‹Spirituell› zu leben, kann in diesem Zusammenhang Verschiedenes heißen: eine vermeintlich verloren gegangene Geistkraft neu zu entdecken und an die Ursprünge des Christentums anzuknüpfen oder aber ein von den Schlacken der Vergangenheit freies neues Zeitalter einzuläuten, in dem die besten Kräfte der verschiedenen religiösen Traditionen zusammenfließen.

All diese Versuche, die urchristliche Radikalität neu zu beleben oder die bisherige Geschichte radikal zu erneuern, sind daraufhin zu überprüfen, ob sie ihre Version von christlicher Radikalität zu einem neuen Gesetz erheben, das über das wahre Christsein entscheidet. Wer den Indikativ des Evangeliums, die Wirklichkeitszusage von Gottes Gegenwart, in einen neuen Imperativ verkehrt und sich selber zum Richter über den Glauben der anderen aufschwingt, dürfte sich kaum in den Spuren des mittellosen Wanderpredigers aus Nazaret bewegen. Dessen Ruf zur radikalen Lebenswende war mit der heilsam sicht- und spürbaren Vergegenwärtigung der barmherzigen Nähe Gottes verbunden. Die Evangelien erinnern daran, dass das Wunder christlicher Radikalität nicht in der unvollkommenen und fragilen Lebenspraxis derjenigen zu suchen ist, die sich in die Nachfolge Jesu rufen lassen, sondern in der Verheißung, Gott werde nicht aufhören, den scheiternden und fehlbaren Menschen einen Neuanfang zu eröffnen. Die neue christliche Lebenspraxis, die sich dem Glauben an diese Verheißung verdankt, besitzt deshalb ihre Radikalität gleichsam leihweise. Wo das Wagnis gelingt, kann es deshalb nicht als etwas verbucht werden, dass man auch von anderen einfordern müsste.

7.2 Taufspiritualität

Um den besonderen Charakter christlicher Radikalität heute neu zu entdecken und zur Geltung zu bringen, ohne sich über die volkskirchliche Vergangenheit zu erheben, bietet sich eine Taufspiritualität an, die den christlichen Glaubensweg als lebensumspannende Antwort auf eine unverfügbare Vorgabe versteht, als Versuch, dem in der Taufe ein für alle Mal Zugeeigneten immer mehr zu entsprechen. Wenn Christwerden heißt, sich ins Geschick Jesu hineinziehen zu lassen, was bedeutet: mit Christus zu sterben und auferweckt zu werden, dann markiert die Taufe einen radikalen Neuanfang, den niemand selbst setzen kann. Christsein bedeutet, sich täglich neu in diesen verheißungsvollen Anfang hineinnehmen zu lassen – was erfahrungsgemäß nicht ohne wiederholte Umkehr möglich ist. Das damit verbundene Wagnis mag oft unscheinbar sein, ebenso wie die kleinen Wachstumsschritte, die es ermöglicht. Doch geht es im Sich-Verlassen auf die Gegenwart des Auferstandenen immer ums Ganze, um einen radikalen Durchbruch von einem Leben in Selbstsorge zu einem gelassenen Dasein vor Gott, vom Haben zum Sein in Christus. In den Worten Frère Rogers: «Was ist Umkehr? Sie ist ein Vertrauensschritt, mit dem du deine Fehler auf ihn wirfst. Und schon bist du entlastet, ja befreit und kannst unangefochten im gegenwärtigen Augenblick leben, niemals entmutigt, weil dir stets verziehen wird.»[26] Die täglich zu erneuernde Umkehr, die sich auf einen nicht selbstgesetzten Neubeginn zurückbezieht und sich aus einer unverfügbaren Quelle nährt, übt eine integrierende Wirkung aus. Sich in die Nachfolge des auferweckten Gekreuzigten rufen zu lassen, bedeutet: aus Freude am Evangelium sich mit allen Kräften auf ihn auszurichten (Dtn 6,5; Mt 22,37); aus dem Vertrauen auf Gottes Neues hervorbringende Nähe mit ganzem Einsatz auf ihn zu zählen und so zur Einheit des Lebens zu finden.

7.3 Naherwartung und Geschichtsbewusstsein

Die urchristliche Radikalität verdankte sich der messianischen Naherwartung. Das Gefühl, in einer auslaufenden Weltzeit zu leben, verlangte eine Konzentration aufs Eine und Notwendige und verbot das Zaudern und Zögern. Die Dehnung der Geschichtszeit über die Jahrhunderte, das scheinbare Ausbleiben des Messias, die Verzögerung seiner zweiten Ankunft entspannte diese äußerste Gesammeltheit. Zu sehr? Abgesehen von apokalyptischen Gruppierungen, die enttäuschungsresistent den alten Fehler wiederholen, den Anbruch der messianischen Zeit an Fristen und Daten zu knüpfen, statt sie in der Gegenwart zu entdecken, ist von der urchristlichen Spannung in den meisten Kirchen heute wenig zu spüren. Zu wenig, meinte schon vor drei Jahrzehnten Johann Baptist Metz und propagierte eine christliche Hoffnungsexistenz mit apokalyptischem Stachel, die sich den politischen Befreiungskämpfen stellt, ohne sich in ihnen zu verlieren.[27] Fast gleichzeitig dichtete Silja Walter ihr *Gebet des Klosters am Rand der Stadt,* das von einer messianischen Spannung vibriert, ohne weltfremd zu wirken (vgl. den Beitrag von U. Wolitz in diesem Band). In den Horizont der Naherwartung gestellt, erscheint die aufgegebene und zu gestaltende Gegenwart als heilsam relativiert auf eine Ankunft, die in ihr vorbereitet und erwartet wird und anfänglich schon in ihr aufleuchtet. Diese Relativierung bedeutet weder eine harmonisierende Entspannung, noch eine Vergleichgültigung des Gegenwärtigen. Die österliche Neubestimmung des Zukunftshorizonts bringt die Leiden der Gegenwart nicht zum Verschwinden, sondern ans Licht. Und das durch den Schöpfungs- und Erlösungsglauben geschärfte Bewusstsein, dass die Welt nicht sein müsste und nicht so sein müsste, wie sie ist, dass die «Zeit kurz ist (...) und die Gestalt dieser Welt vergeht» (1 Kor 7,29.31), führt nicht notwendigerweise zu einer Entwertung des irdisch Vergänglichen. Im Gegenteil, sie bewahrt vor einer apokalyptischen Abbruchsehnsucht, die im «Sog des Endgültigen (...) alles unwichtig werden (lässt), was als Unterscheidung an der Gegenwart zu treffen wäre.»[28] Das Vorläufige und Befristete zu entwerten, ist eine religiöse Variante der menschlichen Versuchung, die Endlichkeit des Lebens imaginativ zu überspielen. Das Vertrauen auf Gottes gute Gegenwart, die die Menschen in ihrer geschichtlich-individuellen Einzigartigkeit würdigt, nährt eine geduldige Hoffnung, die sich im Konkreten, in den vielen unscheinbaren und dennoch entscheidenden kleinen Schritten bewährt.

Heute in ‹Naherwartung› zu leben, bedeutet nicht zuletzt, vom Zwang befreit zu sein, die Kürze des Lebens durch Beschleunigung des Erlebens wettmachen zu müssen. Als eine von der verborgenen und ‹ankommenden› Gegenwart Gottes erfüllte hat die befristete und begrenzte Gegenwart des Menschen ihre besondere Würde, die zur Feier, zur Teilnahme und zur Selbsthingabe einlädt. Während die Gegenwart ihre Fülle dem verbirgt, der ungeduldig über sie hinausdrängt, offenbart sie sich der Kontemplation und dem hoffnungsstarken Engagement des Glaubens als Wirklichkeit des Heils, als «stille Vorwegnahme einer im Schweigen der Zukunft leuchtenden Welt.»[29]

1 Chung Hyun Kyung, Schamanin im Bauch – Christin im Kopf. Stuttgart 1992, 19f.

2 Walter Müller-Römheld (Hrsg.), Im Zeichen des Heiligen Geistes. Bericht aus Canberra 1991. Offizieller Bericht der Siebten Vollversammlung des Ökumenischen Rates der Kirchen. Frankfurt/M. 1991, 116.

3 Dietmar Mieth, Meister Eckhart. Mystik und Lebenskunst. Düsseldorf 2004, 30.

4 Jürgen Moltmann, Der Geist des Lebens. Eine ganzheitliche Pneumatologie. München 1991, 96 und 101.

5 Hölderlin, Gedichte. Hrsg. v. J. Schmidt. Frankfurt/M. 117 (= Brot und Wein, 7. Strophe).

6 Meister Eckhart, Deutsche Predigten und Traktate. Hrsg. u. übers. v. J. Quint. München [4]1977, 77f. (= Reden der Unterweisung, Kap. 17).

7 Jürgen Werbick, Gott verbindlich. Eine theologische Gotteslehre. Freiburg i. Br./Basel/Wien 2007, 280.

8 Gotthard Fuchs, in: Grundkurs Spiritualität. Hrsg. vom Institut für Spiritualität, Münster. Stuttgart 2000, 263f.

9 Silja Walter, Das Herz betet von selbst. Glaubenserfahrung. Vorwort von U. Wolitz, Hinführung von P. von Felten. Fribourg 2004, 12.

10 Simone Weil, Das Unglück und die Gottesliebe. München [2]1961, 95–109.

11 Die Anekdote findet sich in der Sokrates-Vita des Aristoxenos, vgl.: A. M. Haas, Nim din selbes war. Studien zur Lehre von der Selbsterkenntnis bei Meister Eckhart, Johannes Tauler und Heinrich Seuse. Fribourg 1971, 146.

12 Blaise Pascal, Gedanken über die Religion und einige andere Themen. Hrsg. v. J.-R. Armogathe, übers. v. U. Kunzmann. Stuttgart 1997, 98f.

13 A. Louf, in: M. Dufner/A. Louf, Geistliche Begleitung im Alltag. Zweite, überarbeitete u. erweiterte Ausgabe. Münsterschwarzach 2006, 60.

14 Ebd. 58f.

15 Zit. in: Gerhard Ruhbach/Josef Sudbrack (Hrsg.), Christliche Mystik. Texte aus zwei Jahrtausenden. München 1989, 504f.

16 Das Bild stammt von Martin Luther, vgl. M. Nicol, Meditation bei Luther. Göttingen ^{2}1991, 146.

17 Karl Rahner, Frömmigkeit früher und heute, in: Ders., Schriften zur Theologie, Bd. 7, Einsiedeln 1966, 11–31, hier: 22.

18 Vgl. Karl Rahner, Erfahrung des Heiligen Geistes, in: Ders., Schriften zur Theologie, Bd. 13, Zürich/Einsiedeln/Köln 1978, 226–251.

19 Vgl. Hans-Martin Barth, Spiritualität. Göttingen 1993.

20 Augustinus, De vera religione/Über die wahre Religion. Übers. u. Anm. v. W. Thimme. Stuttgart 1983, 123 (XXXIX,72,202).

21 Fuchs, in: Grundkurs Spiritualität (s. Anm. 8), 266f.

22 Das Dokument *Dialogue and Proclamation* des Päpstlichen Rates für den Interreligiösen Dialog, Nr. 42 redet von einem «*dialogue of life*, where people strive to live in an open and neighbourly spirit, sharing their joys and sorrows, their human problems and preoccupations»; vgl. auch: Hans-Martin Barth, Dogmatik. Evangelischer Glaube im Kontext der Weltreligionen. Gütersloh 2001, 57f.

23 Ulrich H. J. Körtner, Synkretismus und Differenzwahrnehmung als Problem einer Theologie der Religionen, in: Ch. Danz/U. Körtner (Hrsg.), Theologie der Religionen. Neukirchen 2005, 57–76, hier: 74.

24 Vgl. Fabrice Bleé, Die Wüste der Alterität. Spirituelle Erfahrung im intermonastischen Dialog, in: K. Baier (Hrsg.), Handbuch Spiritualität. Darmstadt 2006, 249–265, hier 257 u. 259: «Wir werden vom Hl. Geist in sie [die Wüste der Alterität, S. P.-K.] getrieben, der, wie Johannes Paul II. sagte, die Quelle aller echten Gebete ist, der christlichen und nicht-christlichen. Der Weg durch die Wüste der Alterität hat zwei Seiten: Gastfreundschaft und Kontemplation. (...) Kontemplatives Gebet gibt der Gegenwart des Geistes Raum. Dadurch erhält die Gastfreundschaft eine Qualität und Dimension, durch die wir der Alterität furchtlos und mit erhöhter Bereitschaft zum Hören näher kommen können.»

25 Zit. nach Bleé, Wüste der Alterität (s. Anm. 24), 263f. Das Dokument findet sich unter: http://monasticdialog.com (Bulletin 49/1994).

26 Frère Roger, Die Quellen von Taizé. Gott will, dass wir glücklich sind. Taizé 2001, 53.

27 Johann Baptist Metz, Zeit der Orden. Zur Mystik und Politik der Nachfolge. Freiburg i. Br./Basel/Wien 1977.

28 Hans Weder, Gegenwart und Gottesherrschaft. Überlegungen zum Zeitverständnis bei Jesus und im frühen Christentum. Neukirchen-Vluyn 1993, 55.

29 Franz Rosenzweig, Der Stern der Erlösung. Frankfurt/M. 1988, 327.

Eveline Zeder

«...wie eine Ahnung Gottes» Christliches Zeugnis nach Madeleine Delbrêl

1. Biografischer Zugang[1]

Madeleine Delbrêl wurde 1904 im Südwesten Frankreichs (Dordogne), in der kleinen Stadt Mussidan, als einziges Kind ihrer Eltern geboren. Durch den Religionsunterricht fand sie zu einem lebendigen Glauben. Nach ihrem Umzug nach Paris aber, im Alter von ungefähr zwölf Jahren – dort kam sie in Kontakt mit intellektualistischen Menschen – wurde für ihre Wirklichkeitsauffassung die menschliche Vernunft allein bestimmend. Delbrêl erging es wie vielen anderen Menschen, die die Vernunft verabsolutieren: Sie verlor angesichts des Unvermögens des menschlichen Verstands, die Existenz Gottes zu beweisen, die Gewissheit des Seins Gottes. Mehr noch, sie schloss aus der Unmöglichkeit des Beweises, dass es Gott sicher nicht gibt. Schon mit fünfzehn Jahren war sie überzeugt atheistisch.[2] Wenn es aber Gott nicht gibt, dann existiert auch ein Fortleben nach dem Tod nicht,[3] ist Jesus Christus nicht zu einer neuen Seinsweise auferstanden. Wenige Jahre später lernte Delbrêl allerdings gläubige Gleichaltrige kennen, die Gott und Christus in alles einbezogen, was sie betraf und beschäftigte, und dies nicht etwa insgeheim: Sie sprachen von beiden in allen möglichen Zusammenhängen. Ihr Zeugnis gab Delbrêl zu denken, rüttelte an ihrer festen Überzeugung, dass es Gott nicht gibt. Schließlich öffnete sie sich für die Möglichkeit der Existenz Gottes, nachdem ihr bewusst geworden war, dass man auch das Nichtsein Gottes nicht beweisen kann. Mit (neunzehn oder) zwanzig Jahren durfte sie Gott begegnen und wurde sich seines Daseins gewiss.[4]

Madeleine Delbrêl suchte nun Kontakt zur katholischen Pfarrei ihres Quartiers, Saint-Dominique. Ab 1926 engagierte sie sich dort in der Pfadfinderbewegung, und dank dem Priester Jacques Lorenzo bekam sie im Bibelkreis der Pfadileiterinnen eine religiöse Bildung, die sowohl die persönliche Beziehung zu Jesus Christus wie seine Nachahmung im alltäglichen Leben mit einschloss. Bald stellte sich die Gruppe konsequent in den karitativen Dienst der Ärmsten ihrer Umgebung.

Den Wunsch, Karmelitin zu werden, Gott in einem geschlossenen Kloster ganz zu gehören, gab Delbrêl auf. Sie wollte in der Welt ganz auf Gott ausgerichtet leben, ein Zeugnis seiner Menschenliebe sein. 1933 gründete sie, erst 29 Jahre alt, mit zwei anderen, missionarisch gesinnten Pfadfinderinnen in der kommunistisch regierten Industriestadt Ivry-sur-Seine bei Paris eine Gemeinschaft von Laiinnen. Die drei Frauen wollten wie die urkirchlichen Christen und Christinnen leben, aber angepasst an ihre eigene Zeit und die Bedürfnisse ihrer spezifischen Umgebung, zudem die evangelischen Räte Armut, Gehorsam und Ehelosigkeit verwirklichen. Sie bewohnten und leiteten das «Zentrum der Sozialhilfe» der dezentral gelegenen Pfarrei Saint-Jean-Baptiste, in der sie auch Aufgaben wie Religionsunterricht und Freizeitangebote übernahmen. Doch bald wurden sie von Pfarreivereinen so sehr in Beschlag genommen, als seien sie nur für diese nach Ivry gekommen. Außerdem blieben die Gläubigen mehr oder weniger unter sich, und nur wenige andere Menschen wohnten in der Nachbarschaft der Kapelle Saint-Jean-Baptiste. Missionarisch ausgerichtet, wie die drei Frauen waren, konnten sie sich nicht damit abfinden, dass sie mit kirchenfernen[5] Menschen praktisch nur durch das Sozialzentrum in Berührung kamen. So verließen sie schon 1935 die Pfarreiwohnung wieder und gaben auch die Tätigkeiten für die Pfarreiglieder auf. Sie bezogen ein gewöhnliches Haus in der Stadtmitte und fanden seither im alltäglichen Leben die gewünschten Kontaktmöglichkeiten auf Schritt und Tritt.

Nachdem Delbrêl schon seit Mitte der 30er-Jahre mit städtischen Sozialdiensten von Ivry zusammengearbeitet hatte, trat sie nach Ausbruch des Zweiten Weltkrieges im September 1939 eine Arbeitsstelle im «roten» Rathaus von Ivry an, womit nun auch ihre Arbeit im Sozialzentrum der Pfarrei ein Ende fand. 1941 übernahm sie im Auftrag des Bürgermeisters von Ivry die Aufgabe der Koordination aller Sozialdienste der ganzen Region und machte im Laufe des Krieges dank ihrer vielseitigen Begabungen und ihres unermüdlichen Einsatzes Ivry zu einer eigentlichen Pionierstadt in Sachen kreativer und wirksamer Bekämpfung des Elends. 1945 gab Delbrêl auf Wunsch ihrer Gemeinschaft zwar ihre Stelle auf, nicht aber ihre Unterstützung sozialpolitischer Aktionen und ihre öffentlichen Wortmeldungen.

Seither war Madeleine Delbrêls Arbeitsort die «Rue Raspail 11». Sie war und ist noch immer ein Ort der Begegnung, auch und gerade eine Zufluchtsstätte für Hilfesuchende aller Art. Nebst der Gemeinschaftsleitung, die sie von Anfang an innehatte, und den zahlreichen persönlichen Briefkontakten kamen nun vor allem Haushaltsarbeiten und die Aufnahme der Gäste hinzu. In der zweiten Hälfte der 40er-Jahre schrieb sie einige erst nach ihrem Tod veröffentlichte geistliche Meditationen. In dieser Zeit tauchte auch die Frage des Anschlusses ihrer Gemeinschaft an ein Säkularinstitut auf. Sie verlangte von Delbrêl während etwa zehn Jahren eine zeitaufwendige Klärung, ob sich eine Angliederung mit der ursprünglichen Berufung der Gruppe vereinbaren ließ, und eine behutsame Vermittlung zwischen den in dieser Sache uneinigen Frauen. Mittlerweile war die Gemeinschaft größer geworden und verteilte sich auf verschiedene Häuser in Frankreich, ab 1961 zudem in Afrika.

Schon seit den Anfängen der Arbeiterpriestermission in Frankreich – die *Mission de France* wurde 1941 in Lisieux gegründet – äußerte sich Madeleine Delbrêl vermehrt zu Fragen, die das Wesen der Kirche, und damit verknüpft, deren Verhältnis zur Welt betrafen. Sie ergriff engagiert Partei für eine humane und weltoffene Kirche und setzte sich in den heftigen Auseinandersetzungen der 50er-Jahre zwischen «Rom» und den Arbeiterpriestern für die Bewahrung der innerkirchlichen Einheit ein. Nicht wenige Texte schrieb sie zu dieser Thematik. Überhaupt gehörte das Schreiben zu ihr, und manches ist schon zu ihren Lebzeiten veröffentlicht worden. Dazu kam, vor allem in den letzten Lebensjahren, eine rege Vortragstätigkeit. Madeleine Delbrêl starb 1964 während des Zweiten Vatikanischen Konzils.

2. Grundvoraussetzungen des christlichen Zeugnisses

Madeleine Delbrêl lebte während rund dreißig Jahren in Kontakt mit kommunistischen Menschen, die atheistisch waren. Die überwiegende Mehrheit der Bevölkerung von Ivry aber waren Getaufte, für die Gott und Kirche fast keine Bedeutung zu haben schienen, obwohl sie an die Existenz Gottes glaubten. Heute spricht man in Bezug auf einen solchen Glauben vom «praktischen Atheismus». Eine dritte kleine Bevölkerungsgruppe waren Christen und Christinnen, die regelmäßig in die Kirche gingen. Viele von ihnen zeigten nicht sonderlich viel Leidenschaft für Gott und ihre Nächsten: Sie weigerten sich entschieden, mit kommunistischen Menschen nur schon in Berührung zu kommen, setzten sich nicht für eine drastische Behebung der großen Armut und Ungerechtigkeit in ihrer Stadt durch bessere Gesetze ein und waren nicht missionarisch.[6]

Angesichts des erklärten Atheismus von kommunistischen Menschen, der fortgeschrittenen Entchristlichung von Getauften und des Rückzugs aus der Welt von kirchlichen Christen und Christinnen wurde Madeleine Delbrêl wie von selbst klar, dass sich ihre Pfarrei in einer wahren missionarischen Situation befand, die Gläubigen dafür sensibilisiert und für ihre Sendung in die Welt motiviert und informiert werden mussten. So machte sie die Frage des christlichen Zeugnisses für Gott zum Thema.

Was kennzeichnet nach Madeleine Delbrêl ein christliches Leben, das ein Zeugnis für Gott ist? Genauer: Welches ist der für das Zeugnis notwendige Beitrag des Menschen? Ein Zitat aus einem Text von 1959 über die Güte[7] soll uns für die Beantwortung dieser Fragen als Ausgangspunkt dienen.

> «Ohne Hinweis auf Gott ist unser Zeugnis ein Gegenzeugnis.
> Ohne tätige und bis zur Liebe Gottes in uns ausgeweitete Güte ist scheinbar kein Zeugnis vorhanden, denn es ist für die Augen, die Ohren, die Hände, das Herz der Menschen nicht wahrnehmbar.
> In beiden Fällen kommt es, auf gegensätzliche, aber gleichwertige Weise, zu einer Abkehr vom Ganzen des evangelischen Zeugnisses.»[8]

Vorab sei gesagt, dass die Aussagen Madeleine Delbrêls über die «christliche Güte» nicht exklusiv zu verstehen sind. Sie bedeuten nicht, Gutsein finde sich nur bei Christen und Christinnen.[9] Ebenfalls besagt Sendung oder Mission nicht «außerhalb der Kirche kein Heil».

2.1 Eine Liebe nach dem Vorbild Jesu Christi, die sich in konkreten Taten verwirklicht

«Ohne tätige [...] Güte ist scheinbar kein Zeugnis vorhanden, denn es ist für die Augen, die Ohren, die Hände, das Herz der Menschen nicht wahrnehmbar.» Madeleine Delbrêl ist vor allem dafür bekannt, dass sie die zweifache Liebe, die Gottes- und die Nächstenliebe, in die Mitte ihres Lebens und Wirkens gestellt hat. Genau genommen ist es die Verwirklichung dieser zweifachen untrennbaren Liebe im Alltag, in konkreten und für die Mitmenschen wahrnehmbaren Taten. Denn die Nächstenliebe ist zunächst nur ein im christlichen Menschen angelegtes Vermögen zur Liebe der anderen mit der Hilfe Gottes. Erst in der ausgeführten Tat wird die Nächstenliebe Wirklichkeit. Das wahrnehmbare liebende Tun des Menschen lässt ihre verborgene Existenz erahnen. Delbrêl nannte die christliche Liebestat «christliche Güte», oder auch nur «Güte», «Gutsein».[10] Ohne tätiges Dasein für andere gibt es keine Nächstenliebe.

> «Wie sich Gottesliebe und Nächstenliebe nicht voneinander trennen lassen, gehören Nächstenliebe und Güte unauflöslich zusammen. Es gibt keine echte Liebe zu Gott ohne Nächstenliebe, keine Nächstenliebe ohne Güte.»[11]

Die göttliche Liebe im Menschen inkarniert sich in der Güte.[12] «Die christliche Güte ist Nächstenliebe mit Fleisch und Knochen»;[13] spürbare, sichtbare, hörbare Liebe.

> «[Sie ist] das Glas Wasser, die Nahrung der Hungernden, [...] alle wahren Speisen und alle wahrhaftigen Mittel ihrer Übermittlung, das Obdach der

Obdachlosen, die Pilgerreise in Gefängnisse und Spitäler, das Mitgefühl mit den Traurigen (Tränen, die man teilen muss und andere, deren Ursachen man beheben sollte), die Freundschaft für jeden Sünder und die Unwillkommenen, die Augenhöhe mit den Kleinen, die Anziehung des Dunkeln [oder: Unbekannten].»[14]

Das große Vorbild für ein Leben der tätigen Nächstenliebe ist Jesus.[15] Es gibt nach Madeleine Delbrêl für gutes Tun aus Liebe, wie eben aufgezählt, einige Voraussetzungen, die erfüllt sein müssen, damit es sich um die Güte handelt, die Jesus vorgelebt hat, oder anders gesagt: Gute Werke bedeuten nicht zwingend ein Gutsein nach dem Beispiel Jesu.[16] Kennzeichen der Güte Jesu sind: alle Menschen lieben, jeden Menschen persönlich lieben, sich selbst schenken sowie dem anderen sanft und mit Achtung begegnen.

2.1.1 Universale Liebe

In allen Kreisen, in denen Madeleine Delbrêl sich bewegt hatte, wurde sie von der einen oder anderen Seite sehr versucht, nur eine bestimmte Gruppe von Menschen und die für deren Umfeld typischen Leiden und Freuden im Blick zu haben.[17] Durfte sie aber ihre Liebe anderen Menschen willentlich vorenthalten? Pfarreiglieder gaben ihrer Gemeinschaft eine Liste mit kommunistischen Geschäften, in denen sie ja nicht einkaufen sollte.[18] Beeinflusst wiederum durch kommunistische Menschen war sie eine Zeit lang zutiefst verunsichert, ob sie als Christin Gewalt an Menschen, die andere unterdrückten, befürworten durfte.[19] Sie fand schließlich zur Überzeugung:

> «Die Liebe Christi ist universal. Jede Liebe zu den einen, die uns die Liebe zu andern wegnimmt, ist nicht die Liebe Christi.»[20]
>
> «Niemand außer Jesus hat von unserem Herzen verlangt, jeden Menschen zu lieben, ihn in allem und bis zum Äußersten zu lieben.»[21]

«Jeder Mensch» meint jeden der gesamten Menschheit, auch den völlig unbekannten Menschen. So weit reicht die Güte. Die Forderung der universalen Liebe begründete Madeleine Delbrêl mit der Vaterschaft Gottes: Weil Gott der eine Vater aller Menschen ist, sind alle einander Bruder und Schwester. Doch so schön die Idee der Verwandtschaft aller sein mag, es gilt, sie ins Leben zu übersetzen. Delbrêl musste lernen, die Menschen, mit denen sie keinen persönlichen Kontakt hatte, so selbstverständlich tätig zu lieben wie jene ihrer unmittelbaren Umgebung.

> «Man muss überzeugt sein, dass egal in welchem Land, gleich in welchem Umfeld, die geschwisterliche Liebe, die wir schulden, eine Liebe ohne Einschränkung und ohne Grenzen ist; die Liebe, die Beweis unseres Glaubens an

einen Vatergott ist, von dem alle Menschen Kinder sind und deshalb unsere Geschwister.»[22]

«Sicher, wir sind einverstanden damit, dass ‹Nächster› heute und allezeit *jeden* auf der Erde lebenden Menschen meint; und dies richtet sich an unser Herz. Wie immer schon verlangt es von uns, echte Geschwister zu sein, indem wir all jene, die in unserer Nähe sind, wirklich und konkret lieben. Aber die Wirklichkeit, die nahe ist, ist eine andere geworden: Nahe ist der, den man kennt, den man erreichen kann; nahe ist der, von dem man weiß, was ihm fehlt; der, dessen Leben in einen konkreten Kontakt mit dem unseren eingetreten ist. Die ‹Dimensionen› des Nächsten haben eine unerhörte Wandlung erfahren zwischen dem, was sie für einen Christen im 18. Jahrhundert waren und für einen Christen heute sind. Doch häufig fahren wir fort, so zu handeln, als ob wir den zum Nächsten hätten, der der unsere gewesen wäre, kämen gewisse Enden der Erde uns nicht so unglaublich näher. Diese Bewusstwerdung hat die Anhaltspunkte umgeworfen, auf die ich mich für mein Wählen und Handeln gestützt hatte. So war alles, was früher mit der Liebe des ‹kleinen Nächsten› übereinstimmte, diskussionslos zu tun, und verlangte das, was über denselben Nächsten hinausging, damit ich es auf mich nahm, ein Zeichen, einen Fingerzeig. Im Gegenteil habe ich, wenn die Kongolesen, Algerier, Polen vollständig mein Nächster sind, keine Zeichen nötig, um zu wissen, dass ich ihnen schulde, was ich Geschwistern innerhalb meiner Möglichkeiten schulde.»[23]

Mit Blick auf seine brutalen Folgen kritisierte sie soziales Verhalten, das ohne Güte praktiziert wird, mit scharfen Worten. Viele Menschen kümmerten sich zwar um die einen, die große Not der anderen aber ließ sie kalt.

«Und diese Entwertung eines Wortes [Güte] ist fast immer das Zeichen dafür, dass die Wirklichkeit, die es ausdrückte, verschwunden ist. Nichts ist tatsächlich ungewöhnlicher in unserer Welt als ein gutes Wesen. Alles, was in eben dieser Welt die Güte ersetzt hat: Die Solidarität, die Großzügigkeit, die Selbstlosigkeit wird in den individuellen Leben von einer blinden Gleichgültigkeit für unzählig andere Menschen begleitet, im Wirtschaftsleben von einem erbarmungslosen Zynismus, in der Politik von Grausamkeit, im internationalen Leben von einem gigantischen Wegschauen von Hunger, Tod und Unterdrückung an Leib und Seele anderer Menschen.»[24]

Was die tätige Nächstenliebe im eigenen Umfeld betrifft, wurde für Madeleine Delbrêl das Gleichnis vom barmherzigen Samariter (Lk 10,30–37) zu einer Richtschnur universaler Liebe. Der Samariter trifft unterwegs auf einen ihm unbekannten Mann, der seine Hilfe braucht. Das Zusammentreffen macht aus dem Bedürftigen seinen Nächsten, und so sorgt er für den Mann, wer immer er auch sei.[25] Für Delbrêl persönlich waren es einerseits kommunistische Menschen, die unverhofft in ihr Leben traten und ihre Nächsten wurden. Andererseits galt auch für sie, was sie von den anderen Christen und Christinnen erwartete, nämlich jene zu lieben, die das Elend der Armen verursachen.

> «Sie sind es, die meine Nächsten geworden sind. Ich hatte keine Wahl [...]. Nie hat Gott gesagt: ‹Liebe deinen Nächsten wie dich selbst, außer die Kommunisten›.»[26]

> «Die Mission darf nicht vergessen, dass sie ‹für alle Geschöpfe› da ist. Wenn jene, die wegen des Gerüsts der Welt manchmal unerhörtes menschliches Elend erleiden, ein Recht auf die Verkündigung des Heils haben, dann haben jene, die wegen des Gewichts desselben Gerüsts monströse übernatürliche Not erleiden, die aufgrund der bloßen Tatsache des sozialen Räderwerks, wohin sie ihr Schicksal gestellt hat, wie gezwungenermaßen Unrecht *tun*, unterdrücken, andere verachten, umso mehr ein Recht darauf, denn sie sind mehr als Arme, nämlich Sünder. Ihnen die Liebe des Mitgefühls und des Heils verweigern heißt sich vom Herzen Christi trennen.»[27]

In einer persönlichen Notsituation[28] durfte Delbrêl das Geschenk bedingungsloser Güte selbst erfahren. Die für sie unvergessliche Erinnerung an das ihr Widerfahrene gab sie anderen weiter.

> «Ich werde vermutlich nie wissen, ob die Frau, von der ich reden will, Christin war oder nicht. Ich war vor mehreren Jahren in einer großen Stadt im Ausland, es waren die letzten Stunden, die ich dort verbrachte. Ich hatte fast kein Geld mehr, war sehr erschöpft, nicht weit von dem Schmerz entfernt, der in uns an das Tierhafte streift: Schmerz des Todes, mehrerer Tode, der Tode des gleichen Fleisches wie des meinen. Ich glaube nicht, dass ich eine besondere Kategorie darstellte. Meine Kleidung war unauffällig. Ich durchwanderte seit Stunden die Straßen, um die Abfahrt des Zuges abzuwarten. Warum verschweigen, dass ich weinte? Es war mir gleich, und ich wartete, dass es vorbeiging. Eine Fremde, Unbekannte. Ein Kummer, der allen Menschen gemeinsam ist, der Tränen auspresst, wie gewisse Anstrengungen den Schweiß. Es begann zu regnen, Hunger hatte ich auch. Die Geldstücke, die mir verblieben, bestimmten, was ich mir leisten konnte. Ich betrat ein winziges Café, wo es auch zu essen gab. Ich wählte mir, was ich kaufen konnte: [Rohkost]. Ich aß sie langsam, um ihren Nährwert auszunützen und den Regen vorbeigehen zu lassen. Von Zeit zu Zeit tropften die Augen. Aber plötzlich wurden meine beiden Schultern von einem stärkenden, herzlichen Arm gepackt und eine Stimme sagte zu mir: ‹Du Kaffee, ich geben.› Es war absolut klar. Ich weiß nicht mehr, was nachher passierte: Ein Glück, dass ich kein Gespür für das Lächerliche habe. Ich habe oft von dieser Person gesprochen,

an sie gedacht, für sie gebetet mit einer unverbrauchbaren Dankbarkeit; heute, da ich nach der Güte in Fleisch und Bein suche, hat sie sich mir aufgedrängt. Was dieser Frau den Wert eines christlichen Zeichens gibt, eines entfernten und doch getreuen Bildes der Güte Gottes ist dies: sie war gut, weil sie von der Güte bewohnt war, nicht weil ich zu ‹den Ihren› gehörte, familienmäßig, sozial, politisch, national, religiös. Ich war die ‹Fremde› ohne Identitätsausweis. Ich bedurfte der Güte, einer solchen Güte sogar, die zum Erbarmen wird. Durch diese Frau wurde sie mir zuteil. Heute ist sie ein unbedingtes Beispiel der Güte, weil ich ‹irgendwer›, ‹irgendwas› war und sie so handelte, weil die Güte in ihr war, nicht um meines Soseins willen. In ihrer Tat finde ich alles, was Güte sein muss, um Güte zu sein.»[29]

2.1.2 Persönliche Liebe

Unter «persönlicher Liebe» verstand Madeleine Delbrêl die Zuwendung zum einzelnen Menschen. Eine solche Liebe zeichnet Gott aus und ist von daher Maßstab christlichen Lebens. Doch sie zu leben, ist gar nicht so einfach.

«Das Reich Gottes ist die persönliche Liebe Gottes in Christus für *jeden* unter uns und von jedem unter uns für *jeden* der anderen. [...]. Das Heil ist keine kollektive Abstraktion. [...]. Das Reich Gottes ist die Begegnung Gottes mit einer Menschheit, die aus einem, plus einem, plus einem besteht. Es taucht nicht aus einer anonymen Masse auf, sondern wird von Peter, Jakob und Hans empfangen.»[30]

«Diese persönliche Liebe Christi: ‹Er ruft jeden bei seinem Namen›; er ruft keine Kategorie. Er kennt jeden, ‹wie sein Vater den Sohn kennt›. Wir müssen diese persönliche Liebe eines Jemand zu jemandem wieder finden.»[31]

«Es ist schwieriger als man denkt, Frau X, Herrn Y, Fräulein Z und nicht ‹die Leute, die zum Bereitschaftsdienst kommen›, zu empfangen.»[32]

Eine persönliche Liebe ist umso wichtiger in einer Zeit, in der der einzelne Mensch in der Masse aufzugehen droht. Dessen war sich Madeleine Delbrêl angesichts der Unmenge an Werktätigen bewusst. Sie lebte in einer Stadt, in der es dreihundert Fabriken gab.[33] Anfang der 30er-Jahre waren von rund 50'000 Einwohnern und Einwohnerinnen Ivrys mehr als 65 Prozent Arbeiter oder Arbeiterinnen, 1954 noch knapp 20 Prozent.[34] Um den Schutz der Arbeiterschaft stand es schlecht; die Armut war weit verbreitet.[35] Delbrêl bezog die Situation der Menschen, die mit ihr in Ivry-sur-Seine lebten, in ihre Auffassung von Sozialarbeit mit ein.

«Einer bestimmten Kategorie von Individuen einen Sozialdienst zur Verfügung stellen, heißt nicht, einen Schalter, eine Bank oder ein Geschäft zu eröffnen. Es bedeutet, in der weiten Welt eine Verbindungsstelle der Freundschaft, eine Stelle der Fürsorge zu platzieren, wo jeder aufhört, eine Nummer in einer Kartei, ein Rad im Räderwerk des Betriebs, ein Anonymer in der Menge zu sein. Es geht darum, ein Band der Menschlichkeit zu schaffen, indem man diesem Wort [...] den ganzen Sinngehalt gibt, den unsere Herzen in dieser Zeit der Massen und des blinden Maschinismus erahnen.»[36]

«In ihren früheren Verirrungen kümmerte sich die Güte, ich meine eine bestimmte Güte, wenig um Gerechtigkeit. Aber jetzt wird einem klar, was für ein trockenes Brot die Gerechtigkeit ist, wenn die Güte ihr nicht vorausgeht oder sie nicht vollbringt. Wenn öffentliche Spenden anlässlich eines Unglücks ausgeteilt werden, wenn sie zum Unterhalt eines [...] Kindes verliehen werden oder sie das Alter begleiten, entsprechen diese Prämien, Pensionen, Zulagen, Sonderleistungen einer Gerechtigkeit [...] ersetzen aber in keiner Weise die Güte. Nicht [Jakob oder] Hans [...] selber wird in seinem Unglück oder in seinem Glück geholfen, sondern seinen Lebensumständen, seiner Situation. Die öffentlichen Maßnahmen regeln die kollektiven Kategorien; ich hüte mich wohl, zu kritisieren, was die Gesellschaft dergestalt an Gerechtigkeit verwirklicht; besser kritisiert man, was damit noch nicht erreicht ist. Ich will bloß sagen: die Güte ist etwas anderes, sie tut etwas anderes.»[37]

Auch in anderer Hinsicht ist eine persönliche Liebe gefordert. Menschen neigen zu Vorurteilen, dazu, andere im Positiven wie im Negativen nach dem Bild zu beurteilen, das sie von deren Familie, Nationalität, Rasse, sozialer Schicht etc. haben. Der einzelne Mensch in seiner Individualität verschwindet dabei hinter seiner Gruppe und den Merkmalen, die dieser zugeordnet werden.

«Wir müssen uns auch davor hüten, bestimmte menschliche Bereiche als für das Eindringen Christi ungeeignet anzusehen. Die Kategorien ‹Chefs›, Kapitalisten, R.P.F. usw. tendieren dazu, in den missionarischen Milieus als ‹vom Himmel verdammt› angesehen zu werden. Die Kategorie verbirgt dort den Menschen.»[38]

Dies ist nach Madeleine Delbrêl bei der Güte Jesu nicht der Fall. Jesus liebt jeden Menschen persönlich, bedingungslos, und für ihn existiert jeder Mensch, als ob es nur diesen einen Menschen geben würde.[39] Die Erfahrung einer solchen Liebe bestätigt dem Menschen, dass es ihn gibt. In ihr begegnet er sich selbst als dem, der er unverwechselbar ist. In der Güte Jesu kommt zum Ausdruck, dass jeder Mensch unabhängig von Reichtum, Macht, Erfolg usw. wertvoll ist.[40] Über Delbrêl selbst ist folgendes Zeugnis erhalten:

«Madeleine ist das einzige Wesen in der Welt, das mich mit Hoffnung geliebt hat. Sie hat mein wahres Ich erraten, das für alle entstellt, von ihm selbst verkannt und gehasst, gefesselt, unbewusst in seinen Gefängnissen war, aus denen mich zu befreien es mir nun nach zehn Jahren und mit ihrer Hilfe gelingt. Dank ihr habe ich für einen meiner Mitmenschen existiert, bevor ich in meinem Bewusstsein existierte, als alle anderen nur über mich hinwegsehen konnten… Wenn es keine größere Liebe gibt, als sein Leben für jene hinzugeben, die man liebt, wie soll man den situieren, der das Leben dem zurückgibt, der es verloren hat, der es dem gibt, der es nie gekannt hat?»[41]

2.1.3 Selbsthingabe

Die Lebensumstände eines bedürftigen Menschen zu verbessern, genügt nicht. Güte ist notwendig: In ihr wendet sich ein Mensch einem andern so zu, dass er ihm mitsamt seinem Dasein und seiner Hilfe sich selbst schenkt. Eine wirkliche Begegnung von Mensch zu Mensch tut Not, in die man sich selbst einbringt: die eigene Aufmerksamkeit, Liebenswürdigkeit, Geduld, Hoffnung und das eigene Mitgefühl. «Wirklich lieben heißt einem andern sich selbst schenken, damit er immer mehr er selbst wird»,[42] fand Madeleine Delbrêl. Wie sollte man da nicht an eines ihrer Vorbilder denken, Therese von Lisieux, die nach dem Motto gelebt hatte: «Lieben heißt alles und sich selbst schenken», und an Jesus, für beide Beispiel und Lehrer der «größeren Liebe»?

> «Auf diesen aufopfernden Gehorsam, der uns alle Rechte Gottes über uns anerkennen lässt, können wir uns vorbereiten, indem wir beipflichten, dass wir über keinen Menschen ein Recht haben und akzeptieren müssen, so behandelt zu werden, nicht als ob jeder Mensch alle Rechte über uns hätte, sondern ein *Recht auf uns*, das Recht auf diese ‹größere Liebe, die darin besteht, sein Leben für jene hinzugeben, die man liebt›.»[43]
>
> «Wir mussten lernen, dass alle, die uns aufsuchten, ein Recht auf uns hatten, weil man überhaupt nichts gegeben hat, wenn man sich selbst nicht geschenkt hat. Sie haben ein Recht auf uns, weil wir gekommen sind, ihnen zu dienen.»[44]

Eine Weise der Selbsthingabe ist die Aufmerksamkeit für den Mitmenschen, das echte Interesse an seinem Leben und an dem, was ihn beschäftigt. Delbrêl wusste, dass ein solches Verhalten andere tiefgehend berühren konnte. Es geht darum, wirklich der oder die Nächste der andern zu sein.

> «Jemand, der in seiner für sie bekannten Existenz eine gewisse Dichte, ein gewisses Gewicht hat, wie sie es von einem ‹wirklichen Menschen› erwarten; jemand, der fähig ist, etwas richtig zu machen und zu Ende zu führen, der von vornherein für die Dinge wach ist, die auch sie interessieren, die das Leben der Leute bewegen, angefangen von der Arbeitslosigkeit eines Einzelnen bis zu einer öffentlichen Katastrophe, vom Einsturz eines Bergwerks bis zum

algerischen Krieg. Was uns in ihren Augen zu einem wirklichen Menschen macht, ist [...] vielmehr die Intensität des Interesses, das wir bekunden: die Priorität, die wir im Ganzen unseres Lebens den andern einräumen, das, was wir effektiv für die andern leisten.»[45]

«Ich habe lange mit einem Kommunisten zusammengearbeitet. Er war seinen Überzeugungen treu, was es ihn auch kosten mochte, und seiner Partei gegenüber loyal. Er besaß weder eine christliche Vergangenheit noch eine Erinnerung an Christliches. Eines Tages sagte er zu mir: ‹Ich habe einen Christen gekannt, den ich nie vergessen werde. Er war ein außerordentlicher Mensch: Er nahm alles zu Herzen, was den andern zustieß, sprach nie von dem, was ihm selbst widerfuhr, und verteidigte sich nicht, wenn man ihm Böses antun wollte.›»[46]

Auch in einer wirklichen Anteilnahme an Freud und Leid eines Mitmenschen geschieht Selbsthingabe. Es gab Menschen, die sie in der persönlichen Begegnung mit Delbrêl erfahren haben.

«[Wenn] Sie schließlich das gewaltige Risiko eingehen, kurz ein wenig von Ihrer Freude oder von Ihrem Leid sehen zu lassen, dann belebt sich das ganze Gesicht, als wenn der Wind die durchsichtige Oberfläche des Wassers erzittern ließe. Die Ausdrücke von Mitgefühl, von echtem Verständnis, von wirklich durchgemachtem Leiden, erlauben es, wie durch eine offene Tür hindurch den immensen Weg zu sehen, der gegangen worden sein muss, um bis zu einer solchen Begegnung zu kommen. Wenn Sie ein Armer, ein Verletzter, ein Geschädigter sind, wenn Sie Unrecht erlitten haben, dann vergrößern sich die Pupillen, die Augen werden dunkelblau, fast schwarz, der ganze Körper zieht sich zusammen, als wenn er sich in Bewegung setzen, handeln, verteidigen wollte.»[47]

Selbsthingabe forderte Madeleine Delbrêl auch innerhalb der Kirche: Christen und Christinnen sollen füreinander leben und dadurch indirekt auch für alle Menschen im Kontakt mit ihnen. Dies kostet sie etwas, verlangt von ihnen eine persönliche Anstrengung. Nach Delbrêl waren die christlichen Gemeinschaften mitschuldig an der Entstehung des Atheismus in Frankreich, oder zumindest waren sie diesem gegenüber aus Egoismus blind, und die meisten Gläubigen unterstützten – anders als im Fall der so genannten «äußeren Mission» – die inländischen missionierenden Priester nicht.[48]

«Geistige Offenheit, Erfindungsgeist, heldenhafte Neuerungen sind nützlich und werden es immer sein. Aber das, was heute nötig ist, das sind Leute, die glauben, die wie für die ausländischen Missionen ihr Gebet, ihr Leiden geben und, statt ein wenig Geld, die Wiedergutmachung unseres kollektiven Egoismus, unseres Egoismus, der Gott tötet.»[49]

Im zwischenmenschlichen Für- und Gegeneinander liegt alle weitere Entwicklung; im Fall der Kirche ging Delbrêl von einem «lebenswichtigen Austausch der Gnade»[50] im Tun für andere aus.

«Jeder Mensch ist eine aktive Zelle im Leib der Menschheit. Jede freie Handlung jedes Menschen arbeitet für den ganzen Leib. Sie stimmt in die Bewegung des Lebens ein oder lässt Erstarrung oder Verwesung des Todes zu; sie ist ein Keim des Wachstums oder ein Ferment der Zersetzung.»[51]

«[Die Kirche] ist der Leib Christi und wir sind Glieder dieses Leibes. Unsere Abhängigkeit von ihr und unsere Hingabe an sie sind zuallererst, auch wenn sie von uns äußere Handlungen, Zeichen erfordern, eine innere, lebenswichtige Abhängigkeit und Hingabe. Unsere Abhängigkeit gegenüber diesem Leib, der sie ist, ist beträchtlich. Aber auch unsere Initiative, Verantwortung, Funktion sind bedeutsam. [...]. Eine einzige Zelle [dieses Leibes] kann den ganzen Organismus infizieren; eine einzige Zelle kann die Injektionsnadel durchlassen, die ihn rettet. [...]. Dieser Leib hat seine Gesetze, seine innere Ökonomie; es ist die Heilsökonomie. Man müsste sich bewusst werden, was die Liebe jeder Zelle unseres Leibes für die anderen Zellen ist, für ihre gegenseitige Hilfe, für die Lebensorgane... [...]. Diese Organe des mystischen Leibes, die Menschen sind, haben in ihren Funktionen ein Recht auf unseren Glauben, aber auch auf unsere Menschenliebe.»[52]

Madeleine Delbrêl hat, wie schon gezeigt, nicht nur von Selbsthingabe gesprochen, sondern sie zu leben versucht. Über sie ist ein weiteres schönes Zeugnis erhalten, denn in ihm kommt ihre selbstlose Liebe zum Ausdruck. Es weist allerdings auch auf «Schattenseiten» der von ihr bewusst gelebten Ganzhingabe hin. Im Oktober 1964 starb Delbrêl, für ihre Umgebung ganz unerwartet, noch nicht sechzig Jahre alt.

«Eine Herzkrise hat sie plötzlich hinweg genommen, ohne dass etwas es hätte erahnen lassen. [...]: Sie ist gegangen, nachdem sie alles gegeben hatte. Ihr Herz konnte nicht mehr; sie hatte es für alle verbraucht.»[53]

2.1.4 Sanftheit und Demut

Die Erfahrung der Milde ist selten geworden – so urteilte Madeleine Delbrêl mitten im Zweiten Weltkrieg und hatte dabei bestimmt nicht nur dessen Unmenschlichkeit im Blick. Dabei würde Sanftheit den Menschen, die persönlich Grobheit erfahren oder mit solcher konfrontiert sind, doch so gut tun.

«Die Menschen von heute brauchen zuallererst Sanftheit, weil das Leben der letzten Jahre so erbarmungslos war. Die Brutalität ist heute überall, in allen Klassen, in allen Nationen. Das ist es, was die Menschen so hoffnungslos macht.»[54]

Indessen bedeutete für Delbrêl Milde nicht nur das Gegenteil von Rohheit. Sie rückte, wie der folgende Textausschnitt zeigt, die Sanftheit bis an das heran, was man normalerweise als typische Eigenschaft der Demut versteht: das Gegenteil von Hochmut, Überheblichkeit. Das Zitat zeigt außerdem, dass Delbrêl die in ihm aufgeführten Beispiele einer zu vermeidenden Liebe als grobes Tun ansah. Sie war sich bewusst, dass die Grenze zu einem «gewaltsamen» Verhalten gegenüber anderen nur allzu leicht überschritten wird. Demut und Sanftmut respektive Stolz und Mangel an Liebeswürdigkeit gehen Hand in Hand – das Erstere geht dem Letzteren voran.

> «*Demütig sein* heißt seinen Ort als Geschöpf und Erlöster vor Gott kennen; [...] einen Ort, der allen Menschen gemeinsam ist, den einzigen, an dem sie alle Geschwister sind (es gibt keine absteigende Demut und Geschwisterlichkeit; wir sind alle zusammen unten). [...]. *Sanft sein* besagt [...] unser Bewusstsein dafür, über andere keine angeborenen fundamentalen Rechte zu haben; alle bemutternde, belehrende, beschützende, verteidigende... Liebe der grundlegenden Geschwisterliebe unterordnen».[55]

> «Wir können nicht von Gott die Demut bekommen, wenn wir zuvor nicht alles getan haben, um uns selbst und unseren Nächsten nicht zu demütigen. Und es ist viel leichter, als man glauben könnte, jemanden zu demütigen, oft sogar, ohne dass er es weiß und dass wir es unsererseits anormal finden würden.»[56]

Jesus ist sanft und von Herzen demütig (Mt 11, 29); seine Güte ist davon geprägt. Wiederholt wies Madeleine Delbrêl auf ihn hin und forderte seine Nachahmung. Sie erachtete die zwei betreffenden Tugenden als für Jesus charakteristische Haltungen und hob ihre missionarische Bedeutung hervor. Doch die Güte Jesu zu leben, ist ohne tägliches Ankämpfen gegen die eigene Unfreundlichkeit und hochmütige Verachtung des anderen unmöglich. Sanftheit und Demut müssen je neu errungen werden.

> «Ohne Demut und Milde gibt es kein wahrhaft christliches geschwisterliches Herz, keine christliche Güte und Evangelisation.»[57]

> «Christus [gibt uns] als seine persönliche Lehre die Sanftmut und Demut des Herzens. [...] er lehrt uns als seine eigene Lehre, dass wir nicht gut sein können, wenn wir nicht sanft und demütig sind, wenn wir uns nicht ständig bekehren von [...] unserer Gewaltsamkeit gegenüber den andern, von [...] unserer Überheblichkeit, wie immer sie auch daherkommt, über die anderen.»[58]

Die nachfolgend in Worte gefasste Erinnerung eines ihrer Bekannten lässt das Bemühen Madeleine Delbrêls um die demütig-sanfte Güte Jesu erahnen.

> «Wenn eine andere Person als sie dir dieselben Dinge gesagt hätte, die sie dir sagte, wärst du gekränkt, verärgert gewesen. Sie sagte sie dir in einer sol-

chen Weise, dass du jene wirklich von der Seite nahmst, von woher man sie nehmen musste, und du dich nicht herabgesetzt vorkamst. Du fühltest die Freundschaft, spürtest die Nächstenliebe in ihr. Du weißt... etwas, das dich erwärmte, dir gut tat, dich aufstellte.»[59]

Es ist aber nicht etwa so, dass die beiden Tugenden ein zahnloses Christsein bedeuten müssten – im Gegenteil. Doch wo finden sich Gläubige, die fähig sind, sie anders zu leben?

«Der irrende Glaube an den Reichtum ist derart, dass wir zögern, wir Christen, uns von Systemen zu distanzieren, die seine Verteilung anzielen..., wie wir auch zögern, in dieser Welt der Kraft von Demut und Sanftheit Zeugnis abzulegen. […]. Und wir sind außerdem unfähig, eine Demut und eine Sanftmut zu leben oder zu predigen, die sich von der Trägheit und der Zurückhaltung befreien.»[60]

Delbrêl schwebte ein Christsein vor, das sich kämpferisch und zugleich friedlich gegen das soziale Unrecht einsetzt, so wie sie es bei ihrem Zeitgenossen Mahatma Gandhi beispielhaft verwirklicht vorfand.

«Unser Sektor wird vom Unrecht beherrscht. Alle Antworten der Welt auf die Ungerechtigkeit sind aktive oder bejahte Gewalt. Dort die Sanftheit Christi zu errichten, ist skandalös. Wer kann die Unerschrockenheit ermessen, die von jenen verlangt wird, die akzeptieren, diesen Skandal der Sanftmut zu leben? Aber gibt es nicht ein noch größeres Ärgernis, und diesmal ein wirkliches, dass die Christen einem Gandhi die Verantwortung überlassen haben, in der Welt eine Menschenmasse auszuheben, die sich der unbezwingbaren Kraft dieser Sanftheit anvertraut?»[61]

Rückblickend lässt sich über die christliche Güte sagen: In der konkreten Liebe wird die Einstellung gegenüber den Nächsten mit gelebt. Will der Mensch die christliche Güte leben, seine Mitmenschen nach der Weise Jesu tätig lieben, muss auch sein Denken der Haltung Jesu und damit jener Gottes gegenüber den Menschen entsprechen. Sich selbst dem Mitmenschen schenken, wer immer er auch sei, sanft und nicht überheblich, einfach aus Liebe zu ihm persönlich, und dies alles in konkreten, wahrnehmbaren Taten für sein Wohl – das ist nach Madeleine Delbrêl ein Zeugnis für Gott und seine Liebe. Durch eine solche Güte, die Güte Jesu, wird die immer aktuelle Gute Nachricht denen, die sie hören, als gut erscheinen.[62]

2.2 Eine Liebe, die von der Menschenliebe Gottes und Jesu Christi gespeist ist

«Ohne […] bis zur Liebe Gottes in uns ausgeweitete Güte ist scheinbar kein Zeugnis vorhanden, denn es ist für die Augen, die Ohren, die Hände, das Herz der Men-

schen nicht wahrnehmbar.» Hinter dieser Aussage steht der Eindruck Delbrêls, dass Gott nicht bezeugt wird, wenn der Mensch sich damit begnügt, aus eigener menschlicher Kraft zu lieben. Denn gute Handlungen, wie gerade beschrieben, fallen dann mittelmäßig aus, sind unscheinbar, wenn sie nicht gar völlig ausbleiben. Wie oft ist der gute Wille zwar vorhanden, aber reicht – ohne die Hilfe Gottes – zur Tat nicht aus!

> «Ich sage nicht, bei uns Christen komme sie [die Güte] nicht vor, sondern dass sie die arme Verwandte sei. Ich sage nicht, es gebe keine guten Christen. Ich sage: Sie sind gut trotz der ungünstigen Stimmung, mit der wir die Güte umgeben. [...] ich sage ‹wir›, weil ich in all dem zuerst ‹ich› meine.»[63]

Wie gesagt, es gibt keine Nächstenliebe ohne christliche Güte, sondern sie verwirklicht sich im guten Tun. Umgekehrt kommt das Gutsein nach dem Vorbild Jesu auf der Grundlage der Nächstenliebe im Menschen zustande. Nächstenliebe und christliche Güte bedingen einander gegenseitig. Wenn nun aber Christen und Christinnen andere mit Nächstenliebe konkret lieben, dann mit *der* Liebe, die sie in der Taufe, zusammen mit Glaube und Hoffnung, von Gott und für Gott bekommen haben,[64] und die sie lebenslang je von neuem empfangen, wenn sie sich danach ausstrecken.

> «Die Liebe, die wir zu leben versuchen, [...] lässt unser Herz unbegreiflich verschieden, bald brennend, bald kalt, bald weich, bald steinern. Wenn wir unser Herz zu Gott hinwenden, gibt er uns ‹dieses Herz aus Fleisch›».[65]

Das heißt, die Nächstenliebe kommt nicht selbstverständlich, gewissermaßen automatisch mit ins Spiel. Wenn sich der christliche Mensch aber Gott zuwendet, empfängt er in der eigenen Liebe die göttliche Liebe. Kraft dieser viel stärkeren Menschenliebe Gottes in seinem Einsatz für andere vermag er, Taten der Güte nach dem Vorbild Jesu zu tun und damit ein Zeugnis für Gott zu sein.

> «Die Güte ist wirklich die Übersetzung des Geheimnisses der Liebe Gottes. Deshalb ist sie nur echt, voll, widerstandsfähig, lückenlos und nicht aufgeblasen, wenn sie auf die Liebe Gottes in uns folgt, wenn sie von Gott kommt, ein Abbild Gottes ist.»[66]

Der Weg des Menschen zur tätigen Liebe ist nach Madeleine Delbrêl Jesus. Dieser ist übervoll der Güte, mit der Gott liebt,[67] und seine Güte kann man nur von ihm selbst bekommen. Es geht von daher darum, Jesus Christus Zugang zum eigenen Herzen zu gewähren,[68] und dies in der Kirche.

> «Die Güte, von der ich hier rede, [...] vermag aus einem schlechten Herzen ein gutes Herz zu machen. Es handelte sich nicht um die Güte Jesu Christi, wenn sie dazu nicht fähig wäre. Doch der Christ kann nicht auf sein derart erneuertes Herz als auf ein definitives Geschenk zählen. Das, was ihm endgültig gegeben ist, das ist das Herz Jesu Christi, die unumstößliche Möglich-

keit, in ihm jederzeit sein eigenes Herz erneuern zu können.»[69]

«Man kann aber diese Liebe, die das Format von Christus-Kirche und nicht das unsere hat, nur leben, wenn wir unsere innige, verborgene, vitale Zugehörigkeit zu Christus in der Kirche intensivieren. […]. Einzig in der Kirche und durch sie ist das Evangelium Geist und Leben.»[70]

«Wir können die Liebe Gottes nicht in der Welt inkarnieren, das Evangelium, das nichts anderes als die Manifestation der göttlichen Liebe ist, nicht in sie hineintragen, wenn wir nicht vorher die Inkarnation dieser Liebe in der Kirche, im mystischen Leib Jesu Christi, akzeptieren.»[71]

Dabei spielt die Aufnahme des Wortes Gottes im Menschen eine große Rolle. Das Evangelium ist nämlich kein gewöhnliches Buch, sondern das «Mensch gewordene, betrachtete und erzählte Wort Gottes».[72] In ihm ist eine göttliche Kraft am Werk, jene des Heiligen Geistes, die fähig ist, das Bemühen des Menschen an sein Ziel zu bringen – dies aber unter der Voraussetzung, dass der Mensch sein ganzes Vertrauen und seine ganze Hoffnung in das Wort Gottes setzt.[73]

«Das Wort Gottes trägt man nicht in einem Köfferchen an das Ende der Welt. Man trägt es in sich, nimmt es in sich mit. Man stellt es nicht in eine Ecke seiner selbst, in sein Gedächtnis, wie auf ein Regal im Schrank, wo man es versorgt hätte. Man lässt es bis auf den Grund seiner selbst gehen, bis zu dieser Angel, in der unser ganzes Selbst hin- und herschwenkt. Man kann nicht Missionar sein, ohne das Wort Gottes, das Evangelium, in sich frei und herzlich aufgenommen zu haben. Dieses Wort will Fleisch werden, Fleisch annehmen in uns. Und sind wir so von ihm bewohnt, sind wir zur Mission fähig. […]. Diese Menschwerdung des Wortes Gottes in uns, diese Fügsamkeit, uns von ihm formen zu lassen, das nennen wir Zeugnis geben. […]. Um das Wort Gottes ernst zu nehmen, brauchen wir in uns alle Kraft des Heiligen Geistes.»[74]

«Das Geheimnis des Evangeliums ist […] wesentlich die Mitteilung eines Lebens. Das Licht des Evangeliums ist […] ein Feuer, das uns zu durchdringen fordert, um in uns zu brandschatzen und uns zu verändern. […] Der Satz des Herrn, den wir dem Evangelium entrissen haben […] will unseren Händedruck, den wir zu geben haben, […] unseren Blick auf jene, denen wir begegnen […] verwandeln, erneuern.»[75]

Es ist Gott selbst, seiner immensen Menschenliebe zu verdanken, dass das Bemühen des christlichen Menschen um die tätige Liebe zu seinen Nächsten wahrnehmbare Liebestaten hervorbringt, dass aus dem menschlichen Leben ein Zeugnis für Gott wird. Doch Gott zwingt seine Liebe nicht auf, und christliche Güte ist je nur eine einzelne Handlung. So ist der Mensch aufgefordert, sich immer wieder für die Liebe Gottes zu öffnen, besonders durch die Aufnahme des Wortes Gottes in sich durch den Heiligen Geist und in lebendiger Einheit mit der Kirche, mit seinen Glaubensgeschwistern.[76]

Doch ist die christliche Güte als Zeugnis für Gott nach Madeleine Delbrêl missionarisch wirksam? Auf diese Frage wollen wir an dieser Stelle kurz eingehen. Gott schenkt sich dem Menschen im Leben, so auch in der tätigen Nächstenliebe von Christen und Christinnen. Die missionarisch wirksame Liebe Gottes wird im christlichen Zeugnis weitergegeben. Deshalb nimmt der christliche Mensch, der für die Liebe Gottes und ihre Verwirklichung im Tun offen ist, am göttlichen Heilshandeln teil. Die christliche Güte als ein mit Gott verbundenes christliches Dasein für andere ist nach Delbrêl eine enorme missionarische Kraft. Wenn aber im Tun der Gläubigen die göttliche Liebe durch ihre Berührung des Mitmenschen diesen zu Gott hinzieht, kehrt die von Gott ausgegangene Liebe wieder zu Gott zurück – vorausgesetzt, dieser Mensch verschließt sich dem Anruf Gottes nicht.

> «Die Nächstenliebe hat auch etwas Geheimnisvolles an sich: Sie kommt von Gott und kehrt zu Gott zurück. […]. Und weil sie der Lebensatem des christlichen Lebens ist, untrennbar von der kindlichen Liebe zu Gott, ist sie selbst Verkündigung des ewigen Lebens an Ungläubige.»[77]
>
> «Dafür kann eine einzige Tat echter Güte, die elementar mit Gott verbunden ist, auf eine nicht nachvollziehbare Weise zu Gott hin in Bewegung setzen. […] diese Güte, sinnlicher Leib der Liebe Gottes, ist vielleicht […] die größte Missionskraft unter den Gleichgültigen, den Ungläubigen und den gänzlich Abtrünnigen.»[78]
>
> «Die Güte des Herzens, die von Christus kommt, von ihm geschenkt wurde, ist für das ungläubige Herz eine Ahnung Gottes. Sie hat für das ungläubige Herz den unbekannten Geschmack Gottes und sensibilisiert es für die Begegnung mit Gott.»[79]
>
> «Jesus Christus hat uns die Güte gewordene Liebe Gottes gezeigt. Wer von ihr geliebt wird, ist konkret im Kontakt mit dieser von Gott gekommenen Liebe. Die Erinnerung, die sich in das einprägt, was dieser Mensch von sich selbst wusste oder nicht wusste, kann wie eine Ahnung Gottes werden, eine nicht wahrnehmbare Kraft, Gott zu erkennen.»[80]
>
> «Gott schenkt seine Gnade, aber er gibt sie nur an etwas in uns, das sie frei ersehnt. Der Glaube und alles, was durch den Glauben kommt, ist Gabe Gottes an einen Akt der Freiheit.»[81]

2.3 Das christliche Zeugnis bewahren – auf Gott und Jesus Christus hinweisen

«Ohne Hinweis auf Gott ist unser Zeugnis ein Gegenzeugnis.» Die tätige Nächstenliebe bedarf der Ergänzung durch Taten und Worte, die auf die Existenz Gottes hinweisen. Sonst leben christliche Menschen nicht das «Ganze des evangelischen Zeugnisses»,[82] ja sie verkehren es in sein Gegenteil. In der Zeit vor ihrer Bekehrung vom Atheismus zu einem lebendigen Glauben an Gott war Madeleine Delbrêl selbst in Wort und Tat auf Gott und Christus hingewiesen worden. Was hatte Delbrêl geholfen, die Existenz Gottes und Jesu Christi nicht mehr für unmöglich zu halten? Sie schrieb darüber nach vielen Jahren:[83] Ihre christlichen Kameraden und Kameradinnen seien mit ihrem leidenschaftlichen Glauben an Gott eine «Tatsache» in ihrem Leben gewesen. Sie hätten über allerlei gesprochen, aber jeweils «Worte, ‹Ideen›, Klarstellungen Jesu» hinzugefügt. «Sie hätten für Christus einen Stuhl hinstellen können, er hätte nicht noch lebendiger geschienen.» Das Faktum, das die Jugendlichen mit ihrem Bekenntnis dargestellt hätten, habe ihrer Sicht der Wirklichkeit brutal widersprochen. Denn in dem, was für *sie* wirklich gewesen sei, habe sich Gott mittels der Vernunft gar nicht einordnen lassen. Diese Jugendlichen wiesen Madeleine Delbrêl *mit* Worten auf Gott und Christus hin.

Der Rückblick Delbrêls auf ihren Freundeskreis schweigt sich darüber aus, ob auch ihr Leben auf Gott hingewiesen hat. Aber von mindestens einem Tatbekenntnis wissen wir: Einer unter ihnen, Jean Maydieu, hatte auf ein gemeinsames Leben mit ihr verzichtet, um auf Gottes Ruf in die Nachfolge Jesu im Dominikanerorden zu antworten.[84] Sein zweifellos schmerzliches Entscheiden und Weggehen waren gelebte Gottesliebe, ein aufrüttelndes Zeugnis für Gott.

So hat Madeleine Delbrêl im Kontakt mit Jean Maydieu und seinen gläubigen Kollegen und Kolleginnen auf beide Arten Hinweise auf Gott bekommen: durch Tat- und Wortbekenntnis. Vermutlich ist ihr Verständnis des christlichen Zeugnisses von diesen persönlichen Erfahrungen mitgeformt worden. Beide Elemente des Zeugnisses finden sich beispielsweise in der folgenden Frage, die Delbrêl dreißig Jahre später zu Papier brachte:

> «Wird Gott ‹tot› bleiben für alle diese [Menschen] an unserer Seite, die wissen, dass wir ihm unser ganzes Leben gegeben haben, es sagen und es nicht bereuen? Wird es nicht einen ‹Zweifel› an diesem Tod geben?»[85]

Der durch das Zeugnis der Bekannten in Delbrêl erweckte Eindruck, der einst am Kreuz gestorbene Jesus sei am Leben, und die göttliche Kraft in diesem Bekenntnis, die in ihr Zweifel an der Nicht-Existenz Gottes respektive Jesu Christi bewirkte, findet sich in anderer Form in ihrer späteren Überzeugung wieder.

> «Die Tatsache des Christen, der sich auf den lebendigen Christus als auf einen Lebendigen bezieht, ist für Leute, deren Lehre eine Lehre von Fakten

ist [für kommunistische Menschen], eine Begegnung mit einem möglichen Christus.»[86]

«Will man evangelisieren, ist es nötig, dieses Unübersetzbare [Gott] einzukreisen, näher zu bringen, es annehmen und erahnen zu lassen sowie durch eine ganze Lebenshaltung, durch Entscheide für oder gegen etwas, durch Handlungen zu bezeugen, die jemanden Unsichtbaren aber Lebendigen, Unberührbaren aber Handelnden voraussetzen.»[87]

Die Mitmenschen brauchen beide Elemente des christlichen Zeugnisses, um auf Gott aufmerksam zu werden. Beide müssen vorhanden sein, aber nicht zwingend in ein und demselben Menschenleben. So glaubte Madeleine Delbrêl, dass es unter den Getauften Menschen gibt, die zu einem bloßen Dasein unter ihren Nächsten, gewissermaßen zu einem verborgenen Christsein, berufen sind, dass aber kommunistische Menschen im Kontakt mit ihnen, selbst wenn es sich bei diesen um noch so echte missionarische Leben handelt, ergänzend andere Menschen brauchen, deren Leben und Worte auf Gott hinweisen. Ja, kommunistische Menschen brauchen dann «das Wort Gottes, Menschen, die Gott öffentlich gehören, Menschen, die ihr Leben durch Gott erklären […] umso dringender».[88]

Auch Madeleine Delbrêl wollte auf Gott hinweisen. Schon ihre Lebensweise machte andere Menschen auf ihn aufmerksam.

«Der Verzicht am Anfang [beim Eintritt in die Gemeinschaft] auf ein normales Familienleben, die Ehe, auf Besitz und gehobene soziale Stellung macht frei. […]. Er [und anderes mehr] ist eine öffentliche Tatsache. Alle wissen, für wen wir leben, warum wir so leben.»[89]

Zu Beginn ihres Wirkens in Ivry wohnten sie und ihre Lebensgefährtinnen, wie bereits erwähnt, in einem Haus ihrer Pfarrei Saint-Jean-Baptiste. Ihre wahrnehmbare Kirchlichkeit ließ niemanden im Unklaren, dass sie an Gott glaubten. In einem Rückblick schrieb Delbrêl:

«Hingegen verstand ich dieses Leben des Evangeliums nicht ohne einen ‹Aufbruch› in die Nachfolge Christi, egal wohin, aber an einen Ort, wo es für andere ‹sichtbar› war, an die sichtbare Kirche gebunden, was für mich die Pfarrei bedeutete. Aus dieser Verbindung mit der Kirche durften sich damals für mich keine kirchlichen Tätigkeiten ergeben, sondern sie sollte eher die Form einer Wohnung oder meiner Kontakte mit dem Klerus haben. Öffentlich, so dachte ich immer, musste auch sein, dass ich Gott gehöre. […]. Eine gewisse Anbindung an die Kirche jeder [Frau] durch ihre Taufe und ihre Firmung, eine ‹sichtbare› Bindung an die Pfarrei durch die Räume, die wir bewohnen sollten».[90]

Und auch das Bekenntnis zu Gott in Worten durfte nicht fehlen, auch wenn dies nicht alle Christen und Christinnen von Delbrêls Umfeld so sahen. Im atheistischen, vor allem im kommunistischen Umfeld wird man als gläubiger Mensch durch Fragen unverhofft dazu herausgefordert.[91]

> «Ein Beispiel unter Tausenden: Eines Abends eine Versammlung von fünfzehn Personen, die Mehrheit Männer, die ich alle gut kenne. Der eine sagt zu mir: ‹Hör mal, du wirst mich doch nicht glauben machen, dass du glaubst, Jesus Christus sei wieder lebendig geworden, nachdem er tot war. Glaubst du das?›»[92]

> «Ich weiß nicht, woher man die heute so geläufige Meinung herholen konnte, für einen Christen sei Reden freiwillig.»[93]

Widersprach eine bestimmte Aktion der Gottesliebe, und arbeitete Madeleine Delbrêl deshalb nicht mit kommunistischen Menschen zusammen, gab sie ihre Gründe an. Der Vorrang der gelebten Nachfolge Jesu bekennt Gott in einer Tat, die Begründung der verweigerten Zusammenarbeit mit den Weisungen Jesu bezeugt ihn in Worten.

> «In Ivry habe ich eingewilligt, mit ihnen für bestimmte, zeitlich begrenzte Ziele zusammenzuarbeiten, immer wenn diese Ziele mit den Geboten des Herrn übereinstimmten. Jedes Mal, wenn diese Zusammenarbeit bedeutet hätte, direkt oder indirekt gegen Gott zu handeln, verweigerte ich sie. Wann immer es nötig war, habe ich meine Bezugspunkte angegeben: die Worte Christi.»[94]

«Ohne Hinweis auf Gott ist unser Zeugnis ein Gegenzeugnis.» Delbrêl sagte nicht: «Ohne Hinweis auf Gott wird das Zeugnis der christlichen Liebe aufgehoben», so dass kein Zeugnis mehr vorhanden wäre. Nein, das Zeugnis wird ohne Hinweis auf Gott in sein Gegenteil verkehrt. Es wird ein Zeugnis gegen die eigene Sendung.[95] Ohne Hinweis auf Gott widerspricht die tätige Nächstenliebe der Mission, stimmt sie etwas zu, was christliche Sendung gerade nicht will. Ein solches Zeugnis bekräftigt, was der christliche Mensch im Leben anderer eines Tages für überwunden hofft. Doch was will Mission, und was bezeugt die tätige Nächstenliebe, wenn der Hinweis auf Gott ausbleibt?

Im Leben von kommunistischen Menschen wie im Leben einer vom Kommunismus stark geprägten Stadt wie Ivry-sur-Seine scheint Gott überflüssig zu sein: Er verschwindet hinter der augenfällig großen Bedeutung, die man dem Menschen und seiner Kraft der Weltgestaltung beimisst.[96] Es scheint «sehr wohl ohne Gott zu gehen, und Gott scheint von nichts und von niemandem vermisst zu werden.»[97] Anders bei Madeleine Delbrêl: Obwohl sie unermüdlich und auch mit politischen Mitteln das Elend, das durch ungerechte Arbeitsverhältnisse in Fabriken verursacht wurde, bekämpfte und andere Gläubige zur Mithilfe aufrief, waren bessere Lebensverhältnisse für sie nur ein Teil des menschlichen Glücks. Zu diesem gehört Gott wesentlich dazu. Mission darf gegenüber den Hoffnungen der Menschen auf Frieden, Gerechtigkeit, Überwindung von Not und extremer Armut nicht gleichgültig sein, hat aber noch andere bedeutende Bedürfnisse des Menschen im Blick.[98]

«Wir suchen das Apostolat nicht; es sucht uns. Weil Gott uns als Erster liebt, macht er uns zu Geschwistern und Aposteln. Wie können wir Brot, Dach, Herz mit diesem Nächsten teilen, der von unserem eigenen Fleisch ist, und für ihn, wenn dieser Nächste Gott nicht kennt, nicht der Liebe unseres Gottes übervoll sein? Ohne Gott ist alles Elend. Für den, den man liebt, duldet man die Not nicht, die größte noch weniger als jede andere. Nicht apostolisch, nicht missionarisch sein? Aber was wäre dann eine Ähnlichkeit mit diesem Gott, der seinen Sohn sandte, damit die Welt durch ihn gerettet würde... und wie?»[99]

«Wenn man das Glück kennt, darf man es nicht aufdrängen. Aber man hat kein Recht, es nicht anzubieten. Es ist das schlimmste Unrecht, wenn dieses Glück darin besteht, Gott zu kennen, Gott zu lieben. Es ist der höchste Wert, Gott, der in unserem Geist, unserem Herzen, unserem Fleisch eingezeichnet sein muss. Er ist es, der durch die Taufe unauslöschlich in uns eingraviert ist. Wir haben kein Recht mehr, unseren Hunger nach Glück verkümmern zu lassen mit etwas, das weniger als er ist. Wir haben kein Recht, die Heilsökonomie und jene des ewigen Lebens in der politischen Ökonomie zu ersticken. Dieser Wert ist der jedes Menschen. Jeder Mensch ist ein Kind des Vaters im Himmel.»[100]

Noch weiter: Es geht bei der Sendung nicht zuletzt um Gott selbst. Madeleine Delbrêl klagte angesichts des Einsatzes der Arbeitermission für die entrechteten Menschen auch für Gott Wohlergehen und Gerechtigkeit ein:

«Aber die Mission [de France] ist auch und zuerst für das Wohl Gottes da, dafür, dass Gott Gerechtigkeit widerfährt. Für Gott haben wir keine Kampagne geführt. Wir haben nicht öffentlich seine Ehre eingefordert.»[101]

«Wir wollen die Ehre Gottes, das heißt, wir wollen, dass Gott bekannter wird, die Menschen ihm mehr dienen und ihn mehr lieben.»[102]

Mission will, dass alle Menschen in Gott *das* Glück finden. Begnügen sich Christen und Christinnen damit, sich für das Wohl anderer einzusetzen, und sorgen sie nicht auch dafür, dass ihre Nächsten über ihre tätige Nächstenliebe hinaus erfahren, dass für sie Gott das absolut Wichtigste ist, was es gibt, und die Quelle von allem Guten, dann ermuntern sie, wenn auch ungewollt, andere dazu, alle Hoffnung in ein begrenztes Glück zu setzen, z. B. in die gerechte Verteilung des Besitzes, und Gott gegenüber gleichgültig zu bleiben. Wenn der Hinweis auf Gott ausbleibt, dann ist die tätige Nächstenliebe «nur» Bekenntnis zum Wohl des Menschen und nicht auch Zeugnis für Gottes Dasein und Menschenliebe. Aus diesem Grund, so interpretiere ich die unten wiedergegebene Aussage in ihrem Textzusammenhang, sollen nach Madeleine Delbrêl Christen und Christinnen deutlich machen, dass für sie Gott das höchste Gut ist.

> «Dennoch müssen wir wissen, dass das Teilen der Mentalität und der Sensibilität eines Arbeiterumfelds, das Teilen seines Strebens und seiner Ablehnungen, [...] falls es unser einziges Zeugnis ist, ein Zeugnis gegen unsere Mission darstellt. Wir dürfen niemals einen Zweifel sich festsetzen lassen an der Tatsache, dass Gott für uns das einzige absolute Gut ist und dank ihm alle anderen Güter gut sind, weil sie von ihm stammen.»[103]

Rückblickend lässt sich festhalten: Das Zeugnis für Gott braucht um seiner eigenen Bewahrung willen Hinweise auf Gott in Tat und Wort. Es muss für andere erkennbar sein, dass der seine Nächsten liebende Mensch an die Existenz Gottes und Jesu Christi glaubt, und dass für ihn Gott eine einzigartige Stellung für sein Leben einnimmt. Die je größere Gottesliebe muss wahrnehmbar sein. Ohne Bekenntnis aber bestärkt man andere in ihrer Selbstgenügsamkeit gegenüber Gott, und dies zu ihrem eigenen Schaden. Auch hinsichtlich der Sendung oder Mission bilden demnach Gottes- und Nächstenliebe bei Madeleine Delbrêl eine Einheit.

3. Entdeckungen für ein christliches Zeugnis von heute

Madeleine Delbrêl versuchte, das bleibend Wesentliche des christlichen Glaubens in einer damals neuen Gestalt zu leben, die ihrer Zeit entsprach und die auf die Herausforderungen ihres besonderen kommunistischen Umfelds antwortete. Es ist nicht unsere Zeit und nicht unser Umfeld. Aber auch wir sind mit einer offenkundigen Entchristlichung vieler getaufter Menschen und mit einem zunehmend attraktiven Atheismus konfrontiert. Auch unsere erste missionarische Aufgabe besteht in der eigenen Rückbesinnung auf das, was den christlichen Glauben zutiefst ausmacht sowie im eigenen Bemühen, dieses Wesentliche in der Kraft Gottes zu verwirklichen: die Gottes- und Nächstenliebe nach der Art Jesu. Im Folgenden werden die Erkenntnisse, die Madeleine Delbrêl aus ihren Erfahrungen und damit aus dem Leben selbst in vielfältiger Weise gewonnen hat, im Hinblick auf einige aktuelle Herausforderungen nochmals genannt.

3.1 Christliche Güte – Liebe Gottes im konkreten Tun nach dem Beispiel Jesu

Es ist nicht schon immer klar, was Gutsein gemäß dem Evangelium ist. Viele christliche Menschen von heute wissen auch recht wenig von Jesus und begegnen in ihrem Alltag verschiedenen Einflüssen, auch solchen, die dem Evangelium widersprechen. Madeleine Delbrêl erinnert uns daran, wie wichtig es ist, das Evangelium als Ganzes und im Konkreten ernst zu nehmen. Sie war für Jesus als Sozialreformer genauso aufmerksam wie für die Grundhaltungen seines Herzens. Christliche Güte bringt beides in eine Einheit: Gutsein in der Nachfolge Jesu ist ein konkretes Tun für das Wohl anderer in der Menschenliebe, die für Gott kennzeichnend ist. Es ist weder eine soziale Einstellung, noch die Tat an sich, noch ein Tun für andere irgendwelcher Prägung. Wir sind dann gut, wenn wir die in uns wohnende Liebe Gottes für andere nach der Weise Jesu in konkreten Taten verwirklichen. Wollen wir dies, dann setzen wir unser Leben dem Evangelium aus, damit das Wort Gottes es hinterfragen darf, und entscheiden uns je neu und frei für die Nachfolge Jesu.

3.2 Jesus Christus – Vorbild und Vermittler der Güte Gottes

Wir leben in einer Zeit, da sich viele Menschen für religiöse Themen interessieren und entsprechend bilden. Unter den religiösen Schriften findet auch das Neue Testament große Beachtung. Jesus wird besonders bewundert, weil er seine hohen Ansprüche an das zwischenmenschliche Miteinander gelebt und für das Wohl aller eingefordert hat. In seinem Leben fanden die Gottes- und die Nächstenliebe eine gelungene Einheit. Hingegen scheint heute der Glaube daran, selbst in Jesu Fußstapfen gehen zu können, schwächer zu werden. Zu schwierig scheint, was Jesus vorgelebt und verlangt hat. Madeleine Delbrêl war sich bewusst, dass wir uns nicht mit Jesus vergleichen können. Trotzdem stellt sie uns diesen als nachzuahmendes Vorbild hin. Jesus war für sie aber nicht nur Modell, das Evangelium nicht nur Lehre. Für sie ist Jesus als Mensch gewordenes Wort Gottes auch Vermittler der Güte Gottes. Er erscheint bei Delbrêl als unser Weg, die von Gott empfangene Liebe verwirklichen zu können. Die Bibel enthält demnach nicht nur Wissen, das wir uns aneignen können, um es in Taten umzusetzen. Das während der Betrachtung Jesu im Evangelium in uns aufgenommene Wort Gottes stärkt unseren guten Willen zur Liebe, so dass wir unsere Nächsten konkret lieben können, sofern wir es im Vertrauen auf Gott in uns aufnehmen und unser Leben nach ihm ausrichten. So können wir die große Herausforderung der Nachfolge Jesu in unserem Alltag wagen, zusammen mit allen andern Christen und Christinnen und auch dank ihnen.

In der Hierarchie der Werte von heute stehen berufliche Kompetenz und Leistungsfähigkeit weit oben. Erfolg scheint machbar: Aus- und Weiterbildung, der Wechsel der Arbeitsstelle um des Gewinns zusätzlichen praktischen Wissens willen, machen – so die Vorstellung und Hoffnung vieler – den Weg zum persönlich angestrebten Ziel frei. Auch für die Lösung von Fragen, die die Allgemeinheit betreffen, scheint die Unterstützung Gottes überflüssig. Madeleine Delbrêl trat entschieden für professionelles Arbeiten und alles ein, was solches fördert, und sie trug aktiv zur Beseitigung gesellschaftlicher Probleme bei. Sie betonte das stete Bemühen um eine zeitgemäße, attraktive Gestalt des christlichen Zeugnisses. Das Streben des Menschen danach, seine Sache so gut als möglich zu machen, hatte für Delbrêl einen hohen Stellenwert. Hinsichtlich der missionarischen Wirksamkeit christlichen Tuns aber setzte sie ihre Hoffnung nicht in menschliche Fähigkeiten oder pastorale Konzepte und Methoden, sondern in die christliche Güte. So werden wir durch Delbrêl herausgefordert, uns bezüglich unserer Sendung in Kirche und Welt zwar um das nötige Können zu bemühen, diesem jedoch seine angemessene, begrenzte Bedeutung zu geben. Weder ein vorbildliches Leben noch eine an die Bedürfnisse unserer Zeit angepasste Form der Sendung, sondern unsere bis zur Liebe Gottes in uns ausgeweitete tätige Nächstenliebe macht Menschen zu Suchenden, zumindest wenn diese sich dem Werben Gottes nicht verschließen. Halten wir also all unser Tun, auch das kompetente und zeitgemäße, auf die Liebe Gottes hin offen.

Werden Menschen, die ihren christlichen Glauben kompromisslos und nicht als verborgene Privatsache leben, sondern für andere wahrnehmbar bezeugen, heute und in unseren Breitengraden nicht eher als sonderbar beurteilt? Wie stehen wir selbst der christlichen Mission gegenüber? Madeleine Delbrêl ruft uns die missionarische Verantwortung jedes christlichen Menschen in Erinnerung. Sie macht darauf aufmerksam, dass die Sendung in der zweifachen Liebe gründet und die christliche Güte nur in Verbindung mit einem ausdrücklichen Bekenntnis zu Gott in Tat und Wort ihr missionarisches Ziel nicht verfehlt. Enthalten wir nämlich Menschen die Möglichkeit vor, zu erkennen, dass wir glauben, Gott sei für unser persönliches und für alles Leben unentbehrlich, können sie unseren Einsatz für ihr Wohl und unsere Weltgestaltung nicht in Beziehung zu Gott setzen. Es fehlt ihnen dann – und dies zu ihrem Nachteil – das Bewusstsein für Gott als das Gute und die Lebensquelle schlechthin und folglich die Motivation, ihn vom äußeren Rand ihres Lebens in die Mitte vorrücken zu lassen. Aber auch für Gläubige mit engem Bezug zur Kirche ist es nicht selbstverständlich, Gott wirklich in ihr Leben einzulassen. Madeleine Delbrêl sprach in diesem Zusammenhang von der fehlenden vollen Lebendigkeit des Glaubens, die der Grund dafür ist, die eigene Sendung nicht zu verwirklichen. Wenn wir nämlich unser Glaubensleben nicht als je neues und unerhörtes Geschenk Gottes in Empfang nehmen, sondern den christlichen Glauben als etwas verstehen, in das wir als Kind nun mal hineingewachsen sind, gewissermaßen in eine christliche Kultur, so wird unser Glaube zu einem Besitz und kraftlos.[104] Ein Glaube aber, der täglich aus Gott lebt, macht uns fähig und bereit, Gott als das sich mitteilende «Leben allen Lebens» zu verkündigen.[105]

1 Vgl. Christine de Boismarmin, Madeleine Delbrêl 1904–1964. Rues des villes chemins de Dieu. Paris ²2004 (dt.: Madeleine Delbrêl. Mystikerin der Straße. Übersetzung von Mathilde Wiemann. München u. a. 1986); Agnès Spycket, La vie de Madeleine Delbrêl. Chronologie, in: Gilles François/Bernard Pitaud/dies., Madeleine Delbrêl connue et inconnue. Livre du centenaire. Montrouge 2004, 11–77.

2 Vgl. auch Madeleine DELBRÊL, Nous autres, gens des rues [nachstehend NA; dt.: NK]. Textes missionnaires (Livre de vie 107 [Paris 1995], 283 (dt., auf der Grundlage der ursprünglichen Ausgabe von 1966: Wir Nachbarn der Kommunisten. Diagnosen. Übersetzung von Hans Urs von Balthasar. Reihe Theologia Romanica 7, Einsiedeln 1975, 263).

3 Vgl. NA 53–55 (Mystikerin 18–20) Delbrêls Text, den sie mit siebzehn Jahren geschrieben hat, und der den Titel trägt «Gott ist tot, … es lebe der Tod».

4 Vgl. Boismarmin, Rues (s. Anm. 1), 30–32; Madeleine DELBRÊL, Ville marxiste, terre de mission [nachstehend VM; dt.: AC]. Provocation du marxisme à une vocation pour Dieu. Rédigé à Ivry de 1933 à 1957, Paris ³1995, 202f (dt.: Auftrag des Christen in einer Welt ohne Gott. Übersetzung von Hermann Josef Bormann und Ruth Disse. Reihe: Theologia Romanica 24, Einsiedeln 2000, 192–194); NA 283. Zum Alter der Bekehrung Madeleine Delbrêls vgl. Gilles François, Les poèmes des années de conversion (1923–1925), in: ders./Pitaud/Spycket, Madeleine Delbrêl (s. Anm. 1), 107–115; François vertritt die Meinung, Delbrêl habe sich am 29. März 1924, mit neunzehn Jahren, bekehrt.

5 Das christliche Frankreich war und ist, was die Konfessionen betrifft, vor allem römisch-katholisch. Das im vorliegenden Aufsatz verwendete Wort «Kirche» steht deshalb teils für die katholische Kirche im konfessionellen Sinn.

6 Vgl. VM 52, 54f (AC 51f, 54), NA 252–257, 284 (NK 233–238, 264); Boismarmin, Rues (s. Anm. 1), 69, 136f (Mystikerin 59, 114).

7 Vgl. NA 151–158 (NK 135–142).

8 NA 154: «Sans référence à Dieu, notre témoignage est un contre-témoignage; sans bonté réaliste et démesurée jusqu'à la charité, c'est comme s'il n'y avait pas de témoignage, car il est hors de la portée des yeux, des oreilles, des mains, du cœur des hommes. Dans les deux cas et de façon opposée mais équivalente, il y a rupture avec l'ensemble du témoignage évangélique.» Zur Übersetzung von «charité» s. Anm. 64.

9 Vgl. dazu beispielsweise NA 157f/NK 141f, zitiert unten S. 42–43.

10 NA 151–158, 270 (NK 135–142, 252). Selbstverständlich gibt es nach Delbrêl auch verborgene Liebestaten.

11 NA 151.

12 Vgl. Madeleine DELBRÊL, [Blatt; unveröffentlicht; für alle nachstehend genannten, unveröffentlichten Texte: Archiv der *Équipes Madeleines Delbrêl*, 11 Rue Raspail, F-94200 Ivry-sur-Seine], in: II–100. Vgl. NA 155: «sinnlicher Leib der Liebe Gottes» (s. unten S. 52).

13 Madeleine DELBRÊL, Blatt IX [der Textsammlung zu La Bonté, dem in NA 151–158 veröffentlichten Text; unveröffentlicht], in: I–44.

14 VM 195.

15 Vgl. NA 151, 154–156, 231, 292 (NK 135, 138–140, 213, 273). Vgl. auch Text Nr. 9 [der Textsammlung zu La Bonté, s. Anm. 13; unveröffentlicht], [1]: «Die Güte Jesu Christi übersetzt die väterliche Liebe Gottes in geschwisterliche Liebe, ausnahmslos, grenzenlos, nach keinem anderen Gesetz und Modell als Jesus Christus.»

16 Vgl. z. B. NK 140 (NA 156), zitiert unten S. 44.

17 Vgl. NA 152 (NK 136).

18 Vgl. NA 284 (NK 264); Boismarmin, Rues (s. Anm. 1), 60 (Mystikerin 51).

19 Vgl. VM 156f (AC 147f); Boismarmin, Rues (s. Anm. 1), 70f (Mystikerin 60–62).

20 NA 116.

21 Madeleine DELBRÊL, Expérience et expérience. Vortrag vom 28. Februar 1961 vor der A.C.G.F. (Action catholique générale féminine) [unveröffentlicht], 10, in: I–70; vgl. NA 118, 270 (NK 103, 252).

22 Madeleine DELBRÊL, La joie de croire [nachstehend JC] (Livre de vie 141), [Paris 1995], 91 (dt., Auszüge auf der Grundlage der ursprünglichen Ausgabe von 1968: Der kleine Mönch. Ein geistliches Notizbüchlein. Übersetzung von Bernhard Matheis. Freiburg i. Br. u. a. 1981; Gebet in einem weltlichen Leben. Übersetzung von Hans Urs von Balthasar und Cornelia Capol. Reihe: Beten heute 4, Einsiedeln 1974).

23 JC 213; vgl. auch JC 217f: «Sobald Leute dieser ‹uns näher gekommene› Nächste werden, haben wir weder eine innere Erleuchtung, noch ein Zeichen der Vorsehung abzuwarten, um sie wie Geschwister konkret zu lieben.»

24 NA 154.

25 Vgl. NA 162f (NK 146f).

26 Madeleine DELBRÊL, Vortrag ohne Titel vom Dezember 1962 [unveröffentlicht], in: Faszikel 26, 3271, zitiert in: Boismarmin, Rues (s. Anm. 1), 66.

27 NA 115.

28 Delbrêl hatte im Juni 1955 ihre Mutter und im September desselben Jahres ihren Vater verloren. Vgl. Boismarmin, Rues (s. Anm. 1), 175f (Mystikerin 147f).

29 NK 141f (NA 157f).

30 NA 112f.

31 NA 118.

32 Madeleine DELBRÊL, Ampleur et dépendance du service social, Paris 1937, 34.

33 Vgl. Étienne Fouilloux, Madeleine Delbrêl à Ivry-sur-Seine, in: Revue d'éthique et de théologie morale «Le Supplément» 173 (1990) 8.

34 Vgl. Claude Pennetier/Michèle Rault/Nathalie Viet-depaule, Économie, société et politique. Ivry-sur-Seine (1930–1960). Commune ouvrière de la banlieue parisienne, in: Revue d'éthique et de théologie morale «Le Supplément» 173 (1990) 19f, 22.

35 Zu den Begleiterscheinungen der rücksichtslosen Industrialisierung in Ivry vgl. Boismarmin, Rues (s. Anm. 1), 49–53 (Mystikerin 41–44).

36 Madeleine DELBRÊL, But du S. [Service] Social, quand le mettre en place? [unveröffentlicht], 6, in: I–117.

37 NK 140 (NA 156).

38 Madeleine DELBRÊL, Brief vom 10. Juli 1950 an Jacques Loew, in: Oeuvres Complètes [nachstehend OC] 2, 207.

39 Vgl. JC 158; OC 3, 60 (Mönch 88).

40 Vgl. NA 156f (NK 141); vgl. zu diesem Thema (Vorurteile, Jesu persönliche Liebe) auch NA 118 (NK 103).

41 NA 12.

42 Madeleine DELBRÊL, Indivisible amour. Pensées détachées inédites, Paris 1992, 76.

43 JC 137 mit Bezugnahme auf Joh 15,13.

44 DELBRÊL, Ampleur (s. Anm. 32), 23.

45 NK 246f (NA 265).

46 NA 272.

47 Zeugnis von Krystina W., in: NA 10f.

48 Vgl. NA 142f (NK 128f).

49 NA 143.

50 NA 205.

51 NA 199f.

52 NA 134f.

53 Todesanzeige für Madeleine Delbrêl vom 14. Oktober 1964, in: IV [Beilage des Büchleins «Noël 1946»; unveröffentlicht]; der Text nach der Auslassung wurde der Todesanzeige handschriftlich beigefügt. Delbrêl hatte schon früh und oft Herzprobleme. Vgl. Madeleine DELBRÊL, Brief vom 19. Januar 1939 an Louise Salonne, in: OC 1, 288.

54 Madeleine DELBRÊL, Veillée d'armes. Aux travailleuses sociales, Paris 1942, 59f. Das Wort «Sanftmut» ist in der Quelle hervorgehoben. Vgl. zudem JC 128 (Gebet 111).

55 Madeleine DELBRÊL, Communautés selon l'Évangile, Paris 1973, 124f (dt.: Frei für Gott. Über Laien-Gemeinschaften in der Welt. Übersetzung von Hans Urs von Balthasar. Reihe: Der neue Weg 4, Einsiedeln ²1991).

56 JC 134.

57 NA 271.

58 Madeleine DELBRÊL, Brief vom 30. oder 31. Juli 1962 an unbekannt [unveröffentlicht], in: Faszikel 14, 1672.

59 Zeugnis von Sylvain Guelfi [unveröffentlicht], in: Mappe ohne Titel, 3, in: IV–4.

60 Madeleine DELBRÊL, Brief vom 4. September 1951 an [Jean Durand], in: OC 2, 263.

61 NA 115f.

62 Vgl. NA 231 (NK 213).

63 NA 157.

64 Dem ist so, weil es sich um die Caritas («charité»), die theologale Tugend der Liebe, handelt. Vgl. Text Nr. 9 (s. Anm. 15), [1], zitiert unten S. 52 .

65 NA 80.

66 NA 155. Vgl. zudem NA 249: «die Güte Jesu Christi, die menschliche Übersetzung der göttlichen Liebe».

67 Vgl. NA 151 (NK 135).

68 Vgl. NA 271 (NK 253).

69 NA 155. Zur Bekehrung vgl. auch NA 79 (NK 65).

70 NA 138 (NK 123).

71 NA 135.

72 NA 73.

73 Vgl. NA 72–80 (NK 58–66), besonders 72f (NK 58f).

74 NA 70f.

75 NA 73, 75.

76 Vgl. NA 108f, 203–206 (NK 93f, 187–190).

77 Text Nr. 9 (s. Anm. 15), [1].

78 NA 155, vgl. auch NA 231: «Die Güte Jesu Christi [...] ist aus sich selbst heraus ein Wunder, weil sie wie das sinnliche Zeichen der Liebe Gottes ist.»

79 NA 270; dort steht das erste Mal irrtümlicherweise «cœur croyant» in Abweichung zur ersten Ausgabe von 1966 (S. 294).

80 Madeleine DELBRÊL, Rapport sur la rencontre avec les marxistes [= Text B; evt. Entwurf]. Vortrag vom 28.–30. Oktober 1960 an der Pax Christi-Konferenz «Pax Christi et la rencontre avec les autres religions et idéologies» in Genf [unveröffentlicht], 11, in: I–62.

81 Madeleine DELBRÊL, Brief vom 15. September 1960 an Nuria [Carreras-Patxot; unveröffentlicht], in: Faszikel 11, 1268f.

82 NA 154.

83 Vgl. VM 202f (AC 192–194); Boismarmin, Rues (s. Anm. 1), 30–32; für die Zitate: ebd.

84 Vgl. Boismarmin, Rues (s. Anm. 1), 24f, 27, 30 (Mystikerin 21–23, 25, 27).

85 JC 187; vgl. auch NA 265f.

86 Madeleine DELBRÊL, Brief vom 18. April 1951 an Jacques Loew, in: OC 2, 237.

87 NA 265f.

88 VM 101, worauf sich auch der vorangehende Abschnitt bezieht.

89 Madeleine DELBRÊL, Vortrag ohne Titel vom April 1964 in Grandchamp/Schweiz [unveröffentlicht], 5f, in: I–85. Wörtlich: «Die Brüche am Anfang – Familie, Zölibat, Geld, soziale Schicht – bedeuten den Kauf der Freiheit.»

90 Madeleine DELBRÊL, Text ohne Titel [unveröffentlicht], 2–4, in: II–49.

91 Vgl. NA 222, 228f (NK 204, 210f).

92 NA 228f.

93 NA 228.

94 NA 286.

95 Vgl. dazu NA 153 (zitiert unten S. 57).

96 Vgl. NA 288 (NK 269).

97 NK 269 (NA 288).

98 Vgl. NA 105f, 250 (NK 90f, 231).

99 JC 186.

100 Text Nr. 9 (s. Anm. 15), [1].

101 NA 141; vgl. auch VM 203f (AC 194).

102 Madeleine DELBRÊL, Brief vom 16. Dezember 1958 an die Equipen der Gemeinschaft [unveröffentlicht], in: Faszikel 8, 899.

103 NA 153. Kurz vor ihrem Tod schrieb Madeleine Delbrêl (NA 285f): «Ich erinnere daran, dass ich Neubekehrte war – ich war und bleibe von Gott überwältigt. Es war und bleibt für mich unmöglich, auf die eine Waagschale Gott und auf die andere alle Güter der Welt zu legen, betreffe dies mich oder die ganze Menschheit.»

104 Vgl. NA 252–257 (NK 233–238).

105 Vgl. NA 256f (NK 237f), für das Zitat: NA 257.

Simon Peng-Keller

Frère Roger und das Wunder von Taizé

Unter den Reformern des spirituellen Lebens im 20. Jahrhundert kommt dem Gründer der ökumenischen Gemeinschaft von Taizé zweifelsohne ein besonderer Platz zu. Unzählige Menschen sind durch die Begegnung mit ihm und seinen Schriften auf ihrem Glaubensweg und in ihrem Engagement für Frieden und Gerechtigkeit bestärkt worden, haben in Taizé zu ihrer Berufung und zu einer neuen Sicht der Kirche gefunden und sind hineingewachsen in eine vertiefte Form des Betens. Der folgende Versuch, die Konturen dieser spirituellen Leitgestalt herauszuarbeiten, kann weder der Fülle an Ereignissen und Initiativen nachgehen, die dieses lange und zugleich jäh zu Ende gegangene Leben prägten, noch die poetische Einfachheit von Frère Rogers Sprache einholen. Durch die Beschränkung auf die markanten Linien, die sich durch die beharrliche Treue zu dem einmal Erkannten im Laufe der Jahre immer deutlicher herausbildeten, kann am ehesten deutlich werden, was dieses Charisma auszeichnete und was sein Vermächtnis sein könnte. Denn wer «sich dem Heiligen Geist überlassen will, lässt sich innerlich durch einige einfache Eingebungen aus dem Evangelium aufbauen, die er manchmal am Anfang des Lebens entdeckt hat. Sie können zu einer Art Fels werden, auf dem man aufruhen kann.»[1] So gehe ich zunächst den lebensgeschichtlichen Hintergründen und Entfaltungen der tragenden Intuitionen nach und wende mich in einem zweiten Schritt einer inhaltlichen Betrachtung zu. Im letzten Abschnitt frage ich nach der möglichen Bedeutung von Frère Rogers spirituellen Impulsen für die Gegenwart.

1. Wegmarken einer Berufung

«Jesus Christus, du hast mir wiederholt gesagt: Lebe das wenige, das du vom Evangelium begriffen hast, verkünde mein Leben unter den Menschen, komm und folge mir nach.»[2] – Frère Roger hat seinen Berufungsweg oft erzählt. Er wollte auf diese Weise jungen Menschen Mut machen, auf die Suche nach ihrer

Berufung zu gehen. Wer sucht, so war er überzeugt, entdeckt die verborgenen Spuren von Gottes Gegenwart im eigenen Leben – als nicht selber erfindbares Webmuster, das erst im Rückblick erkennbar wird. In seinen Erzählungen kam Frère Roger immer wieder auf einige prägende Erfahrungen seiner Kindheit und seiner Jugendzeit zurück. Es sind zum einen Erfahrungen von Armut und Not, zum anderen von überraschender Güte und zeichenhafter Grenzüberschreitung. Beides kristallisiert sich in der Großmutter mütterlicherseits: Marie-Louise Marsauche-Delachaux. In Nordfrankreich ansässig erlebte sie die Schrecken des Ersten Weltkriegs aus nächster Nähe. Trotz großer Gefahr entschloss sie sich zum Ausharren und öffnete ihr Haus «für alte Leute, Kinder, hochschwangere Frauen, die auf der Flucht vor der Front waren.»[3] In seinem letzten Buch schrieb Frère Roger über sie:

> «Kann ich hier daran erinnern, dass meine Großmutter mütterlicherseits mit ihrer Einfühlungsgabe eine Art Schlüssel zur ökumenischen Berufung entdeckt hat und mir einen Weg bahnte, damit Ernst zu machen? Nach dem Ersten Weltkrieg beseelte sie der brennende Wunsch, dass niemand mehr durchmachen muss, was sie erlebt hatte: Christen hätten sich in Europa mit Waffen bekämpft, sagte sie, wenigstens sie sollten sich versöhnen im Bemühen, einen weiteren Krieg abzuwenden. Sie stammte aus einer urevangelischen Familie, vollzog aber in sich selbst einen Schritt der Versöhnung und begann, in die katholische Kirche zu gehen, ohne deshalb ihren Angehörigen gegenüber einen Bruch geltend zu machen. Ihr Lebenszeugnis prägte mich bereits in jungen Jahren, und in ihrer Folge fand ich meine Identität als Christ darin, in mir den Glauben meiner Ursprünge mit dem Geheimnis des katholischen Glaubens zu versöhnen, ohne mit irgendjemandem zu brechen.»[4]

Mit ihrem unerschrockenen Einsatz für Flüchtlinge und die zeichenhafte Verwirklichung ökumenischer Versöhnung bahnt die Großmutter einen Weg, den Roger später entschlossen einschlagen und beschreiten wird. Neben der Großmutter weckt, vermittelt durch die Mutter, noch eine weitere Frauengestalt durch ihr mutiges Lebenszeugnis eine Vision im Pastorensohn Roger Schutz und bildet den Keim für Phantasien, die sich Jahre später verwirklichen werden: eine Zisterziensernonne des 17. Jahrhunderts, Mère Angélique Arnauld.

> «An manchen Sommernachmittagen saßen wir zusammen, und es wurde vorgelesen. Eine häufig wiederkehrende Lektüre waren einige Auszüge aus der von Sainte-Beuve verfassten Geschichte von Port-Royal. Es handelt sich um eine Gemeinschaft von Zisterzienserinnen, die im 17. Jahrhundert in der Nähe von Paris lebte. Nach dem Tod der Äbtissin übernahm Angélique Arnauld, Tochter eines Pariser Advokaten, ihren Platz. Wie es damals

üblich war, hatte ihr Großvater dafür gesorgt, dass sie trotz ihres jungen Alters für diese Aufgabe bestimmt wurde. Entgegen ihren Wünschen blieb sie im Kloster und lebte dort mehrere Jahre in tiefer innerer Unruhe. Eines Tages – erzählt Saint-Beuve – die junge Äbtissin war siebzehn Jahre alt, hielt ein Priester auf der Durchreise der Gemeinschaft eine Ansprache. Jener Priester war für sein ungeordnetes Leben bekannt; aber an jenem Tag sprach er mit einleuchtenden Worten über die Liebe Gottes, über seine ungebrochene, grenzenlose Güte. Diese Worte lösten bei der jungen Angélique Arnauld eine innere Wende aus: ‹Gott berührte mich in diesem Augenblick so tief, dass ich tieferes Glück darin fand, Ordensfrau zu sein, als ich es vorher für ein Unglück angesehen hatte.› Nun besann sie sich auf die Quellen ihrer Berufung und führte im Leben der Gemeinschaft tiefgreifende Veränderungen durch; es entstand allmählich ein Ort mit großer Ausstrahlung. (...) Mich fesselte, was einige Frauen zustande brachten, die als Gemeinschaft zusammenlebten. Nahe an unserem Haus stand eine Eibe mit einem dichten Blätterdach. Eines Tages, ich war vielleicht sechzehn Jahre alt, blieb ich bei diesem Baum stehen und sagte mir: ‹Wenn einige wenige Frauen, die auf eine gemeinsame Berufung eine klare Antwort gaben und ihr Leben um Christi willen hingaben, das Evangelium so stark ausstrahlen konnten, warum sollte dies nicht auch einigen Männern möglich sein, die sich in einer Gemeinschaft vereinen?› Jene Eingebung hat mich seither wohl nie mehr verlassen: Ein Leben in Gemeinschaft kann ein Zeichen dafür sein, dass Gott Liebe und nur Liebe ist.»[5]

Als 18- oder 19-Jähriger wird er Sainte-Beuves ‹Geschichte von Port-Royal› wieder hervorholen, um an ihr wie an einem Leitbild die eigene religiöse Berufung zu formen. Bevor er jedoch an diese Faszination seiner Kindheit anknüpfen kann, hat er eine doppelte Krise zu bestehen: Zunächst die Erschütterung seines Glaubens, dann eine langjährige Krankheit. Die Glaubenskrise bricht im Alter von elf Jahren ein.[6] Der Pfarrersohn beginnt an Gottes Gegenwart zu zweifeln: «Ich kann sagen, dass mein Glaube in meiner Jugend zu einem bestimmten Augenblick heftig erschüttert wurde. Ich zog nicht eigentlich in Zweifel, dass es Gott gibt. Ich zweifelte vielmehr an der Möglichkeit, in Gemeinschaft mit ihm zu leben. Ich wollte vollkommen redlich sein und wagte es manchmal nicht einmal mehr zu beten. Wer beten will, dachte ich, muss Gott erkannt haben.»[7] Die religiöse Krise, die Roger durchläuft, greift sein Gottesverständnis an und blockiert das Gebet. Er zweifelt zwar nicht grundsätzlich an der Existenz Gottes, doch scheint ihm dieser Gott fern und unerkennbar zu sein. Einen Ausweg eröffnet eine alte geistliche Schrift, die ihn auf die Mitte christlichen Glaubens aufmerksam macht. «Als Jugendlicher schlug ich eines Tages ein altes Buch auf und stieß auf ein paar Zeilen auf Altfranzösisch. Der Verfasser schrieb, man könne Gott zwar nicht mitteilen, aber Christus habe ihn uns zu erkennen gegeben: ‹Christus ist der Widerschein Gottes.› Das habe ich nicht vergessen. Christus ist es, der uns begreifen lässt, dass Gott uns liebt.»[8] Roger entdeckt Christus als die Tür zur verborgenen göttlichen Wirklichkeit. Durch ihn wird wahrnehmbar, wer Gott für uns ist. Diese Einsicht bedeutet einen ersten Schritt in eine neue Richtung.

Was die Schwierigkeiten mit dem Beten angeht, entdeckt Roger in diesen Jahren der Krise die Bedeutung der Kirche als solidarische Gebetsgemeinschaft. In seiner Gebetsnot habe er sich gesagt: «Stütze dich auf den Glauben der Menschen, denen du vertraust, du weißt, dass sie grundehrlich sind.»[9] Diese Einsicht hören später viele, die sich mit ihrer Gebetsnot an den Prior von Taizé wenden: sich dem Gebet anderer anzuvertrauen, im Raum einer Kirche zu verweilen und sich durch die Liturgie berühren zu lassen, wenn einem selber die Worte zum Gebet fehlen. Es ist von großer Bedeutung für sein späteres ökumenisches Engagement, dass Roger selber die Erfahrung dieser Gebetssolidarität der katholischen Gastfamilie verdankt, die den Gymnasiasten zwischen dem 13. und 16. Lebensjahr beherbergt:

> «Ich lebte in einer Atmosphäre eines lebendigen katholischen Glaubens. Es gab in jenem Haus kein Geld. Man vertraute der Fürsorge Gottes und lebte vor allem in der Gemeinschaft der Heiligen. (...) Ich selbst glaubte zu jener Zeit nicht mehr. Darum konnte ich mit einer gewissen Unberührtheit diese katholische und meine eigene Familie beobachten, die gleichfalls sehr gottesfürchtig und weitherzig lebte. Auf beiden Seiten gab es keinerlei Anzeichen für eine antikatholische oder antiprotestantische Einstellung. Trotzdem war ich über den beiderseitigen Mangel an Verständnis beunruhigt. Ständig dachte ich über diesen absurden Zustand beider Seiten nach, wie sie Gott und den Nächsten lieben konnten und dennoch getrennt blieben. Ich nahm mir vor, sollte ich eines Tages wieder glauben können, auf alles zu verzichten, was mich in dieser Weise am Leben der Christen abgestoßen hatte, um durch mein eigenes Leben die Berufung zur Einheit zu verwirklichen.»[10]

In der Adoleszenzzeit erkrankt Roger an Tuberkulose. Einige Wochen lang ist er dem Tod nahe: «Ich wurde (...) nach Hause gebracht, um auf den Tod zu warten. Ich bereitete mich, wie bei jungen Menschen oft der Fall, recht unbeschwert darauf vor.»[11] In dieser Zeit der Krankheit und der langsamen Genesung, die Roger über Jahre zu einem zurückgezogenen Leben zwingt, kann etwas heranreifen: «Ich hatte Muße zu lesen, mich zu besinnen und herauszufinden, wozu Gott ruft: zu einer Berufung, die das ganze Leben lang währen kann. Den Tod vor Augen ahnte ich: Mehr als der Leib hat zunächst das Innerste Heilung nötig. Und die Heilung des Herzens liegt zuallererst im schlichten Vertrauen auf Gott. Die Jahre der Krankheit ließen mich begreifen, dass die Quelle des Glücks weder in aufsehenerregenden Gaben noch in mühelosem Gelingen liegt, sondern in der schlichten Hingabe, ja, der ganz schlichten Selbsthingabe, um die anderen mit Herzensgüte zu verstehen.»[12] Immer wieder wird Frère Roger später auf eine Durchbruchserfahrung zu sprechen kommen, die ihm als Siebzehnjährigem eine große Klarheit hinsichtlich seiner Lebensaufgabe schenkte. In seinem letzten Buch *Eine Ahnung von Glück* heißt es: «An einem Tag, den ich datieren kann, sagte ich mir, als sich im gedämpften Licht eines Spätsommerabends die Schatten über die Landschaft senkten: Fang bei dir selber an und mache es dir zur Aufgabe, keine harten Urteile zu fällen. Trachte mehr danach, zu verstehen als verstanden zu werden, und du wirst darin Freude finden. Ich war etwa 17 Jahre alt. An jenem Tag war ich guter Hoffnung, dass dieser Entschluss für immer gilt.»[13] Diese Hoffnung sollte nicht enttäuscht werden.

Die in den Jahren der Krankheit vertiefte Gottesbeziehung bedeutet allerdings noch keine Klarheit hinsichtlich der Berufswahl. Der eigene Wunsch, Schriftsteller zu werden, kollidiert mit demjenigen des Vaters, den Sohn Theologie studieren zu lassen. Ein Experiment bringt die Entscheidung: Mit einem Essay in der Tasche, der literarischen Frucht der langen Krankheitsmonate und zugleich einer Verarbeitung seiner ‹puritanischen Jugend›, reist er nach Paris, um sich bei der *Nouvelle Revue Française* nach einer Publikationsmöglichkeit zu erkundigen. Das Gesuch wird geprüft, und einige Wochen später erhält er von der Redaktion eine grundsätzlich positive Antwort, allerdings mit der Bitte, den Schluss des Essays zu überarbeiten. Roger, der durch diese Auflage in einen Zwiespalt kommt, verzichtet schließlich nicht nur auf eine Veröffentlichung, sondern nimmt auch von seinem ersten Berufswunsch Abstand. Später wird er sich unter veränderten Voraussetzungen doch noch erfüllen. Am 10. Mai 1969 schreibt er in sein Tagebuch: «Es ist gut, jeden Tag etwas zu schreiben und mich notfalls sogar dazu zu zwingen. Das ist mein Handwerk wie für einen anderen das Teigkneten und Einschieben der Brote in den Ofen. Das bringt einen zu notwendiger Eigenständigkeit.»[14]

Im Herbst 1936 beginnt Roger Schutz sein Theologiestudium in Lausanne. Die Theologie, die er am Genfersee und später in Straßburg hört, weckt keine Begeisterung in ihm. Zudem fehlt es lange an einer klaren Berufsperspektive: «Keine Sekunde sah ich dieses Studium als Vorbereitung auf einen Dienst in einer Gemeinde. Mir ging es darum, mich ein Stück weit mit dem zeitgenössischen christlichen Denken vertraut zu machen.»[15] Das Thema, das Roger Schutz für seine Abschlussarbeit wählt, verrät, in welche Richtung es ihn gegen Ende des Studiums zieht: «Das Mönchsideal vor Benedikt und seine Übereinstimmung mit dem Evangelium». Die vermutete Übereinstimmung des frühen Mönchtums mit der Botschaft Jesu – eine für den reformierten Kontext, in dem sie entstand, ungewöhnliche These! – bildet den Verständnishintergrund, der die weitere Suche nach der persönlichen Berufung leitet. Als Präsident der Protestantischen Studentenvereinigung in Lausanne gründet er 1939 eine Gruppe zum Studium von Glaubensfragen, die sich später *Grande Communauté* nennt und monatliche Kolloquien und Einkehrtage organisiert. Als der Zweite Weltkrieg ausbricht, wird die Entscheidung fällig. Auf einer Jura-Wanderung, die Roger Schutz im Frühling 1940 unternimmt, reift die Idee, nach Frankreich zu gehen: «Es drängte mich, ein gemeinsames Leben aufzubauen, in dem die Versöhnung gemäß dem Evangelium Tag für Tag handgreiflich gelebte Wirklichkeit ist. Wollte ich den Anfang machen, so hatte ich mich auf ein Leben im Gebet einzulassen, und zwar allein. Ich musste ein Haus finden, in das ich Menschen aufnehmen konnte, die unter dem Krieg zu leiden hatten und Zuflucht suchten.»[16] Mitte August 1940, Frankreich ist nach der Niederlage bereits in zwei Zonen geteilt, überquert Roger Schutz auf dem Fahrrad die Schweizer Grenze Richtung Burgund, um ein Haus zu finden, das seiner Vision entspricht. Nachdem er bereits einige Möglichkeiten geprüft und verworfen hat, gelangt er am 20. August schließlich in das halb verfallene Taizé, in dem nur noch ein paar alte Menschen leben. Es waren die Worte einer alten Frau, die Roger Schutz bewegten, sich an diesem verlassenen Ort niederzulassen: «Bleiben Sie hier, wir sind so allein.»[17] Erst später deutet er die Lage zwischen Cluny und Cîteaux als Symbol, das seiner Vision einer christlichen Lebensgemeinschaft entspricht: «Wer die Dynamik des Provisorischen, die den heiligen Bernhard und Cîteaux kennzeichnet, mit dem Sinn für das Fortwirken verbindet, den man in Cluny lebte, besinnt sich auf das Größte, das den Mönchsberuf durch die Jahrhunderte beseelte. (...) Uns erscheint Taizé wie ein kleines Reis, das auf den großen Baum des Gemeinschaftslebens gepflanzt worden ist und ohne ihn nicht leben könnte.»[18]

Mit spärlichen finanziellen Mitteln erwirbt Roger Schutz eine Liegenschaft und beginnt ein Leben des Gebetes in Taizé. Wie seine Großmutter während des Ersten Weltkrieges beherbergt und versteckt nun auch er Kriegsflüchtlinge und hilft ihnen über die Grenze. Sein Einsatz ist riskant. Mehrere Male wird das Haus von der Gestapo durchsucht. Im November 1942, während eines Besuchs in Genf, vernimmt er, dass er denunziert worden ist, und muss vorläufig in der Schweiz bleiben. Zusammen mit drei Freunden, die sich ihm in dieser Zeit anschließen, mietet er in Genf ein Haus in der Nähe der Kathedrale. Jeden Morgen und Abend beten sie gemeinsam in einer Seitenkapelle der Kathedrale. Zwei Jahre später, kurz vor Kriegsende, kehrt Roger Schutz mit seinen Gefährten nach Taizé zurück. Gegen den Widerstand mancher Dorfbewohner wenden sie sich nun auch den deutschen Kriegsgefangenen zu und nehmen Kinder auf, die der Krieg zu Waisen gemacht hat.

Nach und nach vergrößert sich die Communauté und verlangt nach einer weiteren Ausgestaltung des Zusammenlebens. Zunächst verpflichten sich die Brüder jeweils für ein Jahr zu Ehelosigkeit und Gütergemeinschaft. Doch erweist sich diese Form der Selbstverpflichtung bald schon als zu provisorisch, um sich gemeinsam auf ein kühnes Projekt einlassen zu können: «In den Jahren 1948 und 49 gab sich die Gruppe Rechenschaft über einen wesentlichen Punkt: das dauernde In-Frage-Stellen erwies sich als utopisch, da es den Aufbau seiner selbst und der Gemeinschaft unmöglich machte. Man wandte sich daher notwendig der dauernden Verpflichtung zu, da man feststellte, dass hierin ein wesentliches Element lag, das wegen der Einheit der Person und der Gemeinschaft nicht unter die Dynamik des Provisorischen fiel.»[19] Ein monastisches Gelübte auf Lebenszeit war jedoch in den Kirchen der Reformation seit Luthers *De votis monasticis* (1521) nicht nur außer Gebrauch gekommen, sondern galt weitgehend als unverträglich mit einem wahren evangelischen Leben. Im 1941 erschienenen Calwer Kirchenlexikon hieß es noch ohne Einschränkung: «Der Protestantismus lehnt das Mönchtum grundsätzlich ab.»[20] Dennoch legten an Ostern 1949 die ersten sieben Brüder, darunter Roger selber, ein zeitlich unbegrenztes Gelübte ab. Frère Roger, wie er sich von jetzt an nennt, hatte bereits 1944 ein Buch mit dem Titel *Einführung in das gemeinsame Leben* veröffentlicht, in dem er die Legitimität eines monastischen Lebens in den Kirchen der Reformation zu erweisen suchte. In der Gemeinschaftsregel von Taizé, die Frère Roger im Winter 1952/53 verfasst, zeigen sich die Spuren seiner langjährigen Auseinandersetzung mit den reformatorischen und modernen Einwänden. Sie beginnt mit den folgenden Sätzen:

> «Bruder, wenn du dich einer gemeinsamen Regel unterstellst, kannst du dies nur um Christi und des Evangeliums willen. Dein Lobsingen und dein Dienst sind von nun an ganz in eine Gemeinschaft von Brüdern eingefügt, die ihrerseits der Kirche eingegliedert ist. Bei deinem inneren Suchen, das für dein Leben als Christ so notwendig ist, wirst du durch diese Gemeinschaft angespornt und mitgenommen. Du bist von nun an nicht mehr allein. (...) Seufze also nicht unter der Last einer Regel; vielmehr freue dich! Denn unter Verzicht zurückzuschauen, und gemeinsam mit allen, getragen vom gleichen Wort des Herrn, kannst du dich Christus jeden Tag entgegenwerfen. Die vorliegende Regel umfasst das Minimum, ohne das sich eine Gemeinschaft nicht in Christus aufbauen und dem gleichen Dienst Gottes hingeben kann. (...) Da dein Heil in der alleinigen Gnade des Herrn Jesus Christus liegt, erlegst du dir keine Askese um ihrer selbst willen auf. (...) Du fürchtest, eine gemeinsame Regel könnte deine Persönlichkeit erdrücken, wo sie dich doch von unnützen Fesseln freimachen soll, damit du die Verantwortung, die der

Dienst mit sich bringt, besser tragen und der Kühnheit, die in ihm liegt, besser gerecht werden kannst. (...) Damit die Klarheit Christi dich durchdringe, genügt es nicht, sie einfach zu betrachten, (als wärst du nur ein rein geistiges Wesen); lass dich fest entschlossen, mit Leib und Geist, auf diesen Weg ein. Sei unter den Menschen ein Zeichen von brüderlicher Liebe und von Freude. Öffne dich dem Menschlichen und du wirst sehen, wie alles eitle Verlangen nach Weltflucht vergeht.»[21]

In mehrfacher Hinsicht macht dieser Text deutlich, dass Frère Roger versuchte, der reformatorischen Kritik am Mönchtum innerhalb einer Regel Rechnung zu tragen, die sich in vielem dem großen Strom monastischen Lebens anschloss. In der geistlichen Schriftlesung findet sich eine beide Traditionen verbindende spirituelle Praxis: Der neu eintretende Bruder soll sich mit seinen Mitbrüdern «vom Wort des Herrn tragen lassen». Gleich auf ihrer ersten Seite stellt die Regel von Taizé klar, dass sie nicht als eine Vergesetzlichung christlichen Lebens verstanden werden darf, sondern den verbindlichen Rahmen einer Gemeinschaft absteckt, die in ihrer spezifischen Weise die Nachfolge Christi zu leben versucht. Die Bedeutung der Gelübte wird doppelt begründet. Sie sollen zum einen als Antwort auf den Ruf Gottes den einzelnen «von unnützen Fesseln freimachen» und ihm helfen, sich Christus vorbehaltlos jeden Tag neu entgegenzuwerfen. Zum andern stehen sie im Dienst eines nur gemeinsam zu erfüllenden Dienstes: unter den Menschen ein Gleichnis versöhnter Gemeinschaft und ein Zeichen von Liebe und Freude zu sein. In einem Interview äußerte sich Frère Roger zu dieser ökumenischen Vision, die seine Gemeinschaft von Beginn an leitete: «Ich wollte mich nicht an den ‹Restaurationsbestrebungen› des monastischen Lebens beteiligen. (...) Ich wollte auch nicht einfach das monastische Leben in die Kirchen der Reformation tragen. Das hätte nur den Parallelismus der Konfessionen verfestigt, der die Gemeinschaft unter den Christen so sehr blockiert. Meine leidenschaftliche Suche gilt, glaube ich, etwas sehr Konkretem: ein Gleichnis der Gemeinschaft, verkörpert im Leben einiger Männer; denn Worte werden erst glaubwürdig, wenn sie gelebt werden. Immer hatte ich nur einen Gedanken: unter den Teig der gespaltenen Kirchen ein Ferment der Gemeinschaft mengen.»[22]

Die Regel von Taizé antwortet auch auf die reformatorische Kritik an einer weltflüchtigen und vergeistigten Form der *vita contemplativa*: Der Mensch als Wesen aus Fleisch und Blut verfehlt seine Berufung, wenn er die Herrlichkeit Christi nur ‹geistig› kontemplieren will, statt sich fest entschlossen mit Leib und Geist auf den Weg der Nachfolge zu begeben und sich dem Menschlichen zu öffnen. Denn «je mehr ein Mensch ein Stück der Absolutheit Gottes leben will, desto wesentlicher ist es, dieses Absolute mitten in die Not der Menschen zu stellen.»[23]

Die einladend formulierte Regel, die sich auf das Nötigste beschränkt und vieles offen lässt, gewinnt ihre Kraft aus einer Lebenspraxis, die ihr vorausgeht, und die sich an der Radikalität der Bergpredigt orientiert. Die Gemeinschaft verzichtet beispielsweise konsequent auf Geschenke und Erbschaften und verteilt den Überschuss ihrer Einnahmen. Gerade dadurch wurde das ‹Wunder von Taizé› möglich: Trotz spärlicher finanzieller Mittel kann die Communauté einen ständig wachsenden Zustrom von Gästen beherbergen, auf vielfältige Weise Menschen in Not beistehen und an unzähligen Orten der Welt Zeichen gelebter Solidarität setzen. Versucht man die über sechs Jahrzehnte zu überblicken, die Frère Roger der Gemeinschaft von Taizé vorstand, so verblüfft die große Fülle von vielfältigen Friedensinitiativen ebenso wie die unzähligen persönlichen Kontakte zu leidenden Menschen in aller Welt. In seiner Berufung bis zum Äußersten zu gehen, das war ein wichtiger Lebenswunsch Frère Rogers, dem er mit den Mitteln, die ihm zur Verfügung standen, bis zu seiner Ermordung durch eine psychisch verwirrte Frau am 16. August 2005 treu blieb: «Auf unsichtbare Weise führt uns diese Berufung dem Martyrium entgegen: an unserem eigenen Leib die Wundmale Jesu Christi zu tragen und Zeichen der Herrlichkeit Gottes, Zeichen der Transzendenz seiner Liebe zu sein. Von daher bricht die Freude Gottes in jedem auf, der in dieser Berufung bis zum Äußersten geht.»[24]

2. Spirituelle Schwerpunkte

Um die ‹Spiritualität› Frère Rogers herauszukristallisieren, konzentriere ich mich auf drei zentrale Aspekte: Die Anleitung zu einer Spiritualität des Alltags (2.1), die Bedeutung der vielfältigen Formen religiöser Weggemeinschaft (2.2) und die Notwendigkeit eines konkreten Engagements für Frieden und Versöhnung (2.3).

2.1 Drei Regeln zu einer Spiritualität des Alltags

In den ersten Monaten seines Lebens in Taizé, die vom Elend des Krieges und von materieller Armut geprägt waren, verfasste Frère Roger eine achtzehnseitige Schrift, die zum Keim der späteren Regel wurde und in der er seine spirituelle Vision ein erstes Mal schriftlich niederlegte. In diesen *Notes explicatives* finden sich drei Regeln, die sich Frère Roger zu Eigen gemacht hatte und die seinen Alltag bestimmten: «Lass in deinem Tag Arbeit und Ruhe vom Wort Gottes ihr Leben empfangen; wahre in allem die innere Stille, um in Christus zu bleiben; lass dich durchdringen vom Geist der Seligpreisungen: Freude, Barmherzigkeit,

Einfachheit.»[25] Dass es für die Vertiefung eines Lebens aus dem Geist Jesu eine persönlich formulierte ‹Regel› braucht, gehört zu den frühen Intuitionen Frère Rogers: «In meiner Jugend gelangte ich zu der festen Überzeugung, dass man, will man etwas Dauerhaftes aufbauen, unbedingt einige Leitlinien finden muss, auf die man sein ganzes Leben lang zurückgreifen kann. Mit etwa 18 Jahren war ich überzeugt, dass der Mensch sich nur dann voll entwickelt und zu einer personalen Einheit findet, wenn er seinem Leben einige wesentliche Grundlinien vorgibt. Ohne wesentliche und dauerhafte Bezugspunkte, an die man sich ein ganzes Leben hält, kann man nichts Entscheidendes vollbringen.»[26] Ein solcher langsam gereifter und selber formulierter Leitsatz, der «den Gedanken Christi in möglichst eindringlicher und persönlicher Weise zum Ausdruck» bringt, führt zu einer Spiritualität des Alltags. Er kann «die Rolle des Erziehers» spielen, der uns auf sanfte Weise daran erinnert, was uns als Einsicht und Berührung geschenkt wurde und wozu wir uns entschieden haben: «Er schließt alle Alternativen aus und befähigt uns, entschlossen aufzubauen, weil er dem inneren Leben Einheit verleiht und uns dadurch unser Leben lang in eine bestimmte und kontinuierlich durchgehaltene Richtung führt.»[27]

In den drei Merksätzen, die sich Frère Roger täglich zu Herzen genommen hat, verdichtet sich seine spirituelle ‹Vision›. Es lohnt sich deshalb, diese einfachen Selbstermutigungen näher zu betrachten.

2.1.1 «Lass in deinem Tag Arbeit und Ruhe vom Wort Gottes ihr Leben empfangen.»
Aus dem ersten Leitsatz spricht in gleichem Maße die reformatorische Liebe zur Schrift und die monastische Praxis der Ruminatio, des meditierenden Wiederkäuens von Schriftworten außerhalb der Gebetszeiten. In der Gemeinschaftsregel von Taizé findet sich als konkretisierende Erläuterung zu diesem Merksatz eine knappe Anleitung zur Schriftmeditation: «Suche bei deinem Beten und Betrachten nach dem Wort, das Gott an dich richtet, um es sogleich auszuführen. Lies deshalb wenig, und verweile.»[28] Entscheidend für ein vertieftes Verständnis der Schrift ist die Bereitschaft, sie als persönlich adressiertes Evangelium zu verstehen: «Sehr oft gehen wir an die Schrift heran, als läsen wir einen Brief von jemandem, den wir über alles lieben, der uns jedoch in einer unbekannten Sprache schreibt. Wir versuchen wenigstens einige Worte zu übersetzen, womöglich die einfachsten.»[29] Es kommt darauf an, geduldig dort zu verweilen, wo etwas zu uns zu sprechen beginnt. Nur wer sich ergreifen lässt, beginnt zu verstehen: «Solange wir uns nicht ergreifen lassen, dürfen wir uns nicht wundern, wenn wir von Gott nichts verstehen und ihn zum Gegenstand von Neugierde oder dauernder Diskussionen machen. Unser Leben bleibt dann in einem auswegslosen Monolog mit uns selbst stecken. Gewiss, wir können viele Elemente des Lebens

und der Welt von selbst verstehen – mit der Erkenntnis Gottes aber verhält es sich anders. Wir kennen ihn nicht, solange wir uns nicht im Innern von ihm ergreifen und bearbeiten lassen.»[30]

Die geistliche Lesung steht also nicht für sich allein. Zu einer existentiell gesättigten Erkenntnis des Evangeliums braucht es konkrete Schritte, die auf verbindliche Weise in die Nachfolge Christi führen. Ohne Alltagsbezug fehlt der geistlichen Lesung der Resonanzraum. Denn alle Lebensvollzüge, Arbeit und Ruhe, wollen von der Kraft des Evangeliums durchdrungen werden. Die verschiedenen Dimensionen des Alltags kommen so in ein anderes Licht, werden transparent auf eine sie transzendierende Wirklichkeit. Der Kommentar in der Gemeinschaftsregel beschränkt sich auf einige Hinweise zur Arbeit: «Damit dein Gebet wahrhaft sei, musst du deine Arbeit ernst nehmen. Begnügst du dich mit dilettantischer Lässigkeit, wärst du zu wirklicher Fürbitte unfähig. Bemühe dich, stetig zu arbeiten. Dein Gebet findet zur Ganzheit, wenn es eins ist mit deiner Arbeit. (....) Vergleiche dich bei deiner täglichen Arbeit nicht mit den anderen Brüdern. Suche in aller Einfachheit deinen Platz auszufüllen, der stets notwendig ist für das Zeugnis des Ganzen.»[31] Diese Sätze richten sich gegen die Versuchung, die Relativierung aller Aktivität auf das Gebet hin als eine Entpflichtung von der Mühsal der Erwerbsarbeit misszuverstehen. Dabei werden zwei Gefahren hervorgehoben: mangelnde Sorgfalt, die fehlende Wertschätzung verrät, und das konkurrierende oder neidische Vergleichen mit anderen. Beides gefährdet sowohl die Ganzheit des Gebetes als auch die Glaubwürdigkeit des Lebenszeugnisses, das sich in der Liebe zum Unscheinbaren bewährt.

2.1.2 «Wahre in allem die innere Stille, um in Christus zu bleiben.»

Das Hören auf das Wort Gottes führt in das schweigende Warten auf die Ankunft des Auferstandenen bei uns, zur Wahrnehmung seiner geheimnisvollen Gegenwart bei uns. Die Liturgie von Taizé ist durchsetzt von diesem Schweigen, das mit dem Reich Gottes schwanger geht und einen Hoffnungsraum öffnet. Die Wirklichkeit Gottes ist unaussprechlich, doch im schweigenden Verweilen kann sie uns berühren und weckt ein Seufzen, das wir nicht in Worte fassen können (Röm 8,26). In der Stille kann das Gebet Christi in uns erfahrbar werden. Dass Christus in allen Menschen betet, davon war Frère Roger überzeugt. Mit Hinweis auf die Pastoralkonstitution des Zweiten Vatikanischen Konzils wies er darauf hin, dass Christus sich mit der ganzen Menschheit vereinigt habe und in dieser Vereinigung auch deren Abgründe umfange.[32] Diese Verheißung der Gegenwart Christi verbindet die zweite der drei Regeln mit der Aufgabe, bei dieser Gegenwart zu verweilen. Um in Christus zu bleiben, ist es nötig, die innere Stille zu suchen: «Bleibst du dem Auferstandenen nahe, auch ohne ihn recht zu erkennen, in langen Zeiten der Stille, in denen sich nichts zu ereignen scheint? (...) Findest du Wege, ihn, den Auferstandenen, selbst in der Dürre der dürstenden Erde deines Lebens und deines Geistes zu erwarten?»[33] Damit ist nicht nur auf die Gebetssituation verwiesen. Was Frère Roger als innere Stille bezeichnet, kommt dem nahe, was Ignatius von Loyola ‹Indifferenz› nannte: eine hörende und sich zur Verfügung stellende Ausrichtung auf Gott, die eine Distanz schafft zu unseren Wünschen und Absichten und dadurch unsere Wahrnehmung für Neues öffnet: «Die innere Stille erfordert zunächst, dass man sich von sich selbst losgesagt hat, um das Stimmengewirr zu beruhigen und der drückenden Sorgen Herr zu werden, im beständigen Neuanfang eines Menschen, der niemals entmutigt ist, weil ihm immer vergeben wird.»[34] Es ist bezeichnend, dass Frère Roger in seiner Hinführung zur inneren Stille auf Meditationsmethoden in einem engeren Sinne verzichtet und stattdessen zu einer schlichten Gebetshaltung einlädt, die dem Geist der Gotteskindschaft entspricht: «In deinem Zwiegespräch mit Christus bedarf es dieser Stille. Wenn du ihm nicht ständig alles anvertraust, wenn du nicht mit der Einfachheit eines Kindes zu ihm sprichst, wie willst du dich dann innerlich sammeln, wenn du von Natur aus unzufrieden oder selbstzufrieden bist? Du fürchtest, mit der inneren Stille könnte in dir eine Frage ungelöst bleiben? Merke dir den Grund deiner Unruhe oder deines unguten Gefühls, um später die Lösung zu finden.»[35]

2.1.3 «Lass dich durchdringen vom Geist der Seligpreisungen: Freude, Barmherzigkeit, Einfachheit.»

Die letzte Regel konkretisiert die vorausgehenden Einladungen, Arbeit und Ruhe vom Wort Gottes beleben zu lassen und in allem in Christus zu bleiben. Spirituell zu leben heißt im christlichen Sinne, sich vom Geist und der Geisteshaltung Jesu prägen zu lassen, sich einzuüben in ein Leben, das vom Geist der Seligpreisungen durchtränkt ist. Als spontane Antwort auf das Evangelium, die frohe Botschaft Jesu, steht die *Freude* an erster Stelle. Sie verdankt sich nicht zuletzt der Erfahrung, dass Gott uns unsere Fehler nicht nachträgt, dass wir täglich neu beginnen dürfen: Gott ist es, der uns jeden Morgen den «Ring des verlorenen Sohnes» an den Finger steckt.[36] Der Geist Jesu befreit von den Lasten der Vergangenheit ebenso wie von der Sorge um die Zukunft und eröffnet ein Leben im Heute Gottes: «Die Gegenwart des Auferstandenen führt zu unerwartetem Glück, sie zerreißt deine Nächte. ‹Die Finsternis ist nicht finster für dich, die Nacht leuchtet wie der Tag.› Zur Freiheit bist du gerufen. Deine Vergangenheit ist in Christi Herz versenkt, und deiner Zukunft hat Gott sich angenommen.»[37] Aus erfahrener und errungener Versöhnung wächst als zweite Frucht des Geistes die *Barmherzigkeit*. Im Feuer von Gottes Vergebung verbrennen die Wurzeln von Bitterkeit.[38] «Christus schenkt dir stets neu sein Erbarmen. Und du begreifst, dass dein Leben selbst in der Bedrängnis stets aus den Fäden seines Verzeihens gewoben wird.»[39] Zu den Haltungen, welche Menschen in der Nachfolge Christi kennzeichnen, gehört schließlich die *Einfachheit*: «Du willst ohne zurückzuschauen Christus nachfolgen: Denk daran, dass du in seiner Nachfolge unwiderstehlich zum Miteinanderteilen und zu einem Leben in Einfachheit hingezogen wirst.»[40] Frère Roger bringt die Einfachheit sowohl mit der Armut vor Gott (Mt 5,3), als auch mit der Reinheit des Herzens (Mt 5,8) in Verbindung: «Der Geist der Armut besteht nicht darin, sich armselig zu geben, sondern vielmehr alles mit Phantasie so zu gestalten, wie es der schlichten Schönheit der Schöpfung entspricht. Glücklich, die im Herzen einfach sind, sie werden Gott schauen. Die stete Vereinfachung deiner Lebensweise führt dich weitab von den gewundenen Wegen, auf denen sich unsere Schritte verlieren.»[41] Die Vereinfachung des Lebensstiles führt zur Sammlung auf das Wesentliche: «Vereinfachen, um intensiv zu leben – darin findest du den Geschmack am Leben.»[42] Und nicht zuletzt schafft die Vereinfachung des Lebens Raum für den Dienst am Nächsten: «Wirf die unnützen Lasten ab, damit du besser die der Menschen, deiner Brüder, zu Christus, deinem Herrn, tragen kannst.»[43]

2.2 Weggemeinschaft der Glaubenden

Wie der kurze Blick in die Lebensgeschichte Frère Rogers gezeigt hat, wurden ihm bereits in seiner Kindheit zwei starke Intuitionen geschenkt, die die Bedeutung religiöser Gemeinschaft betreffen: Zum einen die Erfahrung, dass das persönliche Gebet ohne gemeinschaftliche Abstützung in Gefahr ist, sich lautlos aufzulösen; zum anderen die in der Gestalt seiner Großmutter verdichtete Vision ökumenischer Versöhnung. Die beiden Aspekte, die ich im Folgenden nacheinander behandle, sind miteinander verschränkt, oder vielleicht besser: zwei Varianten der gleichen Wahrheit. So wie der Glaube und das Gebet der Einzelnen einer konkreten Weggemeinschaft bedürfen, so ist die Ortskirche auf die weltkirchliche Ökumene angewiesen, welche die lokale kirchliche Realität heilsam relativiert und herausfordert.

2.2.1 Persönliches Glaubensleben und Gemeinschaftsleben

Dass die persönliche ‹Lebensregel› Frère Rogers nicht nur der Gemeinschaftsregel von Taizé vorausging, sondern auch in sie Eingang gefunden hat, veranschaulicht die für Frère Roger charakteristische Verschränkung von persönlichem Glaubensweg und Gemeinschaftsleben. Geistliches Leben vertrocknet, wo es sich nicht von einer religiösen Gemeinschaft nähren lassen und sich in sie einbringen kann. Am deutlichsten zeigt sich dies im Gebet: «Wenn es manchem schwer fällt, in der Einsamkeit zu beten, ist ein schönes, gesungenes Gebet, auch nur zu zweit oder zu dritt, eine unvergleichliche Stütze für das innere Leben. (...) Ein Gottesdienst, bei dem man gemeinsam singt, macht einen bereit, das Verlangen nach Gott zuzulassen und sich auf eine kontemplative Erwartung einzulassen.»[44] Wem die Worte zum Gebet fehlen, soll sich vom Gebet der anderen tragen lassen und im Raum des Gebetes verweilen: Seine leibliche Präsenz und seine Sehnsucht kann schon der Ausdruck eines ihm noch nicht bewussten Betens sein. In einer Tagebuchnotiz vom 13. April 1969 bringt Frère Roger diesen Gedanken so zum Ausdruck:

> «Wieder einmal fragt mich ein junger Mensch, was das Gebet für ihn bedeuten könne. Ich erkläre ihm zunächst: ‹Suchen Sie keine Antwort, die Ihr Menschsein überspringt. Ich meinerseits wüsste nicht, wie ich beten sollte ohne Einbeziehung des Leibes. Ich bin kein Engel und beklage mich darüber nicht. Es gibt Perioden, in denen ich den Eindruck habe, als betete ich mehr mit dem Leib als mit dem Geist. Ein Gebet auf dem bloßen Boden: niederknien, sich niederwerfen, den Ort betrachten, wo die Eucharistie gefeiert wird, die beruhigende Stille ausnutzen und selbst die Geräusche, die aus dem Dorf heraufdringen. Der Leib ist da, ganz gegenwärtig, um zu lauschen, zu begreifen, zu lieben. Wie lächerlich, nicht mit ihm rechnen zu wollen!»[45]

Beten lernt man nach dem Gründer von Taizé, indem man sich vom Gebet der anderen mitnehmen lässt. In der Gebetsgemeinschaft kann man nach und nach zum Mitsprechen und persönlichen Beten finden. Die Schwierigkeit heutiger Menschen, sich der langen Reihe von Vorbetern anzuvertrauen, kannte Frère Roger aus eigener Erfahrung: «In der Zeit vor meinem zwanzigsten Lebensjahr war in mir eine ausgeprägte Scheu, gegen die intellektuelle Redlichkeit zu verstoßen. Ich wollte nicht bejahen, was ich vom Glauben ahnte. Aber ich suchte. Und eines Tages stieß ich auf den Psalmvers: ‹Mein Herz denkt an dein Wort: Suche mein Angesicht. Dein Angesicht, Herr, will ich suchen.› Und schlagartig begriff ich, dass ich niederknien und auf mein Bett gestützt dieses Gebet zu dem meinen machen könne: Alles in mir sagt: Suche sein Angesicht; ich suche dein Angesicht.»[46]

Was für das Gebet gilt, trifft für die christliche Lebenspraxis allgemein zu: Um sich zu entfalten, braucht sie Foren des Austausches und Formen gemeinsamen Unterwegsseins. Das nächste und kleinste Forum spiritueller Weggemeinschaft entsteht durch achtsames Zuhören: «Christus lieben, heißt sogleich von ihm einen mehr oder weniger großen Anteil an pastoraler Gabe erhalten. Jedem vertraut Gott einen oder mehrere Menschen an. So klein diese pastorale Gabe auch sein mag, sie ist eine Quelle, aus der man Einfallsreichtum schöpfen kann, um anderen Christus weiterzugeben, und es Christus zu ermöglichen, seinen Pilgerweg in der ganzen Menschheitsfamilie zu gehen.»[47]

2.2.2 Am Gewand Christi weben – Christsein im Horizont der Ökumene

«Neue Verbindungen der Gemeinschaft knüpfen, heißt Fäden spinnen; manchmal genügt schon ein einziger Faden. Ob wir es wissen oder nicht, weben wir dabei am Gewand Christi, seiner Kirche.»[48] Das Gemeinschaftsleben der Communauté von Taizé ist ohne den Horizont einer größeren Weggemeinschaft nicht verständlich: Die kleine Ökumene vor Ort wäre ortlos ohne Bezug zur größeren weltkirchlichen Ökumene. Beides lag Frère Roger gleichermaßen am Herzen: eine Gemeinschaft aufzubauen, die sich in einer besonderen Weise ganz dem Evangelium verpflichtete; und ebenso darauf zu achten, dass diese neue Gemeinschaft transparent bleibt auf die weltkirchliche Wirklichkeit. In den *Notes explicatives* von 1941 schrieb er: «Es lag uns daran, mit einer individualistischen Tradition zu brechen, um durch das gemeinsame Leben einen Reichtum voll zu nutzen, der anders nicht zu heben ist. (...) Wir setzen alles daran, uns die Zerrissenheit des Leibes Christi ständig zu vergegenwärtigen. Unsere Gemeinschaft hat Heimstatt der Ökumene zu sein.»[49] Gemeinschaft zu stiften, Räume für den spirituellen Austausch zu schaffen und in einer zerrissenen Kirche Ferment der Einheit zu sein, das hatte sich Frère Roger zur Aufgabe gemacht. Die Gemeinschaft von Taizé sollte dafür ein hoffnungsstiftendes Gleichnis sein, eine Einladung, die große Gemeinschaft der Glaubenden zu suchen und zur Versöhnung unter den Christinnen und Christen beizutragen. In einer Meditation aus dem Jahre 1980 heißt es dazu:

> «Angesichts der Dringlichkeit, das Evangelium mitten in der Menschheitsfamilie zu leben, sind wir uns darüber im Klaren, dass unsere kleine Communauté und die weiten Horizonte, wie sie sich am Vorabend eines neuen Jahrtausends auftun, in keinem Verhältnis zueinander stehen. (...) Wer bist du, kleine, auf verschiedene Orte der Welt verteilte Communauté? Ein Gleichnis der Gemeinschaft, ein einfacher Widerschein jener einzigartigen Gemeinschaft, die der Leib Christi, seine Kirche, ist, und dadurch auch ein Ferment in der Menschheitsfamilie. (...) Wäre unsere – dem Wesen nach monastische (wenn dieser geschichtlich stark belastete Begriff auch nicht unbesehen verwendet werden kann) – Communauté nicht tief im Leib Christi, der Kirche, verwurzelt, käme es dazu, dass sie sich selbst genügt, so würde sie ihre eigene Berufung, nämlich der Liebe zur Gemeinschaft Gestalt zu geben, mit Füßen treten. (...) Ewige Frage seit zwanzig Jahrhunderten, seit den Anfängen der

> Kirche: Warum hat eine Beziehung zu Christus, für sich genommen und ohne die Gemeinschaft in seinem Leib, die Kirche, den Glaubenden immer dazu geführt, sich allein oder zu mehreren abzukapseln, in individualistisches Gebaren einzubinden? Anhand seines eigenen Lebens lässt Christus eine Antwort durchscheinen: Heiligkeit ist ihr Name. Er ist für alle, nicht für einige Privilegierte gekommen. Wer sich der Heiligkeit Christi in der einzigartigen Gemeinschaft, die sein Leib, die Kirche, ist, nähert, wird unwiderstehlich dazu geführt, wie ein Armer Gottes nach Lauterkeit, einem Gesicht des Kindseins, einem universalen Herzen zu suchen. Er wird zum Ferment der Versöhnung, und ohne Versöhnung kann man heute auf kein weitreichendes Erwachen der Christen hoffen.»[50]

Eine konkrete Weggemeinschaft von Glaubenden wie diejenige von Taizé bleibt in der Spur Christi, wenn der Wunsch, Heimat und Geborgenheit im Kreise von Gleichgesinnten zu finden, die Bereitschaft fördert, sich auch auf fremde kirchliche Wirklichkeiten einzulassen und sich um eine friedliche Verständigung zu bemühen. Die Gastfreundschaft, welche die Gemeinschaft von Taizé im Laufe der Jahre vor immer neue Aufgaben stellte, ist eine Form dieser ökumenischen Gesinnung. Dass Taizé zum Pilger-, Einkehr- und Begegnungsort für Christen und Christinnen der verschiedensten Konfessionen wurde, barg allerdings auch die Gefahr in sich, als Alternativkirche jenseits der traditionellen Kirchen mit ihren Strukturproblemen wahrgenommen zu werden. In Ansprachen, Gesprächen und seinen Schriften, in denen die Suche nach einer versöhnten Christenheit leitmotivisch wiederkehrt, versuchte Frère Roger diesen Eindruck zu zerstreuen. Und er bemühte sich, dass die Pilgerinnen und Pilger nicht nur Gastfreundschaft und geistliche Stärkung erfuhren, sondern auch ermutigt wurden, sich in ihren Herkunftsländern in den jeweiligen Ortskirchen zu engagieren und dort eine kirchliche Beheimatung zu suchen.

2.3 Solidarität und Versöhnungsarbeit

Frère Roger war 1940 nach Frankreich gegangen, um wie seine Großmutter Menschen in der Not des Krieges beizustehen, und er war in Taizé geblieben, weil eine alte und einsame Frau ihn dazu aufgefordert hatte. Die Vision, eine Gebets- und Lebensgemeinschaft zu gründen, war nie getrennt von herausfordernden Formen christlicher Solidarität und mit der Wahrnehmung von seelischer Bedrängnis.

2.3.1 Die Widerstandskraft der Friedfertigen

Die Präsenz Frère Rogers in Taizé hatte in den Kriegsjahren einen unverkennbar politischen Charakter. Auch nach dem Zweiten Weltkrieg bleibt die Communauté ihrer besonderen politischen Verantwortung treu. Um nur einige wichtige Etappen zu vergegenwärtigen: In den frühen Fünfzigerjahren wurden zwei Brüder ausgesandt, um «in Montceau-les-Mines, 40 km nördlich von Taizé, zu leben und in den Bergwerken zu arbeiten. Sie wollten ‹Zeichen der Gegenwart Christi und Träger der Freude unter den Arbeitern› sein. (...) Sie versuchten, durch die Gewerkschaften den Bergarbeitern im Kampf um ihre Rechte zu helfen. Ein Ergebnis ihrer Tätigkeit zeigte sich bald: Keine Fabrik im Gebiet wollte noch einen der Brüder von Taizé annehmen. Aber das konnte sie nicht aufhalten, Montceau wurde zur ersten in einer bemerkenswerten Reihe von ‹Bruderschaften›, die, immer vorläufig, an Orten materieller oder spiritueller Armut zu arbeiten begannen.»[51] In den Sechzigerjahren, nach dem Bau der Berliner Mauer, begannen die Brüder, Kontakte nach Ostdeutschland zu knüpfen, um sich mit den Christen in den kommunistisch regierten Ländern Osteuropas zu solidarisieren. Ebenfalls in diesen Jahren initiierte Frère Roger, angestoßen durch Dom Helder Camara und andere lateinamerikanische Bischöfe, die er auf dem Konzil kennengelernt hatte, die ‹Operation Hoffnung›, eine ökumenische Kollekte, die Selbsthilfeinitiativen in Südamerika unterstützte. Etwa ein Jahrzehnt später begann Frère Roger schließlich, jährlich einige Zeit in einem der vielen Elendsgebiete der Welt zu leben, um auf konkrete Weise die Nähe zu den Ärmsten zu suchen und gleichzeitig auf ihre Not aufmerksam zu machen.

In der bewegten Zeit der Studentenunruhen erfuhr die Gemeinschaft von Taizé viel Sympathie für ihre sozialen Initiativen, wurde jedoch auch gezwungen, das Verhältnis von kontemplativem Leben und Politik weiter zu klären und auf die Gewaltbereitschaft mancher Jugendlicher zu antworten. In seinen Büchern *Die Gewalt der Friedfertigen* und *Kampf und Kontemplation* versuchte Frère Roger, auf die drängenden Fragen, die ihm manche Jugendlichen stellten, einzugehen und Alternativen zu den Wegen der Gewalt aufzuzeigen. Nicht zuletzt durch seine Entscheidung, weitgehend die Form von Tagebucheinträgen beizubehalten, konnte er es vermeiden, in die Rolle des besserwissenden ‹Alten› zu geraten, der den Jungen wenig motivierende Verhaltensrichtlinien vermitteln wollte. Mit seinem fragenden Stil gibt er stattdessen Anteil an seinem eigenen Ringen und an Begegnungen mit notleidenden Menschen. In Aussagen wie der folgenden, welche vor einer missverstandenen Versöhnlichkeit warnt, ist der unruhige Geist dieser Zeit spürbar: «Ist der Aufruf zur Versöhnung etwa eine Einladung zur Passivität, zur Absage an den Kampf? Nein, das Evangelium führt nie zu angenehmer Ruhe. Versöhnung mit sich selbst wie mit anderen setzt voraus, dass man

Spannungen und Kampf bejaht. Wenn man Krisen vorzeitig abbricht oder ihnen zu entrinnen sucht, sterben Lebenskräfte ab. Durch Krisen hindurch, sehen, was danach kommt – dieser Weg führt uns weiter.»[52]

2.3.2 Wege zur inneren Versöhnung

Den Menschen zuzuhören und zu verstehen versuchen, was sie bewegt und umtreibt, das gehörte wesentlich zum lebensprägenden Entscheid, den der Theologiestudent Roger Schutz gefasst hatte und der ihn aus einer quälenden Unentschlossenheit herausführte. Er wusste aus eigener Erfahrung, dass fehlende Aufmerksamkeit im Hören aufeinander die Seele in sich verschließt: «(...) wenn ich fast jeden Abend, manchmal bis zwei Uhr nachts, in unserer Kirche bleibe, um zuzuhören, sage ich mir oft: Im tiefsten Inneren hätte ich mir es in meiner Jugend gewünscht, so angehört zu werden, wie ich den Jugendlichen heute zuhöre. Warum leiden sie? Was geht in ihnen vor? Was schnürt sie im Innern ein? Wo liegen ihre inneren Gefängnisse? Und dann kommt sofort eine andere Frage: Welche besonderen Gaben hat jeder von ihnen? Das ist das Wesentlichste. Alles andere, die Vergangenheit, selbst die Minute, die eben verstrich, sind bereits mit Christus im Wasser der Taufe ertränkt.»[53] Diese Aussage verrät etwas vom Geheimnis der Anziehungskraft, die Taizé seit Jahrzehnten auf jüngere und ältere Menschen ausübt: Heimat entsteht, wo es Menschen gibt, die einem zuhören und denen man sich anvertrauen kann. Allein die Möglichkeit, nach dem Abendgebet einem Bruder seine Not anvertrauen zu können und danach wieder in den Kreis derjenigen zurückzukehren, die das Gebet in die Nacht hinein verlängern, schafft eine Atmosphäre heilsamer Geborgenheit. In solchen Stunden wird die enge Verknüpfung von Kontemplation und Nächstenliebe spürbar:

> «Anteil nehmen an Gott, Anteil nehmen am Menschen: das ganze Evangelium lässt sich in dieses Doppelverhältnis zusammenfassen. Jedes Anteilnehmen an Gott, alles kontemplative Leben ist durch unser Verhältnis zum Menschen bedingt. Wer den Menschen nicht zu hören vermag, vermag auch Gott nicht zu hören. Wer einem Menschen gegenüber festgelegt ist, kennt auf einem Gebiet im eigenen Inneren eine gleiche Festlegung gegenüber Gott. Kein Leben kommt mehr daran vorbei. Anteil nehmen an Gott: der Friede wird in der Kontemplation, in den Zeiten des Schweigens und der Verinnerlichung ein ganzes Leben lang gegeben. Was soll man unter Kontemplation verstehen? Nichts anderes als die Verfügbarkeit, in der das Sein vollständig von der Wirklichkeit der Gottesliebe erfasst ist. Wenn wir mit dem Verstand eine Wahrheit der Naturordnung erfassen, erfolgt zuweilen in uns ein teilweises Ergriffensein. Von der übernatürlichen Wahrheit, von der Liebe Christi dagegen können wir bis in unser Gefühlsleben hinein vollstän-

dig ergriffen sein. Die Liebe Christi weckt eine Glut. Sie ist ein Prüfstein: in innigster Beziehung zur Liebe Christi übergibt uns die Kontemplation der Liebe zum Nächsten. Johannes, der kontemplative Apostel, warnt sich selber vor der Heuchelei dessen, der mit dem Munde erklärt, er liebe Gott, gleichzeitig aber seinen Bruder hasst. Die Kontemplation, diese Hingebung des ganzen Seins an Christus, äußert sich in der Anteilnahme am Menschen.»[54]

Manche Texte Frère Rogers verdichten dieses kontemplativ-anteilnehmende Hören auf fremde Not im Raum des Gottvertrauens: «In jedem von uns verbergen sich Abgründe, Unbekanntes, Zweifel, wilde Leidenschaft, geheimes Leid ... aber auch Schuldgefühle, niemals Eingestandenes, so sehr, dass sich uns ungeheure Leeren auftun. (...) Wenn wir Christus mit kindlichem Vertrauen in uns beten lassen, werden eines Tages die Abgründe bewohnbar sein. Eines Tages, später einmal, werden wir feststellen, dass sich in uns eine Revolution vollzogen hat. Dieses Glück freier Menschen ist der Motor in unserm Kampf für alle Menschen, mit allen Menschen. Es bedeutet Mut, Energie, um Wagnisse einzugehen. Es ist überströmende Freude.»[55]

Bezeichnend für Frère Rogers Umgang mit der seelischen Not, die ihm fast täglich anvertraut wurde, ist ein theologisch nicht einfach zu deutender Satz, den er gerne wiederholte. Papst Paul VI. soll ihn in seiner Schlussrede auf dem Zweiten Vatikanischen Konzil benutzt haben: «Der Mensch ist geheiligt durch seine schuldlos in der Kindheit erlittenen Wunden.»[56] Entscheidend für das Verständnis dieser schwierigen Aussage ist es, wie man das ‹durch› interpretiert: Die sich unmittelbar aufdrängende kausale Deutung, dass es die Verwundung selber ist, welche eine Heiligung bewirkt, widerspricht der Erfahrung, dass solche Wunden meist eine Verhärtung bewirken, die zu weiteren Verwundungen führt. Doch lässt sich der Satz auch so verstehen, dass der Mensch dort für Gottes Wirken besonders empfänglich ist, wo er am schwächsten und verletzlichsten ist, da Gottes Gnade gerade in der Schwachheit stark ist und in der menschlichen Zerbrechlichkeit ihr Wunder vollbringt (2 Kor 12,10; 4,7). Frère Roger scheint diese Aussage Pauls VI. als Verheißung verstanden zu haben, dass das Leiden unter frühkindlichen Verletzungen vom Mitleiden Gottes umfangen ist, das allein Heil und Heiligung zu schenken vermag. Dass der Versöhnung mit seiner Vergangenheit ein oft schwieriger und langer Kampf vorangeht, wusste Frère Roger aus vielfältiger Erfahrung: «Für jeden, der verzeihen will, gibt es ein Vorher und ein Nachher. Ein Vorher, währenddem er sich sagt: ich wurde in meiner Kindheit zu sehr verletzt, in meinem Leben zu sehr abgelehnt und gedemütigt, die Auflehnung in mir ist so stark, dass ich nicht verzeihen kann. Und es gibt ein Nachher, wenn er, nachdem er verziehen hat, den Beginn einer Auferstehung auf der Erde entdeckt. Das Verzeihen: ein über jeden Verdacht erhabenes Wunder, die äußerste Form der Liebe. Wo immer es empfangen wird, geht der lebendige Gott vorüber.»[57]

3. Bleibende Impulse

Was Frère Roger in jungen Jahren entdeckte und auf vielfältige Weise lebte und weitergab, atmet die Einfachheit des Evangeliums. Näher betrachtet erweist sich diese Einfachheit durchaus als originell und zeitgemäß im Sinne einer Antwort auf eine bestimmte geschichtliche Konstellation. Die drei folgenden Aspekte dieser Antwort-Gabe erscheinen mir für die Erneuerung christlicher Spiritualität von besonderem Gewicht.

a. Die notwendige Vereinfachung der spirituellen Vollzüge aus dem Geiste des Evangeliums: Nach M. Albus kann man «in einer immer komplizierter werdenden Welt, geistig wie materiell, in Taizé die Erfahrung machen: Es geht auch einfach. ‹Einfach› meint nicht banal. ‹Einfach› meint: reduziert leben und in der Reduktion die Fülle erfahren.»[58] Bei genauerem Hinsehen entdeckt man in Taizé viele Anknüpfungen an alte Traditionen christlicher Spiritualität. Die Beschränkung aufs Wesentliche hat jedoch dem aus der Tradition Übernommenen und Angeeigneten nicht nur die Patina des Altehrwürdigen genommen, sondern ihm auch eine neue Prägnanz geschenkt. In einer unübersichtlichen Welt, die durch Innovationsbeschleunigung und Mobilitätssteigerung zu ständig neuen Anpassungsleistungen zwingt, wirkt die Vereinfachung des Tradierten ebenso klärend wie solidarisierend. Sie senkt die Schwellen für Suchende, ohne die Bestimmtheit des Bezeugten und die Tiefe des Gebetes zu gefährden. Dieser spirituelle ‹Stil› macht spürbar, dass Christwerden einer Mystagogie, einer praktischen Einweisung ins Geheimnis des Glaubens bedarf. Die wohltuende Einfachheit von Taizé verdankt sich nicht zuletzt der konsequent gelebten Selbstverpflichtung zur evangelischen Armut.

b. Die kontemplative Vertiefung des Glaubens: Neben seiner Gebetspoesie und den Augenblicksbildern und geistlichen Reflexionen seiner Tagebücher schrieb Frère Roger eine Reihe von Meditationen, die große Beachtung erfuhren und auf diese Weise manchen Gedanken und einige geglückte Wortfindungen in Umlauf brachten. Zu letzteren gehört gewiss auch der prägnante Buchtitel *Kampf und Kontemplation*, der nicht nur Spiritualität und sozialpolitisches Engagement programmatisch zusammenstellte, sondern dadurch zugleich dem Wort Kontemplation eine neue Legitimation und einen Klang verlieh, der ihm in den vorausgehenden Jahrzehnten und Jahrhunderten nicht zu Eigen war. In den Ohren der philologisch geschulten Reformatoren hatte das Wort einen ambivalenten Klang. Es trug unverkennbar eine Prägung, die nicht aus der Welt der Bibel stammte, sondern auf die Ursprünge griechischer Philosophie zurückverwies. Deshalb wurde der Begriff als zu wenig geeignet empfunden, um ihn in den geläufigen Wortschatz evangelischer Glaubensunterweisung zu übernehmen. Doch auch in katholischen Zusammenhängen war die Rede von Kontemplation mit Fragen behaftet, die einer unbefangenen Verwendung entgegenstanden. Unklar und zeitweise heiß diskutiert war beispielsweise, ob es eine allgemeine christliche Berufung zur Kontemplation gibt oder ob sie eher ein besonderes Charisma darstellt, das nur wenigen zuteil wird. Wie restriktiv das Klima gegenüber dem kontemplativen (‹inneren›) Gebet zeitweise war, lässt sich im *Weg der Vollkommenheit* der Teresa von Avila nachlesen, die zugleich gute Argumente dafür fand, weshalb sie es ihren Mitschwestern vermitteln wollte.[59] Von all diesen reformatorischen und katholischen Vorbehalten gegenüber dem kontemplativen Gebet ist bei Frère Roger nichts mehr zu spüren. Dennoch finden sich entgegen dem ersten Anschein durchaus auch Verbindungslinien zu Luther, der 1539 in der Vorrede zur Gesamtausgabe seiner deutschen Werke die *contemplatio* durch die *tentatio* (Erprobung, Prüfung, Versuchung) ersetzte und damit die Meditierenden anwies, die Wahrheit der Schrift auf dem prüfungsreichen Weg der Nachfolge Christi zu erfahren. Frère Roger beschreibt die *contemplatio* als *tentatio,* als inneren Kampf. In der Stille der Kontemplation wird das unruhige und unversöhnte Herz laut. Der kontemplative Kampf besteht darin, sich durch diese Unruhe nicht überwältigen zu lassen und sie ebenso wenig zu verdrängen. In einem Gebet heißt es: «Auferstandener, du nimmst uns mit unserem Herzen an, wie es gerade ist. Warum sollten wir, bevor wir zu dir gehen, darauf warten, dass sich unser Herz ändert? Du verklärst es. Mit unseren eigenen Dornen entzündest du ein Feuer. In unseren Wunden lässt du eine Wüstenblume, eine Freudenblüte wachsen.»[60] Es wird oft übersehen, dass es Frère Roger um einen doppelten Kampf geht. Der eine geschieht *im* Gebet, der andere nährt sich *aus* dem Gebet: «Der Kampf für die Menschen und an deren Seite findet seine Quellen in einem andern Kampf, der immer stärker in ihrem Innern geschieht, dort, wo kein Mensch dem andern gleicht. Dort, wo wir am Tor zur Kontemplation stehen.»[61] Einzig der Gebetskampf um das versöhnte Herz kann dem äußeren Kampf um Frieden und Gerechtigkeit das Gepräge Christi geben: Freude, Barmherzigkeit, Einfachheit. Die folgende Aussage, die so etwas wie einen Lebensrückblick darstellt, belegt den Stellenwert, den Frère Roger dem kontemplativen Kampf zumaß:

> «Was werde ich gefragt werden bei jenem ersten Gegenüber, von dem ich nicht viel weiß, außer dass es das erste von unendlich vielen anderen sein

wird? Es führt zu nichts, sich eine Vorstellung von den letzten Dingen zu machen. Aber ich denke, dass Christus bei diesem Zwiegespräch am Jüngsten Tag vielleicht zu mir sagen wird: ‹Was die Communauté angeht, so haben nicht wenige sie wegen ihrer Offenheit, ihrer Gesprächsbereitschaft mit so vielen Menschen, geschätzt. Aber mehr als an allen Gesprächen lag mir an eurer kontemplativen Erwartung. Darin lag der größte Wert. Ihr wolltet unter und für die Menschen Zeichen des Unsichtbaren sein. Solche Erwartung lag jenseits aller intellektuellen Begabung. Sie war jedem Menschen möglich, auch dem, der sich für den Hilflosesten hielt. Das war das Klarste, das Hellste in euch. Ja, das Wesentliche war der persönliche innere Kampf, den ihr Tag für Tag in einer gemeinsamen Schöpfung geführt habt.›»[62]

c. Mit Christus das Ostergeheimnis durchleben: Den sich im kontemplativen Gebet ereignenden Kampf beschreibt Frère Roger manchmal als österlichen Durchgang von der Nacht des Todes zum Leben in Christus. «Unsere christliche Existenz besteht darin, dass wir ständig das Ostergeheimnis leben: ein kleiner Tod nach dem anderen, denen die Anfänge einer Auferstehung folgen.»[63] In diesem Gedanken hat die reformatorische Vorstellung von der täglichen Buße eine Gestalt angenommen, die an die paulinische Tauftheologie anschließt (Röm 6,4f.). Am 7. Mai 1970 notiert Frère Roger in sein Tagebuch: «Für mich gibt es nur einen einzigen Weg: immer und immer wieder zum ersten Beginn zurückzukehren. Damals hatte der Entschluss, sein ganzes Leben zu geben, dichten Nebel zerstreut und Glück aufbrechen lassen. Wenn man die ursprünglichen Entdeckungen wieder in sich aufnehmen kann, gelangt man zu einer der Quellen für das Fest. Nicht einmal, viele Male kann man sich dann neu auf den Weg machen, bis zum Tod.»[64] Drei Tage später findet sich eine Notiz, die den Gedanken weiterspinnt und ihm eine stärker persönliche Kontur gibt: «Gestern sagte ich mir: Bald ist die Osterzeit zu Ende. Wie ein Blitz ist sie vorübergegangen. Und heute erhielt ich dieses Blatt von einem Jugendlichen: Das gemeinsame Gebet ist Leben, kein Zwang, etwas Lebendiges. Es ist Feier, nicht Askese ... Die Stille ist dicht, greifbar, so echt, dass sie beinahe wie ein Sakrament ist. In der persönlichen Frömmigkeit begegne ich eher dem Gott des Karfreitags, im gemeinsamen Gebet habe ich den Christus von Ostern wiedergefunden.»[65]

1 Frère Roger, Eine Ahnung von Glück. Erfahrungen und Begegnungen. Freiburg i. Br./Basel/Wien 2006, 65f.

2 Frère Roger, Die Quellen von Taizé. Gott will, dass wir glücklich sind. Taizé 2001, 58.

3 Kathryn Spink, Frère Roger – Leben für die Versöhnung. Freiburg i. Br. 2005, 49.

4 Frère Roger, Eine Ahnung von Glück (s. Anm. 1), 82f.

5 Frère Roger, Eine Ahnung von Glück (s. Anm. 1), 30–32.

6 Jean-Marie Paupert, Taizé und die Kirche von morgen. Luzern/München 1969, 46.

7 Frère Roger, Gott kann nur lieben. Erfahrungen und Begegnungen. Freiburg i. Br. 2002, 88.

8 Ebd.

9 Spink, Frère Roger (s. Anm. 3), 52f.

10 Zit. in: Andreas Stökl, Taizé. Geschichte und Leben der Brüder von Taizé. Gütersloh [3]1978, 20.

11 Spink, Frère Roger (s. Anm. 3), 53.

12 Frère Roger, Gott kann nur lieben (s. Anm. 7), 54.

13 Frère Roger, Eine Ahnung von Glück (s. Anm. 1), 23.

14 Frère Roger, Ein Fest ohne Ende. Tagebuchaufzeichnungen. Freiburg i. Br. 1980, 43f.

15 Rex Brico, Taizé – Frère Roger und die Gemeinschaft. Freiburg i. Br./Basel/Wien 1979, 187.

16 Spink, Frère Roger (s. Anm. 3), 57f.

17 Spink, Frère Roger (s. Anm. 3), 64.

18 Paupert, Taizé (s. Anm. 6), 44.

19 Paupert, Taizé (s. Anm. 6), 79f.

20 Zit. in: Gerhard Ruhbach, Theologie und Spiritualität. Göttingen 1987, 38.

21 Frère Roger, Die Quellen von Taizé. Regel und Briefe. Freiburg i. Br. [13]1981, 17–19.

22 Brico, Taizé (s. Anm. 15), 185.

23 Ebd. 187.

24 Ebd. 198.

25 Spink, Frère Roger (s. Anm. 3), 75.

26 Brico, Taizé (s. Anm. 15), 182.

27 Frère Roger, Im Heute Gottes leben. Freiburg i. Br. 1976, 42.

28 Frère Roger, Regel und Briefe (s. Anm. 21), 27.

29 Frère Roger, Blühen wird deine Wüste. Tagebuchaufzeichnungen (1977–1979). Freiburg i. Br. 1984, 30.

30 Frère Roger, Einer Liebe staunen. Tagebuchaufzeichnungen. Freiburg i. Br. 1980, 59.

31 Frère Roger, Regel und Briefe (s. Anm. 21), 27.

32 Frère Roger, Gott kann nur lieben (s. Anm. 7), 19: Christus lebt «als Auferstandener durch den Heiligen Geist in jedem von uns. Beim Zweiten Vatikanischen Konzil trat von neuem eine klare Einsicht des Evangeliums hervor (...): ‹Christus hat sich mit ausnahmslos jedem Menschen vereint (...)› [Gaudium et Spes, Art. 22] Später fügte Papst Johannes Paul II. hinzu [Redemptor Hominis, Art. 14]: ‹Selbst wenn dieser sich dessen nicht bewusst ist.›»

33 Frère Roger, Quellen (s. Anm. 2), 19. Vgl. ebd. 28: «Christus, Retter allen Lebens, du kommst immer auf uns zu. Dich empfangen – im Frieden der Nächte wie in der Stille der Tage, in der Schönheit der Schöpfung wie in Stunden heftiger innerer Kämpfe – heißt wissen, dass du stets bei uns bist.»

34 Frère Roger, Regel und Briefe (s. Anm. 21), 28.

35 Ebd. 28f.

36 Frère Roger, Quellen (s. Anm. 2), 57.

37 Ebd. 77f.

38 Ebd. 42.
39 Ebd. 54.
40 Ebd. 23.
41 Ebd. 81.
42 Ebd. 27.
43 Frère Roger, Regel und Briefe (s. Anm. 21), 35.
44 Frère Roger, Eine Ahnung von Glück (s. Anm. 1), 67.
45 Frère Roger, Ein Fest ohne Ende (s. Anm. 14), 39f.
46 Frère Roger, Einer Liebe Staunen (s. Anm. 30), 74.
47 Frère Roger, Blühen wird deine Wüste (s. Anm. 29), 91.
48 Frère Roger, Einer Liebe Staunen (s. Anm. 30), 84.
49 Spink, Frère Roger (s. Anm. 3), 75.
50 Frère Roger, Vertrauen wie Feuer. Tagebuchaufzeichnungen (1979–1981). Freiburg i. Br. 1985, 58–61.
51 Brico, Taizé (s. Anm. 15), 19f.
52 Frère Roger, Kampf und Kontemplation. Freiburg i. Br. 1983, 11.
53 Brico, Taizé (s. Anm. 15), 192.
54 Frère Roger, Unanimité dans le pluralisme. Taizé 1966, 94ff. Übersetzung aus: Paupert, Taize (s. Anm. 6), 93f.
55 Frère Roger, Kampf und Kontemplation (s. Anm. 52), 115.
56 Frère Roger, Eine Ahnung von Glück (s. Anm. 1), 49.
57 Frère Roger, Blühen wird deine Wüste (s. Anm. 29), 19f.
58 Michael Albus, Taizé – Die Einfachheit des Herzens. Das Vermächtnis von Frère Roger. Gütersloh 2006, 144.
59 Vgl. Teresa von Avila, Weg der Vollkommenheit (Kodex von El Escorial). Gesammelte Werke: Bd. 2. Herausgegeben, übersetzt und eingeleitet von U. Dobhan/E. Peeters. Freiburg i. Br. 2003.
60 Frère Roger, Quellen (s. Anm. 2), 20.
61 Frère Roger, Kampf und Kontemplation (s. Anm. 52), 9.
62 Spink, Frère Roger (s. Anm. 3), 185f.
63 Frère Roger, Ein Fest ohne Ende (s. Anm. 14), 96.
64 Ebd. 123.
65 Ebd. 123.

Ulrike Wolitz

Silja Walter
Zuunterst sprudelt der Himmel

Zuunterst
das Reuemeer
sandgrau zuunterst
frisst mir die Schiffe
und Sterne
und zieht mich
zieht mich hinab
in den Grund
Zuunterst
im sandgrauen Salz
sprudelt der Himmel[1]

Silja Walters Werk findet seit der Veröffentlichung ihrer ersten Gedichte 1944[2] in der Literaturlandschaft der Schweiz Beachtung. Auszeichnungen, Aufträge, Besprechungen und nicht zuletzt die Übernahme des Werkes ins Schweizerische Literaturarchiv bestätigen das Interesse für ihre schriftstellerische Tätigkeit. Doch nicht weniger stark prägt sie die spirituelle Landschaft. Als Autorin geistlicher Texte ist sie eine Anlaufstelle für Menschen, die nach Intensivierung ihres Glaubens hungern – oder auch für Menschen, die einen christlichen Dichter suchen. Wohin wendet man sich heute, wenn man keinen Zeitungsartikel, sondern ein Mysterienspiel braucht? Wer schreibt heute für die Kirche einen Hymnus, den man in 30 Jahren noch immer beten kann? Als Dichterin und Nonne nimmt Silja Walter die Sprache in Dienst und betritt quasi die Hintertreppe der Theologie, um in Bildern und Metaphern von Gott zu reden. Sie ergründet des Menschen

erdige Substanz und weiß: Zuunterst im sandgrauen Salz sprudelt der Himmel. Um Silja Walter als wegweisende Gestalt christlicher Spiritualität zu entdecken, ist es sinnvoll, entscheidende Phasen in ihrem Leben und Werk zu beleuchten und das Markante ihrer Spiritualität freizulegen.

1. Im Moos vergraben für Gott

Silja Walter ist 1919 in Rickenbach bei Olten als zweites von 9 Kindern geboren und erhielt den Namen ihrer Mutter «Cécile». Die Eltern, der Verleger und Politiker Otto Walter und seine Frau Cécile Walter Glutz, legten Wert auf eine gut katholische, musikalisch und literarisch geprägte Erziehung. In ihren Kindheitserinnerungen *Der Wolkenbaum*[3] beschreibt Silja Walter eine unbeschwerte, glückliche Kindheit, in der es einem vorkommt, als gehöre auch Gott zur großen Familie dazu. Der Traum, der über dieser Kindheit lag, wurde überschattet durch die immer stärker zunehmende Erkrankung des Vaters.

Die Aufsatzhefte aus der Zeit der Bezirksschule und des Seminars spiegeln ein waches, sensibel empfindendes Mädchen. Mit 14 Jahren schrieb die junge Cécile einen Aufsatz zum Thema «Was sagt mir ein Gedicht» und gab dort ihre innere Situation preis:

> «Das Gedicht ist das Bild der Dichterseele. Je reifer sie ist, desto ausgeprägter treten ihre Züge daraus hervor, desto feiner klingen ihre Regungen. Die Reife gibt ihm Ruhe, Abgeklärtheit, Klarheit. Wie ganz anders muten einem die Verschen eines jungen Mädchens, das vielleicht noch Kind ist, an. Man spürt die suchende, tastende, ruhelose Seele. Ich habe Mitleid mit ihr. Aber helfen könnte ich nicht. Ich suche auch.»[4]

Die suchende, tastende Seele begann, ihr Bild in das Gedicht zu legen, und bald entstanden ihre ersten Gedichte. Sie sind meist situationsgebunden. Die Manuskripte der frühen Gedichte sind mit «Cécile Walter», ihrem ursprünglichen Namen, signiert. Nachdem sie das Buch von Frans-Eemil Sillanpää: «Silja, die Magd»[5] gelesen hatte, auf dessen Werk sie möglicherweise im Jahr 1939 durch die Verleihung des Nobelpreises aufmerksam wurde, übernahm sie diese finnische Form des Namens «Silja» für Cäcilia als Künstlername. Bereits ab 1940 ist in den Manuskripten der Name «Silja» statt «Cécile» unter den Gedichten zu lesen. Mehrfach kommt in den frühen Texten das Motiv des Tanzes vor.

Auf der Bootsbrücke

Ich fuhr aus den singenden Ufern hinaus,
Die reglose Mitte zu finden.
Ich trag in den Knöcheln den Tanz nach Haus,
Und kann die Sandalen nicht binden.

Auch Mitte ist schwingende Diele wie sie,
Die Ufer und Borde und Ränder,
Der Tanz steigt im Gehen mir in die Knie,
Und wirft mir die Hand vom Geländer,
Und packt meinen Nacken, und all meine Ruh
Im Herzen versinkt zwischen Bohlen,
Ich werf meine roten Sandalen dazu,
Ich tanze mit brennenden Sohlen!

Ich tanze verschüttet von Fläche und Licht
Vom Boot über Brücken und Planken,
Und Tanz wird Taumel und Taumel Gedicht –
Und die roten Sandalen versanken.[6]

Das Gedicht vibriert noch von der süßen Taumelei. Es ist selbst wie ein Ausfahren aus singenden Ufern, eine reglose Mitte zu finden. Der Tanz, den die junge Frau in den Knöcheln trägt, steigt ihr über die Knie den Körper hoch, löst ihr die Hand vom Geländer, packt sie im Nacken, bis sie, verschüttet von Fläche und Licht, mit brennenden Sohlen über die Brücken hinaustanzt. Die Riemen der Sandalen lassen sich nicht binden. Mit den Schuhen versinken die Fesseln im See. Die glühenden Sohlen der Tänzerin in den Gedichten haben ihre Spuren auch in der frühen Prosa hinterlassen. Sie schrieb in einer frühen Geschichte (*Monika tanzt*[7]) davon, dass sie «auf den Rändern Gottes» tanzt. An diesen Rändern sieht sie aber auch schon einen Abgrund, die Möglichkeit, mit nur einem kleinen Schritt dorthin zu tanzen, wo Gott nicht ist.

Cécile hatte nach dem Ende ihrer Schulzeit 1938 ein Literaturstudium in Fribourg begonnen und mit dem Studentenleben ganz neue Erfahrungen gemacht.

Wegen einer schwerwiegenden Lungenerkrankung musste sie das Studium nach nur wenigen Monaten abbrechen. Auch ein zweiter Anlauf in der näher gelegenen Stadt Basel war wegen der medizinischen Behandlungen nicht möglich. Ein ganz anderer Ton findet sich nun in ihren Gedichten:

Krank

Ernsthaft beseh ich die Form meiner Hände,
Tage lang spielen sie eckig und schmal
Auf dem gemaserten Holz meiner Wände
Sinnlose Spiele. Das Fenster blickt fahl.

Ein einziger Vogel flattert vorbei.
Lang hör ich den Schlag seiner Flügel,
Und dann einen fern verklingenden Schrei –
Blühen wohl draußen die Hügel?[8]

Der Vogel, dessen Flügelschlag sie nachsinniert, verdeutlicht die psychische Situation in ihrer Erkrankung. Durch die lange Liegezeit auf dem Krankenlager blieb ihr kaum eine Abwechslung außer dem gemaserten Holz ihrer Wände. Für manche Bekannten wurde sie uninteressant, und Beziehungen brachen auseinander. Sie hört ihren eigenen Schrei[9] und weiß nicht mehr, ob draußen die Hügel blühen. Insgesamt 3 Jahre lag sie während der fast 7-jährigen Zeit der Erkrankung im Sanatorium (Leysin). Für Nachdenken war viel Freiraum. Aus ihrem Frühwerk ist eine aufschlussreiche Geschichte mit dem Titel *Stern*[10] erhalten, in der sie beschreibt, wie sie im Sanatorium mit dem Phänomen der Menschwerdung Gottes ringt. Das Schwerste, was sie zu bedenken hatte, war, wie das zusammenginge, «Gott und ich zusammen»; was das Bessere wäre, Gott anzugehören oder der Menschheit. Sie wollte zwar eine Wand auf dem Balkon aufstellen lassen zwischen sich und dem Mädchen «Stern», das im Krankenzimmer nebenan einzog. Aber mitten im Sommer noch nahm Stern «Erde und formte daraus eine kleine Muttergottes, formte in ihren Händen ein süßes, kleines Kind … Was Stern aus Erde geformt hat, eine ganz kleine Weihnacht, das war ihr in die Hände gekommen, weil es ihr Geheimnis war: sein Herz Gott überlassen, damit Er es an die

Menschheit vergeude … O Weihnacht, die in diesem Mädchen Stern aufleuchtete, ehe es selber verlosch!»[11]

In der langen Zeit der Lungenerkrankung geschah etwas mit Silja Walter. Wie Ignatius von Loyola durch seinen Beinbruch nicht nur physisch aus der Bahn geworfen wurde, so schien auch bei der jungen Cécile ein Loch im Atemorgan der Gottesfrage aufgerissen zu sein. Die Unzulänglichkeit und Brüchigkeit des Daseins hatten sie existentiell in die Lehre genommen. «Liefe jetzt das Glück vorüber, Bin ich wieder nicht dabei», so beschrieb sie ihre Situation in einem Gedicht.[12] Sie hatte lernen müssen, dass ihr Glück nicht machbar ist. Im Zusammenhang mit ihren Gedichten fand sie nun zu einer ersten Antwort. Ihr Vater Otto Walter hatte sie – wohl um 1943 – ermuntert, ihre ersten Gedichte zum Druck zu geben. Sie waren anfangs 1944 erschienen, als sie noch im Sanatorium war. Anstatt sich in ihre eigene Kunst zu verlieben und zu verankern, nahm sie ein Exemplar des schönen dünnen weißen Erstlingsbandes und verbrannte es. Es gelang ihr nicht recht. Das Papier wollte nicht brennen. So trug sie die Buchreste in den Wald und vergrub sie. In ihren Kindheitserinnerungen *Der Wolkenbaum* nennt sie den Grund für ihre Handlung. In der Haselhecke unter dem Wolkenbaum ihrer Erinnerung sitzt sie und sieht die Zukunft kommen, sieht:

> «... dass ich eines Abends im Frühling in den Kehrliwald hinaufgehe, ein Loch in den Waldboden grabe und eines der weißen Gedichtbüchlein, nur ganz schmal ist es, das erste, in die Erde unter dem Moos vergrabe, für Gott – das sehe ich genau, das werde ich tun.»[13]

Wie auch immer die Antwort auf ihre Frage nach der Menschwerdung Gottes sein würde: Ihre Dichtung, ihr singendes Wort, auf das die Bewunderer warteten, war zeichenhaft verbrannt und in das Erdreich der Gottesfrage eingegraben. Durch die Erdung, die Humilitas, die Selbsterniedrigung und Enteignung ihres Wortes wurde ihre Dichtung den Gesetzen des Erfolgs entzogen und in den Humus eines großen Mysteriums eingegraben – «für Gott». Mit großer Erwartung hatte man auf die literarische Entwicklung des jungen Talents geschaut. Doch auf ihrem Krankenlager hatte sie erkannt: Nicht der Künstler, nicht der Literat, nicht der Ästhet konnten ihr für ihre Suche nach der Idealgestalt des Menschen genügen. Wer dann?

Ihre veröffentlichten Gedichte hatten Reaktionen ausgelöst. «So sang in der Schweiz noch keine Dichterin», hieß es in einer kurzen Buchbesprechung.[14] Auf das große Echo ihres Gedichtebandes hin wurde sie zu Dichterlesungen eingeladen. Sie kam von den Lesungen mit einem ganz neuen Lebensbewusstsein zurück. Die Krankheit war nun fast überwunden – 1945 wurde sie als geheilt entlassen –, eine Zukunft als Dichterin lag vor ihren Augen. Ein Liebhaber ihrer Dichtung schrieb in einem Brief kurz nach Erscheinen des Gedichtbandes: «Es ist, wie wenn die Dichtung in Person in diesen Gedichten umginge, es ist reine von jeder Bildung unbelastete Dichtung wie das Märchen, reine Poesie, die das Wort, das Bild, die musikalische Kadenz gleich mitbringt.»[15] Das Erfolgsgefühl erfüllte und verunsicherte sie. Vielleicht ist doch der Künstler die Gestalt des Menschen schlechthin? Das Hin und Her endete, als sie von Karl Adam ein Buch über Jesus Christus las. Sie war sich nun sicher: Nicht der Künstler ist der Idealtyp des Menschen, sondern der Gottsuchende, der Heilige.

Von da an ließ die Frage nach dem wahren Menschen sie nicht mehr aus dem Raum der Gottesfrage. Vielleicht hat Karl Adams Kritik an der Emanzipierung des menschlichen Denkens vom schöpferischen Denken Gottes und an der Laisierung der Natur, «als ob die andere Wirklichkeit, die des Übernatürlichen, die Gottes, eine von außen hinzugefügte und eine mehr oder minder zufällige, sekundäre Wirklichkeit sei»,[16] eine in ihren ersten Gedichten schon durchschimmernde Erkenntnis bestätigt. Was sie im Spiel «Dornröschen» verwirklichte, als sie im Königssohn die Figur des Erlösers – Christus – entdeckte und auf dem Urgrund des Märchens ein Mysterium fand, wurde für sie zu einem christlichen Grundgesetz, von dem sie sich fortan leiten ließ und das in ihr glühte: die Erkenntnis, dass es für das glaubende Auge keine rein «laisierte» oder gar säkulare Welt mehr gibt. Alles Geschöpfliche trägt in sich den Hinweis auf den Schöpfer, alles Zeitliche die Ahnung des Ewigen, jede Wunde zeigt weit über sich hinaus auf den Erlöser. In diesem Sinn schrieb sich das Werk Silja Walters weiter, als sei ihr Wort nun selbst ein solcher Hinweis über sich hinaus auf ein größeres Wort.

Nach ihrer Genesung lag das Studium nicht mehr im Blick. Sie arbeitete mit Jugendlichen in der Blauringbewegung, schrieb für sie Theaterstücke und führte diese mit ihnen auf. Wenngleich ihr dies entsprach und sie ein Talent für die Bühne bewies, so war sie sich innerlich doch nicht klar, wie ihre Zukunft aussehen könnte. Sie wandte sich kurz vor Kriegsende an Hans Urs von Balthasar in Basel, um ihn um Rat zu fragen. Er wollte sie mit Adrienne von Speyr in Kontakt bringen, damit sie deren Gemeinschaft kennen lernen könnte, aber sie wehrte ab.

Am Fest der Verklärung 1947 stand sie am Schwarzsee, zu Füßen des Matterhorns, morgens um 5 Uhr, in Decken gehüllt und wartend, um die Sonne über den Schneebergriesen rundum aufgehen zu sehen. Sie hatte bei sich gedacht: «Wenn sie oben steht, rund und strahlend und ganz, muss Jesus mir sagen, wohin ich gehen soll.»[17] Die «Lichthostie» kam. Ihre Frage wurde eine Woche später in der Bergkapelle in Randa in der Messe beantwortet. Bis dahin war in ihr Öde, Leere, Sand. Diesmal tat es sich in ihr nach innen, nach unten auf. Das dreifaltige Wasser-Geheimnis, das in der Taufe eingesenkt wurde, gab sich ihr zu erkennen. Die Anerkenntnis, dieses Geheimnis in sich zu tragen, wird zum

Augenblick der Berufung aus der Taufe. Gut 30 Jahre später artikuliert sie den Zusammenhang zwischen Taufe und Berufung zum Leben als Moniale:

> «Gott ist die Berufung der Moniales. Diese Berufung nennt man die mönchische. Sie entspringt nicht einem ungewöhnlichen religiösen Erlebnis. Sie ist auch nicht das Produkt einer gewissen Erziehung, auch nicht eines Denkprozesses. Niemals ist sie die Folge einer Herzensenttäuschung oder eines Versagens im Beruf. Sie beginnt für die Moniale dort, wo sie auch für den Mönch beginnt: auf durchaus reale und objektive Weise in der Taufe. Denn in der Taufe beginnt das Christsein. Wie der Mönch ist auch die Moniale nichts weiter als der kompromisslose Christ».[18]

Mit ihrem geistlichen Begleiter suchte sie nach einem geeigneten Ort für ihre Berufung. Sie wollte aber nicht in ein Kloster gehen, in dem sie hätte sticken müssen. Sie interessierte sich für einen Karmel, wurde aber wegen ihrer zurückliegenden Lungenerkrankung abgewiesen. Am Passionssonntag 1948 trat sie ins Benediktinerinnenkloster Fahr ein. Die Dichterin verschwand für die Welt in der Klausur des Klosters wie einst der Gedichtband im Erdboden des Waldes. Mit dem Eintritt änderte sich ihr Leben. Sie kam aus der kreativen Freiheit und Sensibilität einer Dichterin in die strenge Klausur und Observanz einer Ordensregel. Und sie erhielt zum dritten Mal einen Namen: Schwester Maria Hedwig. Silja Walter lebt nicht als Nonne Sr. Hedwig im Kloster, sondern sie *ist* diese Nonne.

2. Der monastische Tag

Das Leben der Nonne war anfangs hart wie das Tuch um ihren Kopf:

In der Klausur
hat man ein hartes
weißes Tuch
um den Kopf
zunächst
und die Bäume singen
auch nicht mehr.
Ich möchte meinem kleinen
Bruder sagen

es ist etwas dahinter
verstehst du.

Hinter den Wäschekörben
und Antiphonarien
und hinter der
Dogmatik
dahinter,
da ist etwas.
Hinter den Prozessionen
durch den geweißelten
Kreuzgang
und hinter dem Ganzen
dahinter.

Im Kloster begann für die Dichterin eine Zeit des Schweigens. Die benediktinische Klosterordnung sieht das strenge Stillschweigen vor. Aber nun hatte sich die Ordnung des Silentiums nicht nur um die junge Frau, sondern auch um ihre Dichtung gelegt. Drei Jahre lang war sie verstummt und konnte nichts schreiben. Was hinter ihr lag, galt nicht mehr, was vor ihr lag, war noch nicht. War die dynamische begabte Frau denn ins Kloster gegangen, um ausgelöscht zu werden? War das Eingegrabensein im Humus nicht ein Durchgangsstadium, das für das Weizenkorn notwenig ist, wenn es ans Licht brechen, zur Ähre auferstehen und zu Brot gemahlen werden will? Muss das Weizenkorn nicht sterben, um Frucht zu bringen?

Neue Gedichte und Erzählungen entstanden und brachen das Schweigen. Ende der 60er-Jahre begann eine Phase, in der Silja Walter ihre Existenz als Nonne beschrieb. Insgesamt sind 7 Bücher erschienen, die das monastische Leben zum Thema haben. 1967 schrieb sie die Erzählung über den Weg des Mönches in der Spannung von Schöpfung und Erlösung mit dem Titel: *Der Fisch und Bar Abbas,*[19] 1970 über den Weg der Nonne in: *Der Tanz des Gehorsams oder Die Strohmatte.*[20] Bei beiden Ansätzen führt die Erklärung der monastischen Existenz in die Messe. 1971 folgte eine spirituelle Erklärung des Lebens im Kloster im Büchlein *Das Kloster am Rande der Stadt,*[21] das in der erweiterten Auflage 1980 ergänzt wurde mit dem berühmten *Gebet des Klosters am Rand der Stadt.*

1972 erschien der Roman über den Wüstenweg von Schwester Alle, die stellvertretend für alle Schwestern in allen Klöstern den biblischen Exodus ins gelobte Land erfährt: *Die Schleuse oder Abteien aus Glas*,[22] 1980 erschienen Meditationen über die Benediktregel unter dem Titel *Ruf und Regel*.[23] Meditationen über die Heilsgeschichte der Frauen im Fahr in der Erfahrung biblischer Wirklichkeit von Paradies, Exodus, Bundesschluss, Kanaan, Stadt vom Himmel erschienen 1997 unter der Überschrift *Jemandsland*.[24] Ihr jüngstes Buch über ihr Klosterleben wurde 2005 fertig und liegt unter dem Titel *Regel und Ring*[25] vor.

Exemplarisch sei das Buch *Der Tanz des Gehorsams oder Die Strohmatte* herausgegriffen. Silja Walter beschreibt darin ihren inneren Weg als Nonne, wie sie ihn nach dem Eintritt erfuhr. Das Werk ist entstanden aus einem Protest gegen einen Pater, der den Nonnen im Fahr den gleichen Vortrag hielt wie vorher den Mönchen. Die Nonne gab ihm auf ihre Weise ihre Antwort. Sie schrieb ihren Ansatz in lyrischen Meditationen und wählte das Bild einer dreifarbigen Matte, die den Tag der Nonne – sie nennt sie Gomer – symbolisiert. Rot, Gelb und Blau sind die Farben von Gebet, Arbeit und geistlicher Lesung.

Man darf aber nicht
springen
von rot in rot
zum Beispiel.
Man möchte immer
in rot springen
Rot ist Gebet
Man möchte immer in rot sein
und glühen
sonst nichts
die ganze Zeit
Das darf man aber nicht.
So bringt man den Mönchstag
nicht auf.

Man muss ebenso gern
in die blaue Arbeit

hineinstehen
Die Zuckerrüben sind jedoch
schwer
Ich bringe sie nie
über die Latten
beim Wurf in den Karren
abends im Acker
wegen der kalten Hände auch
vom nassen Kraut
im Oktober

Auf gelb
ist Lesung
und das ist das Schlimmste
von allem
für Gomer.
Gott sagt «Du» zu ihr –
und sie soll sich entschuldigen
sie müsse nun gehen
um ein Buch über ihn
zu lesen.[26]

Die Nonne durchläuft diese Farben, bis sie auslöschen und die Matte nur noch ein dünnes Seil ist. Die Nonne läuft, ja sie tanzt auf dem Seil über dem Abgrund. Das Auslöschen ist ein notwendiger Vorgang. Er entspricht dem, was in der Mystik die Läuterung und Reinigung genannt wird. Eine «schwarze Gnade» hat sich auf ihr Gesicht gelegt. Von der Nonne scheint nur noch eine Kontur übrigzubleiben. Sie erkennt, wie es um sie steht. Wie eine schwarze Gnade wirkt die Erkenntnis an ihr. Sie sieht dabei nicht nur in ihr eigenes Herz, sie sieht auch auf der Dinge Grund. Der Tag ist nur noch ein zerlöcherter Lappen. Das schwarze Licht der Gnade frisst wie eine Säure Löcher in ihr Herz. An der Bosheit ihres eigenen Wesens leidend leidet sie Gottesqual. Nun kann Gott sie in sich hineinreißen und sie sich anwandeln. In der Strahlung Gottes wird sie zur Mutter der Menschen, zur Amme der Welt. Man wird das Buch «Der Tanz des Gehorsams» jedoch nicht ganz verstehen ohne das Vorwort, das Silja Walter vorangestellt hat. Die Nonne, von der sie exemplarisch beschreibt, was sie erlebt, ist nicht eine außergewöhnliche Heilige, sondern ausgerechnet die Dirne Gomer aus dem Buch Hosea.

Gomer ist alle
Alle sind Gomer
ich bin auch Gomer
Diblajims Tochter
eine Nonne ist immer Gomer.
Gomer muss ja doch
zurückkehren
zu ihrem ersten Mann.
Eine Nonne kehrt immer
heim[27]

Das biblische Motiv der Rückkehr der Ehebrecherin zu ihrem Mann wählt die Benediktinerin, um den Weg der Nonne zu deuten. Durch die Aussage: «Gomer ist alle / Alle sind Gomer» wird das Schicksal der Dirne aus dem Buch Hosea zum Schicksal aller erklärt, einschließlich der Autorin: «ich bin auch Gomer». Eine Nonne mit einer Dirne zu vergleichen, scheint aus der Feder einer Nonne ungewöhnlich. In «Die Schleuse oder Abteien aus Glas» kommt das Motiv nochmals, hier wehren sich aber die Mitschwestern im Buch. Sie sind zwar bereit, sich einer Art Korporativpersönlichkeit «Schwester Alle» einzuformen, aber die Einkorporierung in die Dirne, die Schwester Alle ist, geht ihnen zu weit. Indirekt geht diese Provokation Silja Walters auf das Buch Hosea selbst zurück, wo nämlich Hosea auf Befehl Gottes sich die Dirne zur Frau nehmen und Hurenkinder zeugen soll (Hos 1,2). Der Weg der Gomer-Nonne ist biblische Bewegung der Umkehr und führt im Tanz des Gehorsams in die Zusammenhänge von Schöpfung und Erlösung. Der Abfall der Gomer-Nonne von Gott geschah im Abfall der Menschheit von Gott. Die Heimkehr der Gomer-Nonne ist die Heimkehr aller. Im Buch *Der Fisch und Bar Abbas* ist ebenso das Motiv der Rückkehr maßgeblich, diesmal im Einschluss aller in Adam.

Was der einzelne Mönch, was die einzelne Nonne erfährt, wird nicht elitär als Besonderung des Mönchischen gesehen. Für Silja Walter ist es der Weg des

Christen und der Christin. Dieser Weg führt in ein Land, das nicht *etwas* ist, sondern *Jemand*. Er führt in eine Wahrheit, die nicht etwas ist, sondern *Jemand*. Die Wahrheit dieses Jemandslandes erkennt die schreibende Nonne in Gestalt und Gesicht Jesu Christi. Er, der Mensch gewordene Gott, ist jene Idealgestalt, die zu suchen sie aus den singenden Ufern ausfuhr und im Tanz des Gehorsams der Nonne weiter und weiter ausfährt.

3. Das liturgische Jahr

Nachdem Silja Walter mit den monastischen Büchern um 1970 ihre Identität als Nonne zum Ausdruck gebracht hatte, hatte sie auch ihre Sprache ganz und gar wiedergefunden, wenngleich verändert. Das Bild der Dichterseele war nun Abbild eines Urbildes. Das Gedicht ließ den Raum der bloß persönlichen Erfahrung hinter sich zurück und stellte sich in den Dienst der Gotteserfahrung. Die Dichtung bleibt zwar sehr persönlich und trägt die Handschrift Silja Walters, aber sie ist nicht mehr Sprachrohr der Dichterin, sondern durch die Dichterin hindurch Sprachrohr der Menschwerdung Gottes.

Der nachkonziliare Aufbruch in der Kirche wurde für die schreibende Nonne zu einer eigenen Herausforderung. Die Liturgiekonstitution des Zweiten Vatikanischen Konzils hatte für die Erneuerung der Liturgie vorgesehen, «dass die gesunde Überlieferung gewahrt bleibe» und «dennoch einem berechtigten Fortschritt die Tür aufgetan» werden sollte (SC 23). Silja Walter war als Mitglied der poetischen Kommission (POK) mit der Erarbeitung eines muttersprachlichen Hymnars konfrontiert worden. Sie sollte – so von Prälat Johannes Wagner vorgesehen und gewünscht – alte lateinische Hymnen in die deutsche Sprache übertragen. Es zeigte sich jedoch, dass eine Hymnenübertragung, die sich in Vokabular und Grammatik dem lateinischen Original, dazu noch dem Reim und dem Rhythmus verpflichtet weiß, noch nicht ganz den Resonanzkörper der Muttersprache zum Schwingen bringt. Intuitiv spürte das die Dichterin wohl, indem sie sich von den Übertragungen vom Lateinischen ins Deutsche löste und – wiederum in einer Art Protest – freie deutsche lyrische Hymnen schrieb. Von der Sammlung ihrer freien Hymnen konnten 1978 vierzehn ins deutschsprachige «Stundenbuch» aufgenommen werden.[28] Es sind dort nicht die Hymnen Silja Walters, sondern – gekennzeichnet als «zeitgenössisch» – die Hymnen der Kirche. Das bis dahin private Gedicht wurde quasi enteignet zum Hymnus der Kirche, zum «Gebet der Braut, die zum Bräutigam spricht» (SC 84). Die Dichterin gab ihr Wort als Leihgabe an die Kirche. Sie bekommt es jedoch von dort vielfältig wieder zurück.

Die Nacht ist vergangen,
wir schauen erwartend den steigenden Tag
und grüßen dich, Christus.

Schon lockt uns die Taube,
wir horchen, verlangend zu folgen dem Ruf
unseres Herrn und Christus.

Die Nebel entweichen
im Glanze der strahlenden Klarheit und Kraft
des kommenden Christus.

Wir loben den Vater
und preisen im Geiste die Sonne des Heils:
den herrlichen Christus.

Mit den vierzehn freien Hymnen im Stundenbuch hat Silja Walter die Hauptlast der Neuschöpfungen getragen. Kein geringerer als der Eichstätter Professor Friedrich Dörr, der selbst den Großteil der Hymnenübertragungen vom Lateinischen in die deutsche Muttersprache im Stundenbuch geleistet hatte, sah in einem ihrer Hymnen «ein erlesenes Stück moderner Lyrik, in dem gläubige Christuserfahrung und religiöses Welterleben zu einer neuen Schau des ‹Christus in der Welt› oder der ‹Welt in Christus› zusammenfließen».[29] Obzwar die Hymnen nur einen kleinen Teil des Walterschen Werkes ausmachen, kommt ihnen große Bedeutung zu. Hymnen sind ein Ernstfall religiöser Dichtung. Sie verpflichten den Schreiber mit seiner eigenen Stimme außerhalb von Selbstdarstellung zur betenden Auswortung des Wortereignisses schlechthin: «Und das Wort ist Fleisch geworden und hat unter uns gewohnt» (Joh 1,14). Als Zeugen ihrer Zeit spiegeln sie das Glaubensbewusstsein ihrer Zeit und sollen, in den objektiven Raum der Kirche gestellt, dennoch das «Zeitgenössische» überdauern.

Die Hymnen sind nicht der einzige Beitrag der Benediktinerin für die nachkonziliare Liturgie. Mit szenischer und spielerischer Gestaltung von Gottesdiensten versucht sie, die Bewegung des Lebens ganzheitlicher in die Dynamik der Liturgie einzuformen. In ihren Konzepten dreht sich der «Tanz der spielenden Weisheit». Während für sie das Problem der muttersprachlichen Fassung der

Hymnen eine schöpferische Lösung und Sprache fand, rang sie verschiedentlich mit dem Phänomen der deutschen Messliturgie. Ein innerer Protest gegen (obwohl Erneuertes) allzu Formelhaftes lässt sie den Gedichte-Zyklus *Keine Messgebete* schreiben. Dieser Zyklus war der Anfang der literarischen Bemühungen Silja Walters um die nachkonziliare Messe. Als Nonne, die täglich die Messe besucht, genügte es ihr nicht, dass der Ritus erfüllt und «die Gesetze des gültigen und erlaubten Vollzugs beachtet werden», sondern sie suchte nach Möglichkeiten, «bewusst, tätig und mit geistlichem Gewinn daran teilnehmen» (SC 11) zu können. Dabei ersehnte sie in der Participatio Actuosa nicht die Ebene des Machens, sondern der Gotteserfahrung. Die Frage also, wie lebendige Erfahrung in der Messe möglich würde, trieb sie an.

Als die Liturgie noch lateinisch gebetet wurde, verstand der einfache Gläubige nicht alles. Man kannte den Klang der Worte und ahnte, worauf sie verwiesen. Und doch wusste man: Ein Geheimnis wohnt darin, in dem, was ich nicht verstehe. Als der Prozess der Verdeutschung der Liturgie nach dem Zweiten Vatikanischen Konzil zu seinen Ergebnissen gekommen war, betete man deutsch, aber man verstand noch immer nicht alles, ja, vielleicht noch weniger als zuvor. Und das, was man verstand, war plötzlich fremd und nahm einen eigenen Platz ein. Die Freiräume für das private Gebet waren verändert, vielleicht verdrängt worden. Das Tragische war: Das Geheimnis schien fortgegangen. So lässt sich etwa die Erfahrung beschreiben, die in der Dichterin Silja Walter nach Konzilsende brodelte, als sie um 1970 ihren Zyklus «Keine Messgebete»[30] schrieb. Sie verwirft darin die in den Begriffen für sie bald abgegriffenen deutschen Messgebete als liturgische Formeln, um in Form von Liebesgedichten die innere Mitte der Messgebete quasi aus ihrem Trümmerfeld hervorzuholen. Ihre Dialektik löst sie nicht im Denken, sondern im Schauen. Daher lassen sich die Texte auch nicht primär im Denken begreifen. Es sind mystische Texte, die sich mystagogisch erschließen im Schauen und im Hineingehen ins Geheimnis der Messe.

Die Gedichte des Zyklus «Keine Messgebete» sind inspiriert vom Hohenlied der Liebe. Wenn es eine Liebesgeschichte zwischen Gott und dem Menschen gibt, dann muss sie gewiss in der Messe zu entdecken sein. So geht Silja Walter in diesen Gedichten der Struktur der Messe entlang und meditiert sie aus der Perspektive der Liebenden. Christus bietet sich am Kreuz und in der Kommunion aus Liebe an. Indem sie antwortet, geschieht die Liebesgeschichte. Dabei ist diese private Liebesgeschichte nicht etwas, was unandächtig und losgelöst neben der Messe steht und davon ablenkt. Die Messe selbst wird in diesen Gedichten als Liebesgeschichte verstanden. Entlang ihrer Struktur, Dynamik und Dramatik gestaltet sie die Zwiesprache zwischen der Seele und Gott, zwischen der Liebenden und dem Geliebten. Sie setzt von Anfang an eine Beziehung «vom Du ins Du» voraus, eine Beziehung, die schon vorhanden ist und nicht auf einem bestimmten Weg oder in bestimmten Stufen erreicht wird. Daher blockiert die Autorin den Begriff «Introitus», denn man muss nirgendwo eintreten, wenn man «vom Du ins Du» ist. Eine Trennung zwischen sakral und säkular gibt es für sie nicht.

Diese Liebesgeschichte provoziert denn auch gewagte Sprachbilder. Ein paar seien herausgegriffen. Die Autorin verbirgt sich in der Rolle der Liebenden. Sie nennt sich ein «armes Mädchen»; «eine Perlenkette / aus sein / um dich / Erlöser / rundum / Perlen auf / Golddraht / gereiht», «seine / Iris / sein Herz / durchdringende / Anschauerin». Gott erhält viele Namen: «mein Dunkelgänger / mein ewiger Türsteher / mich Packender / Netzwerfer»; «mein Stummer / mein mich immer / umarmender / Nichtda», «toter tosender toter Gott»; «lichtflüssiges / Gottesnichts»; «Feuerlamm aus der Goldstadt» «Schimmerfisch im Nachtgrund der Seele»; «mein Verbrecherfisch / mein vierfach gehängter / mein fünffach durchbohrter / Geliebter» «mein Herz / meine Iris / durchdringender / Anschauer», «mein Fürst». Die Beziehung zwischen beiden kommt zum Ausdruck einerseits im Unverhältnis der beiden Liebenden: «Ozean / in meinem wind- / schiefen Zelt»; «lichtflüssiges Gottesnichts / über die Herdasche her / worinnen ich liege»; «einen ganzen Teller / voll gemahlenes Nichts / in deinem Feuer / geröstet». Andererseits spricht aus den Texten auch Ebenbürtigkeit und Ebenbildlichkeit: «vom Du ins Du», vom «Anschauer» zur «Anschauerin», «wir sind doch zwei Ewige», bis in die Ein-heit: «wir sind doch ein Ewiges». Ein Störfaktor in der Beziehung sind Phänomene des «Dazwischen». Dazu gehören ganz natürliche Gegebenheiten wie die Sonne und das All – also die Schöpfung. Sie fordert ihren Geliebten auf: «nimm sie weg», denn sie haben keine Funktion, keinen Dienst mehr im Zueinander von Anschauer und Anschauerin. Wenn schon der Kyrios, der Herrliche, ihr Geliebter ist, dann soll er auch die Sonne wegnehmen, die zwischen ihm und ihr noch rundrast. Die Liebende sucht nach Unmittelbarkeit und reiner Zugänglichkeit. Explizit weigert sie sich, ein Dazwischen zwischen ihm und ihr zu akzeptieren – zwischen seinem Lächeln und ihrem Zweifel. Es ist weggenommen. «Es gibt kein Dazwischen mehr / zwischen dir und mir».

Dazu kommt die Paradoxie im Gottesbegriff. Ein «mich immer umarmender Nichtda» ist ein Daseiender, der selbst im Nichtda noch das Immer der Umarmung zurücklässt. Ein Ausdruck wie «toter tosender toter Gott» hat unvereinbare Gegensätze in sich. «Toter Gott» ist ein problematischer Ausdruck für einen Gott, der das Leben schlechthin verkörpert. Dann wiederum ist er tosend, also vor Leben brausend, in den Ohren tönend. Selbst in der Negation dieses Gottes bliebe sein Tosen zurück im Ohr.

Vielleicht ist es die Stärke der Dichtung gegenüber der Theologie, die Unmittelbarkeit bedenkenlos zu wagen. Vielleicht ist es auch der Primat des schauenden Glaubens gegenüber der denkenden Vernunft, wenn man die ‹Käfigtüre versehentlich offen stehen› lässt und die ‹Anbetungsgebete alle entweichen›.[31] Der Protest gegen das Rituelle führt nicht vom Geheimnis weg, sondern durch den Ritus hindurch ins Geheimnis hinein. Mit ihrem Zyklus «Keine Messgebete» hat Silja Walter versucht, durch die Pflöcke, die sie durch die deutschsprachige Messliturgie in ihren Erfahrungsraum gesetzt empfand, am Wächter des Ordinariums vorbei hindurchzuschlüpfen.

4. Ein zeitloses Gottesspiel

Wenn das Gefäß des Gedichtes zu klein wird und das dicht Eingefaltete zur Ausfaltung drängt, schafft sich das Wort eine Bühne, auf der es sich ausspielen will. Das dramatische Werk Silja Walters umfasst beinahe ein Drittel ihres Gesamtwerkes. Jedoch ist der Gesang des Lyrischen in der Dramatik nie ganz verstummt. Charakteristisch für Silja Walters Dramatik ist das «spirituelle Theater»: Die eigentliche Bühne liegt hinter der sichtbaren Bühne, die eigentliche Wirklichkeit hinter der Wirklichkeit. Wieder ist es die Gottesfrage, die sich wie ein roter Faden durch die Texte zieht – sie spielt gleichsam Regie in der Dramatik. In ihren Schauspielen gibt Silja Walter das Risiko des Künstlers preis: «Das ist das Risiko des Künstlers. / Er kann nicht mehr unterscheiden / zwischen Vision und Realität.»[32] Vision und Realität fallen im Mysteriendrama Silja Walters ineins. Der Künstler darf der geschauten Realität nicht äußerlich bleiben, er muss in sie eintreten. Seine Vision muss die Wahrheit der Realität aushalten und auskosten, und sei es im Martyrium, wie es die Tänzerin Susej im Schauspiel *Sie kamen in die Stadt*[33] durchlebt. Sie erfährt die Umgestaltung in Christus, die sich bis in die Umkehr ihres Namens hinein ausleibt: Susej – Jesus. In Susej fallen dann die Künstlerin und die Heilige ineins.

Das Christusereignis als Heilsspiel Gottes in der Welt findet in zahlreichen Spielen Silja Walters eine Bühne. Als Schauspiel des großen Mysteriendramas Gottes mit dem Menschen bringen sie Heilsgeschichte und Zeitgeschichte auf der Theaterbühne zusammen. Die großen Schauspiele sind: *Jan, der Verrückte* (bzw. *Jan der Idiot*), *Der achte Tag, Sie kamen in die Stadt, Der Engel, Stadt ohne Tod, Ich bin nicht mehr tot.*[34]

Innerhalb der Dramatik ist Silja Walter Fachfrau für ein eigenes Genus von Spiel geworden.[35] Sie sollte Chronikspiele schreiben, doch die Historie allein inspirierte sie nicht: «Wenn man eine Nonne um ein Chronikspiel bittet, muss man damit rechnen, dass man ein Mysterienspiel erhält»,[36] erklärt sie in einem Brief an einen Regisseur. Indem sie statt eines Chronikspiels ein Mysterienspiel schrieb, setzte sie sich ab von einer Deutung von Wirklichkeit, die nur nach dem faktisch Greifbaren, Messbaren, Datierbaren fragt. Der Säkularisierung bzw. Entsakralisierung des Wirklichkeitsverständnisses setzt sie fast gattungsmäßig ihre Zielführung der Entprofanisierung entgegen. Sie entlehnt aus einer alten Tradition einen Begriff – Mysterienspiel – und formt ihn weiter. Die geschichtlichen Konturen und Figuren erhalten einen übergeschichtlichen Bezugspunkt, einen neuen Anfang, eine neue Mitte, ein neues Ende. Die Dramatik Silja Walters kann nur im Christodrama verstanden werden. Ortsgeschichte wird transparent auf Heilsgeschichte für den, der glaubt. Im Krétin kann dann der wahre Chrétien verborgen und ansichtig sein (*Der Friedheimmax oder Die Mauer ist offen*). Solcher Auswechslung, die keine Verwechslung, sondern im Grunde prophetisch ist,[37] bedient sich Silja Walter häufig, um die Trennlinie zwischen Vordergrund und Dahinterwirklichkeit zu durchbrechen. In den Mysterienspielen ist es meist der Narr oder der Arme im Geiste, der, durch Sand und Wasser des Zeitenflusses durchschauend (*Taube über Neuenhof*), vom Geheimnis der Erlösung ergriffen ist und so, leidend, sterbend, zum Erlöser für andere wird. Der Fluchtpunkt dieser Spiele liegt in der Christodramatik: In der Hingabe eines Gottes, der Mensch wird und den Weg des Menschen zu Ende geht durch den Tod hindurch. So sind diese *Mysterien*spiele, selbst darin im Fluss aus dem aufgerissenen Herzen (vgl. Joh 19,34), «sakramentale» Spiele. Sie sammeln gleich einem Instrument der spielenden Kirche das, was konkret auf der Bühne von Ort und Zeit sich abspielt, ein in jenes Mysterienspiel, das von Ewigkeit zu Ewigkeit geschieht.

5. Zuunterst sprudelt der Himmel

In einer Zeit, in der der Mensch dominiert wird von den Gesetzen von Wirtschaft, Politik, Medien und gentechnischer Machbarkeit, ist es eine Seltenheit und doch eine Notwendigkeit, der Stimme christlicher Dichtung Raum zu geben. Christliche Dichtung ist nicht marktorientiert. Sie hat eine innere prophetische Verpflichtung. Sie stellt das Bild des Menschen nicht her, sondern empfängt es. Für viele Zeitgenossen sind Vokabular und Grammatik des christlichen Glaubens zu einer Fremdsprache mutiert. Das christliche Wortbild ist unleserlich geworden. So hat es auch die christliche Dichtung nicht leicht. Sie darf nicht ablassen von ihrer Suche nach der Wahrheit, wenn sie glaubwürdig sein will.

Hatte einst die junge Silja Walter ihr Ziel, Künstlerin zu werden, verworfen, so hat sie inzwischen doch ein umfangreiches Kunstwerk geschaffen. Der für Gott vergrabene erste Gedichteband ist aus dem Waldboden hervorgewachsen und trägt wie ein Baum Frucht. Was sie schrieb und schreibt, ist nicht Kunst um der Kunst willen. Das Wort der Dichterin ist mehr als der Ausdruck ihrer selbst. Das Wort entschlüpft ihr sozusagen in den Ernst einer Wahrheit und in den Glanz einer Schönheit, die aufzubringen sie selbst nicht in der Lage wäre.

Wer ihre Texte liest, stellt manchmal die Frage, ob sie eine Mystikerin sei. Silja Walter sträubt sich dagegen, dass man ihr Werk oder ihre Person vorschnell mit dem Wort «Mystik» in Zusammenhang bringt. Ihre Skepsis gegenüber der Mystik, verbunden mit Assoziationen an seltsame Phänomene, lässt sich veranschaulichen durch eine Erinnerung an ein Wort ihres «Onkel Domkaplan», Alfons Glutz, Kaplan in Solothurn. Er war für sie eine der spirituell prägendsten Personen von früher Kindheit an.[38] Onkel Domkaplan hatte ihr erzählt, er habe vor dem Haus eine Tanne gepflanzt. Damit die Tanne gut gedeihe, habe er ihr sehr viel Mist gegeben. Daraufhin sei die Tanne eingegangen. So ähnlich verhalte es sich mit der «Mistik».[39] Einerseits betont Silja Walter in Gesprächen immer wieder, dass sie keine Mystikerin im Sinne einer außergewöhnlichen Gottesbeziehung, sondern eine Christin ist.[40] Auf der anderen Seite erfährt man sie als eine Christin, in der ein Feuer für Gott lodert, das nie müde wird, nie zaghaft, nie zaudernd, nie launisch – aber doch leidenschaftlich, intensiv, aufs Ganze gehend. Ihre Anliegen der Vertiefung des Christlichen hat sie selbst mit einem berühmten Wort von Karl Rahner konkretisiert, in dem sie quasi ihre Ablehnung der Mystik relativiert und auf den Kopf stellt. In einem Zeitungsbeitrag nimmt sie zum Phänomen Mystik Stellung: «Mystik ist modern geworden. Man redet in aller Welt von Mystik... Bald taufen sich sämtliche Lebensbereiche mit irgendeinem ‹Mystikum›, einem Numinosum, einer esoterischen Lichtformel. Wirtschaft, Sport, Technologie, Mode, Ernährungswissenschaft... Was geht da vor? Ist es ein hilfloser Versuch, der totalen Vermaterialisierung des Menschseins, des Lebens in ein Überwirkliches zu entkommen? Flucht in das ‹Andere›, in das Dahinter hinter der Weltwirklichkeit?» Dann hinterfragt sie das Christentum nach Definition und Deutung von Mystik und landet bei einem schwierigen Exkurs von Karl Rahner, aus dem sie erleichtert folgert: «Immerhin, wichtig scheint mir, Rahner ordnet unsere Mystik unter ‹normaler christlicher Glaubenserfahrung› ein.»[41] Mit ihrem Bezug auf Karl Rahner kann Silja Walter ihren Mystikbegriff von Vorstellungen des Besonderen befreien und in der Ebene des Wesens, nicht des Grades verankern.[42] Mit ihm ist sie einig, wenn man unter Mystik nicht seltsame Phänomene wie Levationen versteht, sondern echte Gotteserfahrung aus der Taufe, «dass der Christ der Zukunft ein Mystiker sei oder nicht mehr sei.»[43]

Silja Walters Dichtung spiegelt ihre spirituelle Biografie. Zuunterst sprudelt der Himmel. Was sie in der Bergkapelle als dreifaltiges Geheimnis im Grundwasser ihrer Taufe erkannt hatte, schimmert als Wasserzeichen in ihrer Dichtung hindurch. Sie kennt vieles von dem, was den modernen Menschen bewegt. In ihren Schauspielen hat sie dies sehr bewusst aufgegriffen, indem sie aktuelle Motive einbringt wie Asylsituation, Vergewaltigung, Krieg. Mit den Menschen in der Welt leidet sie an der Abwesenheit Gottes und kratzt sich daran blutig. «Abwesenheit ist / dein Wesen / darin finde ich dich / Die Nägel / meiner Sehnsucht / bluten vom Kratzen / an den Eismeeren / der Welt / Verkohlt ist die Sucht / meiner Suche / in seiner Kälte / Aber da bist du / darin / seit das Kind schrie / bei den Schafen / und brennst / lichterloh / zu mir».[44] Sie teilt die Not der Welt, und doch erdrückt diese sie nicht. «Zuunterst im silbernen Wassergrund, tief unterm Sehn und Verstehn», zuunterst im dreifaltigen Wassergeheimnis ihrer Berufung, sieht sie die Weihnacht, sieht Gott im Menschen ankommen. In einer Bildbetrachtung zu einem Relief am Sockel der Marien-Halbfigur im Churer Dommuseum hat sie dieses Geheimnis in ein Gedicht gemalt.

Zuunterst im silbernen Wassergrund
tief unterm Sehn und Verstehn,
ruht schon der Himmel in dir,
Mensch.
Spielt er sein Heilspiel mit dir,
Mensch
schließt er die Hochzeit mit dir,
Mensch.
Zuunterst im Grund.

Zuunterst im silbernen Wassergrund,
tief unterm Sehn und Verstehn,
kommt der Erzengel zu dir,
Mensch.
Ist Gottes Geburt in dir,
Mensch.
Ist ewige Weihnacht in dir,
Mensch.
Zuunterst im Grund.

Schau in den Wasserspiegel hinein,
Mensch.
Du hast alles in dir:
den Hirten, den König, den Stern
und das Tier.
Hingerissen vom Kind,
deinem herrlichen Herrn,
von dem sie gezogen sind,
wollen sie hinknien in dir,
Mensch,
und
wie Maria es anschaun,
zuunterst im Grund.[45]

Ihr weihnachtlicher Glaube lässt sie durch den Drahtverhau der Not schon in die Auferstehung hindurchkriechen: «Seit du mich anschaust / krieche ich / samt meinem Drahtverhau / worin ich hänge / zerfetzt / unter deinen Augen / durch / in deine Auferstehung.»[46] Sie schaut im Glaubensdunkel der Augen aus nach dem Mensch gewordenen Gott, der schon da ist und noch kommen wird. In ihrem wohl berühmtesten Gedicht, dem *Gebet des Klosters am Rand der Stadt*, gibt sie Zeugnis von ihrem Ausschauen. «Jemand muss dich kommen sehen», so sieht sie ihren Auftrag als gottsuchende Frau. Doch nicht nur die Nonne, auch ihre Dichtung selbst ist diese Jemand-Frau, die adventlich wartend sagt: «Jemand muss dich kommen sehen». Da schaut die Dichtung durch die Sprachgitter ihres Hauses, durch das Alphabet und die Grammatik, durch Reim und Rhythmus hindurch, um das Mensch gewordene Wort kommen zu sehen. Sie späht durch die Gitter der Geschichte, um ihren innersten Sinn als Heilsgeschichte, als Geschichte des Mensch gewordenen Gotteswortes mit den Menschen zu entdecken. Sie wacht an der Brücke des Unsagbaren, um seine Ankunft zu melden. Sie hält durch die Gitter von Unsichtbar-Sichtbar seine Abwesenheit aus, ohne an seinem Kommen zu zweifeln. Sie muss seinen Tod aushalten und dennoch singen. Als solche wird die Dichtung, aus dem Erdboden des Glaubens wundersam hervorgebrochen, zur singenden Grenzgängerin zwischen Himmel und Welt.

Gebet des Klosters am Rand der Stadt

Jemand muss zuhause sein,
Herr,
wenn du kommst.
Jemand muss dich erwarten,
unten am Fluss
vor der Stadt.

Jemand muss nach dir Ausschau
halten,
Tag und Nacht.

Wer weiß denn, wann du kommst?

Herr,
jemand muss dich kommen sehen
durch die Gitter
seines Hauses,
durch die Gitter –

durch die Gitter deiner Worte,
deiner Werke,
durch die Gitter der Geschichte,
durch die Gitter des Geschehens
immer jetzt und heute
in der Welt.

Jemand muss wachen,
unten an der Brücke,
um deine Ankunft zu melden,
Herr,
du kommst ja doch in der Nacht,
wie ein Dieb.

Wachen ist unser Dienst.
Wachen.
Auch für die Welt.
Sie ist oft so leichtsinnig,
läuft draußen herum
und nachts ist sie auch nicht
zuhause.
Denkt sie daran,
dass du kommst?
Dass du ihr Herr bist
und sicher kommst?

Jemand muss es glauben,
zuhause sein um Mitternacht,
um dir das Tor zu öffnen
und dich einzulassen,
wo du immer kommst.

Herr, durch meine Zellentüre
kommst du in die Welt
und durch mein Herz
zum Menschen.
Was glaubst du, täten wir sonst?

Wir bleiben, weil wir glauben.
Zu glauben und zu bleiben
sind wir da, draußen,
am Rand der Stadt.

Herr,
und jemand muss dich aushalten,
dich ertragen,
ohne davonzulaufen.
Deine Abwesenheit aushalten

ohne an deinem Kommen
zu zweifeln.
Dein Schweigen aushalten
und trotzdem singen.
Dein Leiden, deinen Tod mitaushalten
und daraus leben.
Das muss immer jemand tun
mit allen anderen
und für sie.

Und jemand muss singen,
Herr,
wenn du kommst!
Das ist unser Dienst:
Dich kommen sehen und singen.
Weil du Gott bist.
Weil du die großen Werke tust,
die keiner wirkt als du.
Und weil du herrlich bist
und wunderbar,
wie keiner.

Komm, Herr!

Hinter unsern Mauern
unten am Fluss

wartet die Stadt
auf dich.

Amen.[47]

1 In: Die Feuertaube. Neue Gedichte. Für meinen Bruder. Zürich 1985; GA (= Silja Walter Gesamtausgabe, Fribourg 1999 ff) VIII, 87.
2 Silja Walter, Die ersten Gedichte. Olten 1944; GA I.
3 Silja Walter, Der Wolkenbaum. Meine Kindheit im alten Haus. Olten 1991; GA VI.
4 Aufsatzheft in der Seminarschule in Menzingen, 1933–1934.
5 Frans-Eemil Sillanpää, «Silja, die Magd» (Leipzig 1932). Das Gedicht *Nachts* vom Mai 1940 (GA I, 56) ist bereits unterzeichnet mit dem Namen «Silja» Walter.
6 GA I, 25.
7 GA I, 116–139.
8 GA I, 51; April 1939.
9 Ähnlich auch das Gedicht *Nachts* von 1940: «Nachts hör ich mich selber schrein... Ich erwach an meinem Schrei.», in: GA I, 56.
10 Silja Walter, Stern, GA I, 140–153. «Stern» ist der Name einer kranken jungen Frau.
11 Ebd. 152.153.
12 In: *Nachts*, GA I, 56.
13 GA VI,168–169.
14 In: Der Morgen, 24. Januar 1944, zitiert nach Dr. Steinberg, Zürich.
15 Brief vom 3. 2. 1944.
16 Karl Adam, Jesus Christus. Augsburg 1939, 31.
17 Das Herz betet von selbst. Glaubenserfahrung. Fribourg 2004 (GA VII, 21–78, hier: 34).
18 Das Kloster am Rande der Stadt. Der Tag der benediktinischen Nonne. Mit Beiträgen von Georg Holzherr, Hilarius Estermann, Raphaela Rast. Mit Zeichnungen von Hanny Fries. Zürich 1971 (Erweiterte Fassung: Zürich [2]1980; GA II, 431–463, hier: 436).
19 Der Fisch und Bar Abbas. Erzählung. Zürich 1967 (GA II, 17–76).
20 Der Tanz des Gehorsams oder Die Strohmatte. Mit Illustrationen der Autorin. Zürich 1970 (Neuausgabe: Fribourg 1996; GA II, 77–145).
21 Ebd.
22 Die Schleuse oder Abteien aus Glas. Ein Roman. Zürich 1972 (GA II, 147–282).
23 Ruf und Regel. Erfahrungen des Glaubens im benediktinischen Kloster. Mit Illustrationen der Autorin. Zürich 1980 (Neuausgabe: Der Ruf aus dem Garten, Fribourg 1995; GA II, 283–427).
24 Jemandsland. Der Heilsweg des Menschen (zus. mit Michaela Puzicha/Juliane Juchli). Mit Farbbildern von Silja Walter. Fribourg 1997 (Erstveröffentlichung: Die Heilsgeschichte der Frauen im Fahr (FS für Abt Holzherr), 481–487, Fribourg 1997; GA II, 463–473).
25 Regel und Ring. Betrachtung, Erfahrung. Paulusverlag 2005 (GA X, 79–146).
26 GA II, 103–104.
27 GA II, 81.
28 *Die Nacht ist vergangen*; *Du Türe zur Herrlichkeit*; *Du Wort, das der Vater spricht*; *Eine große Stadt ersteht*; *Erwacht und singt in der Nacht*; *Erwartet den Herrn*; *Es fiel das Feuer des Herrn in dich*; *Geheimnis seiner Herrlichkeit*; *Geist des Vaters und des Sohnes Jesu Christ*; *Herr, du hast die Welt gestaltet*; *Jordan, sing*; *Während du betest, Herr*; *Was habt ihr gesehen in jener Zeit*; *Wo lagerst du mit deiner Herde*, in: Die Feier des Stundengebetes. Stundenbuch. Für die katholischen Bistümer des deutschen Sprachgebietes. Authentische Ausgabe für den liturgischen Gebrauch, hg. im Auftrag der Deutschen und der Berliner Bischofskonferenz, der Österreichischen Bischofskonferenz, der Schweizer Bischofskonferenz sowie der Bischöfe von Luxemburg, Bozen-Brixen, Lüttich, Metz und Straßburg, I–III, Einsiedeln 1978.
29 Friedrich Dörr, «Preisungen und Gebete». Eine kostbare Zugabe zum Hymnar des «Stundenbuch», in: Rainhard M. Hübner/Bernhard Mayer/Ernst Reiter (Hrsg.), Der Dienst für den

Menschen in Theologie und Verkündigung. Festschrift für Alois Brems, Bischof von Eichstätt, zum 75. Geburtstag (Eichstätter Studien, NF 13). Regensburg 1981, 389–403, hier 402.

30 Der Zyklus *Keine Messgebete* ist erstmals veröffentlicht in: Gesammelte Gedichte (neue, ergänzte Aufl.), Zürich 1972, 72–96; der Nachdruck in: Die Feuertaube. Neue Gedichte. Für meinen Bruder. Zürich 1985, 37–62 ist nicht ganz identisch: Die Texte *Zwischengesang* und *Offertorium* fehlen, *Zerstreuung II* ist nach *Credo* eingefügt (GA VIII, 53–75).

31 «Anbeten / nur noch anbeten / nichts mehr sonst / gewiss / meine Anbetungsgebete / sind mir aber alle / entwichen // Ich ließ aus Versehen / den Käfig / offen stehn / da waren sie weg / und flatterten / schon / übers Dach / Bloß einen Augenblick / legte ich mein Gesicht / in dich / ich versichere dir / einen Augenblick / bloß // Sie sangen noch / und beteten etwas / zurück / dann waren sie weg / Was willst du / geschehn ist geschehn / vielleicht / fängt sie einer / im Netz / überm Fluss / lass sie / jetzt stört uns doch endlich / nichts mehr / von Ewigkeit / zu Ewigkeit / Amen», in: GA VIII, 68–69.

32 Aus: Stadt ohne Tod, GA III, 157–197, Zitat: 168.

33 Sie kamen in die Stadt. Schauspiel. Zürich 1982 (GA III, 449–513).

34 Das Hörspiel *Ich bin nicht mehr tot*, Zürich 1974 (GA III, 249–304) wurde zum Schauspiel umgearbeitet, Manuskript 2004.

35 GA IV–V.

36 Vgl. GA IV, 9.

37 Vgl. zu Silja Walters Buch *Die Schleuse oder Abteien aus Glas*: Karl Heinz Zeiß, Propheten verwechseln nichts. Aktuelle Probleme dichterisch verfremdet. Über Silja Walter, in: Christ in der Gegenwart 25 (1973) 277–278.

38 Alfons Maria Glutz lebte von 1886–1954. In den Kindheitserinnerungen *Der Wolkenbaum* berichtet Silja Walter von seiner Ausstrahlung, vgl. GA VI, 124–126.

39 Mündliche Erzählung Silja Walters im Gespräch mit der Referentin am 31. April 2005 in Einsiedeln.

40 Interview Silja Walters am 30. 12. 1991 mit der Referentin in Kloster Fahr, Tonkassette, Privatbesitz.

41 Silja Walter, Mystik, christlich, in: Aargauer Zeitung, 17. 11. 2000.

42 «Die Mystiker sind nicht eine Stufe höher als die Glaubenden, sondern Mystik in ihrem eigentlichen theologischen Kern ist inneres, wesentliches Moment des Glaubens, nicht umgekehrt (...). Die Initiation in das Christentum ist im Grunde genommen Initiation in die Mystik ...», in: Karl Rahner, Horizonte der Religiosität. Kleine Aufsätze, hg. von G. Sporschill. Wien 1984, 24, zitiert nach Alois M. Haas, Mystik als Aussage, Erfahrungs-, Denk- und Redeformen christlicher Mystik. Frankfurt a. M. 1996, 69; siehe dort auch die Auseinandersetzung mit der Position Hans Urs von Balthasars, 62–69.

43 Karl Rahner, Zur Theologie und Spiritualität der Pfarrseelsorge, in: Schriften zur Theologie XIV. Zürich 1980, 148–165, hier: 161. Die frühere Formulierung heißt: «Der Fromme von morgen wird ein ‹Mystiker› sein, einer, der etwas ‹erfahren› hat, oder er wird nicht mehr sein, weil die Frömmigkeit von morgen nicht mehr durch die im voraus zu einer personalen Erfahrung und Entscheidung einstimmige, selbstverständliche öffentliche Überzeugung und religiöse Sitte aller mitgetragen wird», in: Karl Rahner, Frömmigkeit früher und heute, in: Schriften zur Theologie VII. Einsiedeln 1966, 11–31, hier: 22.

44 Aus: Die Feuertaube, GA VIII, 90.

45 Silja Walter/Stefan Wey, Churer Marienbuch. Chur 1988, 81.

46 Aus: Die Feuertaube, GA VIII, 90.

47 GA II, 460–462.

Thomas Wittkowski-Baumann

Jean Vanier und die Arche – Portrait aus der Nähe

Seit 1990 bin ich Mitglied in einer der weltweit rund 130 von Jean Vanier inspirierten Archen. Diese Archen sind Lebensgemeinschaften mit «geistig behinderten» und «nicht behinderten» Menschen. Meine Begegnungen mit Jean und die Erfahrungen in meiner Gemeinschaft, der 1985 von Pater Hans Schaller SJ initiierten Arche «Im Nauen» in Hochwald und Dornach nahe Basel,[1] sollen ein wenig in dieses «Portrait aus der Nähe» hineinspielen dürfen.

1. Eine erste Annäherung: der Preis Paul VI.

Am 19. Juni 1997 wurde Jean Vanier der internationale Preis Paul VI. verliehen, eine alle fünf Jahre verliehene Auszeichnung für Personen, die sich in besonderer Weise für eine religiös inspirierte Kultur engagieren. Vanier steht damit in einer Reihe mit so anerkannten Theologen wie Hans Urs von Balthasar und Oscar Cullmann, mit dem Komponisten Olivier Messiaen und dem Philosophen Paul Ricœur. Ich möchte den Ablauf der Preisverleihung[2] im Sinne einer Einstimmung an den Beginn dieses Artikels stellen, da dieses Ereignis sehr sprechend für die Persönlichkeit Jean Vaniers ist. Es wird auch deutlich werden, warum mein Beitrag nicht allein von ihm handeln kann. Er selbst sieht seinen Lebensweg wie seinen Glauben in engstem Zusammenhang mit der Arche.

Die festliche Übergabe des Preises findet in einem prunkvollen Saal im Innern des Vatikans statt. Vanier wird für diesen Anlass von einer ganzen Reihe von Freunden begleitet, darunter auch geistig behinderte Menschen wie etwa Raphaël Simi und Philippe Seux, die mit Jean die erste Hausgemeinschaft der Arche begründeten, oder auch Fabio, Armando und Lucia aus der Arche «Il Chicco» in Ciampino bei Rom; die beiden letztgenannten sind geistig wie körperlich schwer behinderte junge Erwachsene im Rollstuhl. Beim Betreten des Saales, in dem sich über 200 Personen eingefunden haben, wird schnell klar, dass für die Gruppe um Vanier nicht genügend Sitzplätze in der vorderen Reihe zur

Verfügung stehen. Jean winkt dennoch allen zu, mit ihm zu kommen, und so steht dann die Mehrzahl von ihnen vorne gegen die Wand gelehnt. Für die auf Disziplin und gediegenes Verhalten achtenden Ordnungshüter im Saal ist dies ein sehr schwieriger Anblick, und sie versuchen klar zu machen, dass hinten im Saal noch Sitzplätze für sie bestimmt seien. Insbesondere bei den behinderten Begleitern Vaniers löst dieses Ersuchen einige Verwirrung aus. Was sollen sie da hinten, wenn Jean doch vorne ist? Die Ordner kommen sichtbar an ihre Grenzen, weil sie nach ihren deutlich formulierten Aufforderungen nur ratlos angeschaut werden und keiner sich bewegen will. Vanier wendet sich schließlich an Kardinal Etchegaray, der diplomatisch dafür sorgt, dass noch weitere Stühle nach vorne gebracht werden. Als spürbar wird, dass Papst Johannes Paul II. sich dem Saal nähert, stimmt die Vaniergruppe einen frohen Hallelujaruf an. Erschöpft und müde wirkend lässt sich der Papst in einen Armstuhl sinken. Während der anschließenden offiziellen Reden schaut er immer wieder zu den behinderten Archemitgliedern hinüber und betrachtet sie. Es wird erläutert, dass Vanier den Preis für seine christliche Anthropologie erhält, die gleichsam ein versöhnender Brückenbau zwischen Spiritualität und gesellschaftlicher Kultur sei. Eine Formulierung Pauls des VI. aus seiner Sozialenzyklika Populorum Progressio von 1967 wird mehrmals zitiert: Jeder Mensch solle ein volles menschliches Leben führen können (vgl. Populorum Progressio 47). Vaniers Einsatz für Menschen mit Behinderungen erscheint als authentisches Lebenszeugnis für diese Aussage.

Dann ist Jean an der Reihe. Er legt seine vorbereitete Rede beiseite und spricht frei: «Heiliger Vater, zunächst möchte ich Ihnen sagen, dass ich sehr gerührt bin. Man hat mich gebeten, nicht zu lange zu sprechen, weil Sie müde sind. Und Sie sehen tatsächlich müde aus. Auch von Jesus wissen wir, dass er müde sein konnte und sich ausruhen musste. Etwa am Jakobsbrunnen, als er die Samariterin traf. Er hat sich dort nicht gescheut, sie um ein Glas Wasser zu bitten. In der Gegenwart dieser ihm völlig unbekannten Frau, die innerlich zerbrochen ist und keinen guten Ruf hat, kommt Jesus wieder zu Kräften. Oft sind es die Armen, ja die Ärmsten der Welt, die uns stärken und erfrischen.» In diesem Moment setzt sich der Papst in seinem Armstuhl auf und lächelt Jean zu. Er hört seiner Ansprache mit großer Aufmerksamkeit zu. «Als ich 1964 begann, mit Raphaël und Philippe zusammenzuleben, hätte ich nie geglaubt, dass wir 33 Jahre später alle drei hierher fahren würden, um diesen Preis zu empfangen. Dieser Preis ist eine Ehre für alle Archemitglieder. In seinem Vergleich der Kirche mit dem menschlichen Leib sagt Paulus, dass die schwächsten und unansehnlichsten Glieder für den Leib sehr nötig sind und geehrt werden müssen.» Nachdem er einige Gedanken aus seiner vorbereiteten Rede kurz vorgestellt hat, kommt er zum Schluss. «Heiliger Vater, ich habe Ihnen drei Dinge mitgebracht. Zunächst eine

Dokumentation über Georges und René Petit, die lange Zeit in einem unserer Häuser gelebt haben. Wir sind überzeugt, dass sie heilig sind. Es wäre wundervoll, wenn die Kirche offiziell die Heiligkeit von behinderten Menschen anerkennen würde. In der zweiten Dokumentation geht es um die Ökumene. Wir sind sehr zufrieden mit den Initiativen, die Sie persönlich in diesem Bereich ergriffen haben. Wie Sie wissen, können schwerstbehinderte Menschen nicht verstehen, warum wir nicht alle eingeladen sind, am gleichen Tisch zu kommunizieren. Zuletzt habe ich Ihnen den Text meiner heutigen Rede mitgebracht.»

Nachdem der Papst seine Rede verlesen und den Segen gespendet hat, geht Jean Vanier zu ihm hin: «Heiliger Vater, ich möchte Ihnen die Lieblinge Jesu vorstellen.» Er nimmt ihn am Arm, führt ihn zu seinen Begleitern, und der Papst begrüßt jeden mit einer persönlichen Geste. Nach dem abschließenden Gruppenfoto verabschiedet sich der Papst. Die Preisträger stimmen das Taizé-Magnificat an. An der Türschwelle dreht sich Johannes Paul II. nochmals um und ruft ihnen zu: «Führt die Kirche ins dritte Jahrtausend!»

2. Persönlicher Zugang

Alle sechs Jahre führt die internationale Arche ein großes Treffen mit Delegierten aus allen Gemeinschaften durch. Für so ein Treffen durften meine Frau Christine und ich 1993 nach Kanada reisen. In Montreal angekommen sehen wir Jean zum ersten Mal persönlich. Seine Gestalt ist unverkennbar. Es fehlen ihm nur einige Zentimeter zu 2 Metern Größe. Dabei nimmt er eine leicht nach vorne gebeugte Haltung ein. Er trägt eine seiner schlichten und immer blauen Windjacken, in denen er auf der ganzen Welt unterwegs ist und in denen er sich überall zeigt, sollte die Etikette nicht nachdrücklich etwas anderes von ihm verlangen. Christine stellt sich ihm als Mitglied des «Nauen» aus der Schweiz vor, worauf Jean zielsicher mich begrüßt: «Dann bist Du Thomas, der neue Leiter der Gemeinschaft!» 500 Teilnehmer wurden für das Treffen erwartet. Da berührte es mich schon, dass er von mir, dem Neuling, gleich den Namen parat hatte.

Eindrücklich verlief einige Jahre später ein persönlicher Besuch bei ihm in Trosly-Breuil, dem kleinen Ort nahe Compiègne in Frankreich, in dem die erste Arche gegründet wurde. Wie üblich war Jean zum Mittagessen im Val Fleuri, dem größten Arche-Haus im Dorf. Er hatte meine Frau, mich und einige andere als Gäste angemeldet. Nach dem Essen erledigten wir mit Jean den Abwasch, und die Hausgemeinschaft selbst hatte freie Zeit. Anschließend lud er uns noch in sein kleines Steinhäuschen ein, in dem er seinen «Ruhestand» verbringt. Im Wohnzimmer türmten sich auf gediegenen Stühlen und Tischen Stapel von Büchern und Manuskripten, und wir mussten erst etwas Platz schaffen, um uns setzen zu können. Ein Blick in die schlichte Küche mit allerlei Tassen und sonstigem Geschirr auf dem Spültisch sowie einem angeschnittenen Kuchen daneben weckte in mir wohlige Erinnerungen an meine Studenten-WG in Tübingen.

Wie kann ich Jean Vanier noch etwas näher bringen? Er hat eine ausgesprochene Begabung, in besinnlichen Vorträgen die Herzen der Zuhörer zu erreichen. Sein Nacherzählen biblischer Geschichten etwa lässt schon oft Gehörtes auf eine Weise lebendig werden, die unerwartete und überraschende Einsichten bringt. Mit großem Einfühlungsvermögen, meist ruhig, immer wieder aber auch mit Humor und Leidenschaft führt er in die jeweilige biblische Szenerie, stellt sie in seinen eigenen Lebenszusammenhang und schlägt eine Brücke zur gegenwärtigen Weltsituation. Ich werde später Beispiele dazu bringen. Über seine Gedanken und seine Lebenserfahrung hat er eine Reihe von Büchern veröffentlicht. Zu seinem Buch «Jesus – Geschenkte Liebe»[3] schreibt der Herder-Verlag auf der Umschlagseite: «Vanier zählt zu den bahnbrechenden Gestalten gelebter Spiritualität in unserer Zeit.» Das ist sehr kräftig formuliert und führt fast ein wenig in die Irre, wenn ich mir meine Begegnungen mit Jean vor Augen führe. Da verspüre ich vor allem eines: ein tiefes Vertrauen in diesen Menschen und in seinen Blick auf unsere so unversöhnte Welt. Warum? Ein Gutteil daran bewirkt vorab das Unaufdringliche in seiner Erscheinung. Hinzu kommen die Einfachheit und Klarheit, der schöne Humor und auch der angemessene Ernst in seinen Ausführungen und Gebärden sowie, nicht zuletzt, das Gefühl, mir selbst neu zu begegnen. Jeans Gedanken haben mich innerlich tief berührt. Ich darf sagen, dass ich durch ihn eigene Erfahrungen in einem neuen Licht zu sehen begann, dass ich eine Richtung für die Gestaltung meines Lebens erkannte und ein wirkliches Wachsen und Reifen im Glauben verspürte.

3. In Gemeinschaft leben – Glaube und Licht – Katimavic

Vanier ist im deutschsprachigen Raum weniger bekannt als Henri Nouwen, der für die letzten zehn Jahre seines Lebens Mitglied der Arche Daybreak in Toronto und ihr geistlicher Begleiter war. Wie Nouwen hat auch Vanier einiges an geistlicher Literatur verfasst und erreicht damit einen bestimmten an Spiritualität interessierten Leserkreis. Hinzu kommen Menschen, die selbst in einer Gemeinschaft leben oder an gemeinschaftlichem Leben interessiert sind. Vaniers 1976 geschriebenes Buch «Community and Growth»[4] gilt vielen als einschlägiger «Klassiker» und gehört in sehr unterschiedlichen Gemeinschaften zur Basisliteratur. Man kann dem Buch bei Tischlesungen in Klöstern begegnen, bei verschiedensten christlich geprägten Gruppen genauso wie in alternativen Kommunen. Den meisten aber ist Vanier wegen seines Lebenszeugnisses mit und für Menschen mit einer geistigen Behinderung ein Begriff. 1964 gründete er die erste Hausgemeinschaft der Arche, eines heute in 30 Ländern weltweit verbreiteten Verbundes von Lebensgemeinschaften mit geistig behinderten Menschen. Bevor ich näher auf Vaniers Biographie und die Arche eingehe, möchte ich zwei andere Früchte seines Wirkens vorstellen.

Nach einer gemeinsamen Lourdes-Wallfahrt 1971 begründete er mit Marie-Hélène Mathieu die Bewegung «Glaube und Licht», in der sich Familien mit behinderten Angehörigen und ihre Freunde regelmäßig treffen, um ihre Gedanken auszutauschen, Gottesdienst zu feiern und zu festen. Hinzu kommen gemeinsame Ferienzeiten oder auch Wallfahrten. Im Alltag bilden diese Gemeinschaften kleine Netzwerke, in denen die gegenseitige Unterstützung von großer Bedeutung ist. «Glaube und Licht» hat sich noch weiter ausgebreitet als die Arche. Die Bewegung zählte 2006 annähernd 1500 Gemeinschaften in 77 Ländern. Vor allem in Ländern und Kulturen, in denen Menschen mit Behinderungen und oft auch ihre Angehörigen an den Rand gedrängt werden, fällt der Samen von «Glaube und Licht» auf fruchtbaren Boden. Es berührt mich tief, wenn mir Freunde aus Ägypten oder der Ukraine berichten, wie Eltern in ihren Gruppen zum Ausdruck bringen, dass erst «Glaube und Licht» ihnen Freude an ihrem behinderten Kind gegeben hat, dass sie durch die Erfahrung in dieser Gemeinschaft ihr Kind mit anderen Augen sehen und seine Schönheit und Würde entdeckt haben.

Eine weitere Idee, die auf Vanier zurückgeht, sind die Katimavic-Treffen. Bei diesen Treffen kommen einmal im Jahr Menschen «mit» und «ohne» Behinderung zusammen, feiern und beten gemeinsam, erzählen einander von ihrem Leben. Das Wort Katimavic ist aus der Sprache der Inuit entliehen und bedeutet soviel wie «Ort der Begegnung». 1980 hat Pater Schaller SJ das erste Katimavic in der Schweiz ins Leben gerufen. Seitdem finden hier jährlich Katimavics statt und führen jeweils über Pfingsten 100–200 Teilnehmer zu einem ökumenischen, in deutsch und französisch geführten Treffen zusammen. Pfarrer Hugo Gehring, der seit Beginn das Katimavic in der Schweiz mitgestaltet, hat die Erfahrung für die Teilnehmer einmal auf den Punkt gebracht: «Ein Aperitif zum himmlischen Fest!»

In den Gemeinschaften der Arche ist die Spiritualität Vaniers, wie er sie in seinen Büchern weitergibt, nicht einfach so selbstverständlich da, wie man es von außen gesehen erwarten mag. Kathryn Spink, Biographin[5] von Jean Vanier, stellt fest, «Community and Growth» würde zwar an vielen Orten gelesen, speziell bei Novizinnen und Novizen in religiösen Orden, auch andere seiner Bücher hätten eine recht breite Leserschaft, paradoxerweise aber nicht so sehr in den Arche-Gemeinschaften. Vanier selbst nennt zwei Gründe. Erstens sei in der Arche eine Befürchtung vorhanden, Geschriebenes könnte für wichtiger genommen werden als das unmittelbare miteinander Leben. Da steht Vaniers eigene Sicht Pate, in der er den Vorrang des «living with», des konkreten miteinander Lebens, vor «experiencing», dem Sammeln von Erfahrungen, betont. Und zweitens sei die Überzeugung im Spiel, dass im Herzen der Arche als die wahren Gründer die Menschen mit einer geistigen Behinderung sind. Die Arche sei nicht mit einem Orden vergleichbar, der verpflichtet zu lesen, was der Gründer gesagt hat. So bleibt die Vision lebendig, durch das gemeinsame Leben von den behinderten Menschen selbst zu lernen und nicht einfach Anweisungen zu befolgen.[6]

Die Spiritualität Vaniers und der Arche ist direkt davon inspiriert, was in den Gemeinschaften miteinander gelebt und erlebt wird: in den Beziehungen zueinander, in der immer wieder notwendigen Versöhnung, zu besonderen Zeiten wie Festen und Geburtstagen, Gottesdiensten und Gebetszeiten, Ferien, im schlichten Alltag selbst, bei gemeinsamen Mahlzeiten, beim Aufräumen, Abwaschen und Putzen, bei der Begleitung eines behinderten Menschen, zu der auch das Duschen und Baden, der Toilettengang oder das Wechseln von Inkontinenzhosen gehören kann. Wesentlich ist die miteinander erlebte Zeit, geteilte Freude genauso wie Anteilnahme in Trauer und Leid.[7]

Da Jean Vanier mit Nachdruck auf die authentischen Erfahrungen in den Gemeinschaften verweist und auch selbst gerne von seinen berichtet, möchte ich ein eigenes Beispiel anführen. In unserer rund 30 Mitglieder zählenden Arche-Gemeinschaft «Im Nauen» nehmen wir uns einmal im Jahr Zeit, in Anlehnung an die «Fioretti» über den heiligen Franz von Assisi Ereignisse des letzten Jahres in Erinnerung zu rufen. Dieses Frühjahr zum Beispiel erzählte ich von einer Reihe schwieriger Tage mit finanziellen Sorgen um unsere Arche, meinen Zweifeln, ob ich als Leiter den Anforderungen auch gerecht werde, und wie ich abends bei einer Fahrt mit dem Postauto von Hochwald nach Dornach recht erledigt neben Erna Mauderli, einer unserer behinderten Bewohnerinnen, zu sitzen komme. Und Erna wendet während der zwanzigminütigen Fahrt nicht einmal ihr Gesicht von mir ab! Sie strahlt mich still mit ihren schönen, leuchtenden Augen an, wie nur Erna es kann, reibt sich zwischendurch immer wieder vergnügt die Hände, weil sie mich schon einige Zeit nicht mehr gesehen hat. Sie strahlt mich weiter an, bis sie mich schließlich fragt, ob sie mir eine ihrer Geschichten erzählen darf. Geschichten aus ihrem Leben, die ich so gut wie alle kenne und in unseren bald 20 gemeinsamen Jahren sicher schon über hundertmal gehört habe. Doch Erna erzählt sie mir mit der gleichen Freude und Ausdauer wie beim ersten Mal. Lange zurückliegende Geschichten aus der psychiatrischen Klinik, in der sie dreizehn

Jahre gelebt hat, andere aus ihrer Kinderheimzeit, aber auch allerlei in der Arche Erlebtes. Und meist schließt sie ihre Geschichten ab, indem sie fragt: «Kann ich in der Arche in Dornach bleiben?» Oder sie stellt selbst laut und für alle hörbar fest: «Ich bleibe in Dornach, bleibe in der Arche!» Meine gestresste Seele hat wunderbaren Trost gefunden, und Erna hat meine leise aufkommenden Zweifel am Sinn und Gelingen unserer Gemeinschaft eindrücklich ausgeräumt.[8]

4. Biographisches zu Jean Vanier – Entstehung und Entwicklung der Arche

Kathryn Spink veröffentlichte 2006 eine aktualisierte, überarbeitete und in Teilen erweiterte Ausgabe ihres 1988 geschriebenen Buches über Jean Vanier und die Arche.[9] Dieses Buch verdankt sich zum einen einer Vielzahl von Gesprächen mit Jean Vanier und einer ganzen Reihe von Arche-Mitgliedern, zum anderen aber auch dem authentischen Einblick, den Spink bei Besuchen in verschiedensten Gemeinschaften weltweit erhalten hat. Neben mehreren Aufenthalten in Trosly-Breuil war sie zum Beispiel auch in Archen in Toronto, in Choluteca und Tegucigalpa in Honduras und in Kalkutta. An vielen Stellen des Buches ist die nahezu intime Kenntnis der Arche seitens Kathryn Spinks wohltuend spürbar. Ich kann jedem, der gerne mehr über Vanier und die Arche wissen möchte, diese annähernd 300 Seiten umfassende Biographie wärmstens empfehlen. Meine folgende biographische Darstellung ist demgegenüber mehr eine Skizze, und ich werde nur einige Stationen auf dem Lebensweg Vaniers näher beleuchten.[10]

Jean Vanier wurde am 10. September 1928 als viertes von fünf Kindern des Ehepaars Georges und Pauline Vanier in Genf geboren. Der Vater, von 1959 an Generalgouverneur in Kanada, arbeitete dort zu dieser Zeit als militärischer Berater der kanadischen Delegation beim Völkerbund. Beide Eltern waren im christlichen Glauben verwurzelt, praktizierten allerdings zunächst in unterschiedlicher Weise. Vaniers Vater orientierte sich an den strengen Regeln des Katholizismus, den er in Quebec kennen gelernt hatte. Die Mutter hatte einen ganz anderen Hintergrund. Von Kindheit an erlebte sie mit, wie ihre Mutter von dem Jesuiten Almire Pichon begleitet wurde, dem Beichtvater der heiligen Thérèse von Lisieux. Durch ihn hat auch sie selbst zu einem Glauben gefunden, für den Gottes Führung und das Vertrauen in seine Liebe entscheidend waren. Anschaulich wird der Unterschied in der Religiosität der Eltern Jean Vaniers darin, dass der Vater aus einem Gefühl des Nichtwürdigseins heraus in den ersten Jahren der Ehe regelmäßig bewusst auf einen Kommunionempfang verzichtete und nicht verstehen konnte, dass seine Frau auch nach einer durchtanzten Nacht mit Champagner bei der Frühmesse gleichwohl zur Kommunion ging. Jean hat übrigens den umfangreichen Briefwechsel zwischen Pichon und seiner Großmutter aufbewahrt. Rückblickend sagt er, er könne zwar nicht beschreiben warum, aber diese spezielle geistliche Beziehung sei für seinen persönlichen Werdegang und auch das Entstehen der Arche wohl von einiger Bedeutung. In den 30er Jahren lebten die Vaniers vornehmlich in London, und Jean besuchte eine Jesuitenschule. Ab 1938 ging auch der Vater regelmäßiger zur Messe und zur Kommunion. Nach Möglichkeit einmal täglich pflegte das Ehepaar für eine halbe Stunde gemeinsam still zu beten. Ihren Kindern wollten sie bewusst ein Beispiel der Verantwortung füreinander und der praktizierten christlichen Nächstenliebe vorleben. Sie achteten sehr auf deren religiöse Unterweisung, insbesondere auf die Wertschätzung der Sakramente und auch gegenüber Priestern und Ordensleuten.[11]

1939 wurde Georges Vanier als kanadischer Abgesandter nach Paris berufen, und seine Familie kam mit ihm. Im Juni 1940 flohen Pauline Vanier und die Kinder vor den immer weiter voranschreitenden deutschen Truppen von Bordeaux aus auf einem völlig überfüllten Handelsschiff nach Wales und kehrten dann mit dem Vater nach Kanada zurück.[12]

Verschiedene Einflüsse bewegten den jungen Jean in dieser Zeit. Da war der tobende Krieg in Europa und das Vorbild des Vaters, der im Ersten Weltkrieg Soldat war und dabei ein Bein verloren hatte. Da war die Erfahrung auf dem Meer während der Flucht und ein wachsendes Interesse an der Seemarine, speziell an der British Navy, die für den Jungen als «die Beste der Welt» erschien. Da war wohl auch einfach die Lust, noch mehr von der Welt zu entdecken. Jean hatte aber auch mitbekommen, wie seine Schwester Thérèse sehr schockiert war, dass sich in Kanada kaum jemand für den Krieg in Europa interessierte. Schon bald kehrte sie wieder nach England zurück, um «vor Ort» helfen zu können. Mit 13 Jahren besorgte sich Jean selbständig Material für eine Anmeldung beim Kolleg der britischen Navy in Dartmouth. Er bat seinen Vater um einen Termin in dessen Büro und unterbreitete ihm sein Ansinnen. Vanier kommt heute noch darauf zu sprechen, was ihm sein Vater sagte. «I trust you.» – «Ich vertraue Dir.» Wenn Jean das wirklich so wolle, so müsse er es auch tun. Für Jean Vanier war dies eine äußerst prägende Erfahrung. Wenn der Vater ihm so vertraute, dann konnte er auch sich selbst und seiner Intuition trauen! Viel schwerer mit diesem Entscheid tat sich die Mutter. Die Angst, dass Jean bei einer Rückkehr nach England mitten im Krieg etwas passieren könnte, war mehr als berechtigt. Mit einem kanadischen Truppenschiff erreichte er Liverpool und fand sich bei seiner Schwester in London ein. Er absolvierte dann die Marineschule in Dartmouth.[13]

Jeans Vater wurde im September 1944 Botschafter Kanadas in Paris. 1945 begleitete Jean einmal seine Mutter zu einem Bahnhof, an dem das kanadische Rote Kreuz Überlebende aus Konzentrationslagern empfing. Den Anblick dieser ausgemergelten und tief von Angst gezeichneten Menschen sollte er nie mehr vergessen. Der Krieg ging zu Ende. Vanier setzte seine Marinelaufbahn fort, wurde an scharfen Waffen ausgebildet und zum Offizier ernannt. Doch mehr und mehr hatte er Zweifel, ob dies wirklich sein Weg war. Sein ältester Bruder trat 1946 in den Zisterzienserorden ein. Jeans Interesse an geistlicher Literatur wurde geweckt, und er begann wieder, nach Möglichkeit täglich eine Messe zu besuchen, wenngleich er so ein wenig zu einem Sonderling im Kreis der Marinekollegen wurde. Ende der 40er Jahre begleitete er seinen Vater nach Lourdes. Der angesehene Botschafter ließ sich ganz auf die üblichen Baderituale ein. Wegen seines hoch amputierten Beines war nicht etwa Heilung das Anliegen, sondern ganz einfach das vertrauende sich Einlassen auf diesen Ort des Glaubens und Betens. Jean war davon und von den vielen Menschen in Rollstühlen und mit allerlei Gebrechen sehr berührt. Was für ein Kontrast zur Welt der Marine, die ihn in körperlicher Tüchtigkeit und Effizienz geschult hatte! In der Grotte von Lourdes wuchs in ihm die Gewissheit, die Navy eines Tages wieder zu verlassen, «um Jesus zu folgen». Zunächst wechselte er zur kanadischen Marine und diente als Offizier auf dem Flugzeugträger «Magnificent», der in Halifax stationiert war. Jean lernte dort einen Jesuiten kennen, der ihn geistlich begleitete. Mehr und mehr wurde in ihm der Wunsch lebendig, selbst Priester zu werden. Im April 1950 war die Magnificent in New York vor Anker. Vanier lernte dort die von Catherine Doherty gegründete Gemeinschaft «Friendship House» und ihr für verarmte schwarze Amerikaner in Harlem engagiertes soziales Werk kennen. Er verbrachte dort seine ganze freie Zeit. Schließlich stellte er ein Gesuch um Entlassung aus der Marine, das im Juli 1950 vom zuständigen Minister angenommen wurde.[14]

Bei diesem Schritt fand Jean die Unterstützung beider Eltern. Die Aussicht, dass ihr Sohn Priester werden wollte, erfüllte sie mit einiger Freude und auch mit Stolz. Pauline Vanier hatte in Paris den Dominikanerpater Thomas Philippe[15] kennen gelernt. Überzeugt, dass dieser Pater Jean eine gute Hilfe für seinen neuen Lebensabschnitt sein würde, arrangierte sie ein Treffen der beiden. Schon diese erste Begegnung mit dem 23 Jahre älteren Geistlichen war, mit den Worten Jeans, «sehr, sehr tief». Père Thomas hatte 1946 in Paris eine internationale Studentengemeinschaft ins Leben gerufen: «Eau Vive». Diese Gründung war wie ein Antwortversuch auf die Erfahrung des Krieges. Menschen aus verschiedensten Ländern fanden in dieser in drei einander benachbarten Gebäuden sehr einfach lebenden Gemeinschaft zusammen; nicht nur Katholiken, sondern auch solche anderer Konfession und auch Religion. Bald einmal zählte diese bunte Gruppierung rund 80 Personen aus 20 Ländern. Für das Studium stand ihnen die Hochschule der Dominikaner, die «Saulchoir», zur Verfügung. Vanier ergriff die Chance, in unmittelbarer Nähe zu Père Thomas mit dem Studium der Theologie und Philosophie zu beginnen, und zog in eines der Häuser ein. Das Leben mit dem Pater wurde für ihn zur eigentlichen Glaubensschule. «Wir meinen heutzutage, dass man alles aus Büchern lernen könne. Wir vergessen dabei, dass es noch einen anderen Weg des Lernens gibt: bei einem Meister zu leben.»[16] Der Einfluss von Père Thomas auf den Glauben und das Beten des jungen Jean kann nicht hoch genug bemessen werden. Eben war er noch Offizier auf einem Flugzeugträger mit ständigem Training an Waffen und Torpedos für einen eventuellen Militäreinsatz. Und nun studierte er, suchte Spiritualität und einen tragfähigen Glauben. Wie ein trockener Schwamm schien er aufzusaugen, was ihm Père Thomas vorlebte und was dieser theologisch zu vermitteln suchte. Ein fatales Ereignis sollte dazu führen, das ihre intensive gemeinsame Zeit weniger als zwei Jahre dauerte. Der Dominikaner wurde 1952 denunziert. Seine theologischen Ansichten seien nicht rechtgläubig und seine geistliche Führung zu mystisch. Er wurde zu seinen Ordensoberen nach Rom bestellt, musste umgehend die Leitung der Gemeinschaft Eau Vive abgeben, und für ein Jahrzehnt wurde ihm jegliches öffentliche Wirken untersagt. Père Thomas selbst bat Jean Vanier, in seiner Nachfolge die Leitung von Eau Vive zu übernehmen. Dieser war bereit dazu und wurde auch vom Verein der Freunde von Eau Vive bestätigt. Doch die Dominikaner in Paris, die bis dahin den Mitgliedern von Eau Vive das Studium an ihrer Hochschule ermöglicht und auch ihre Bibliothek zur Verfügung gestellt hatten, brachen den Kontakt ab. Sie waren nicht einverstanden, dass nun ein Laie anstelle eines Priesters die Leitung hatte. In der Folge verlor die Gemeinschaft rasch eine große Zahl ihrer Mitglieder. Die übrig gebliebenen 15–20 mussten ihre Studien anderweitig organisieren. 1956 schien ein lebbarer Kompromiss gefunden. Auf Ansinnen der Dominikaner wurde neben Vanier ein Priester als Kaplan für die Gemeinschaft eingesetzt. Leider zeigten sich bald große Spannungen zwischen diesen beiden. Der Konflikt bekam eine neue Qualität, als sich der Kaplan direkt ans Heilige Offizium in Rom wandte und dieses Vanier aufforderte, Eau Vive ultimativ zu verlassen. Und wolle er tatsächlich weiterhin Priester werden, so müsse er für einige Jahre den ordentlichen Weg in einem Priesterseminar absolvieren. Vanier zog sich von der Gemeinschaft zurück und verbrachte ein Jahr im Gästehaus des Trappistenklosters Bellefontaine. Vom ursprünglichen Wunsch, Priester zu werden, nahm er in den kommenden Jahren mehr und mehr Abstand. Er verspürte in sich einen Ruf, Jesus auf andere Weise nachzufolgen. Doch brauchte es noch einige Jahre des Suchens und Wartens, bis er für sich wusste, was denn nun dieser Ruf war.[17]

Père Thomas wurde wie viele nichtkonforme Priester in dieser Zeit streng gemaßregelt. Nach einer Zeit in einer Psychiatrie in Frankreich lebte er zunächst bei Trappisten in Rom. Fürs erste durfte er weder Messen feiern noch Beichten abnehmen. Vanier hielt im Verborgenen Kontakt mit ihm und traf ihn hin und wieder. Dem Dominikaner half in dieser schweren Zeit die Vertiefung seiner mystischen Theologie, und Vanier war unmittelbarer Zeuge davon. Einige der entstandenen Texte tippte er für den Pater auf der Schreibmaschine. Das verborgene Leben Mariens, ihr menschliches Ja bei der Verkündigung sowie die Heiligung ihres Leibes durch das fleischgewordene Wort bildeten das Herz dieser Texte. In diesem Licht erkannte Père Thomas den menschlichen Leib in besonderer Weise als Ort der Gnade und Instrument des Wirkens Gottes. Hinzu kam eine Besonderheit in der Art, wie Père Thomas von Jesus und Maria sprach: so innig und vertraut, als ob sie einfach Teil seiner Familie wären. Vanier war für diese mystische Spiritualität sehr empfänglich. Im Rückblick stellt er heraus, wie ihn diese Art zu glauben und theologisch zu denken zu einer großen intellektuellen Freiheit und zu innerer Glaubenskraft geführt hat. Père Thomas lehrte ihn auch eine sehr einfache und schlichte Form stillen Betens, die von einem unbedingten Vertrauen in die Gegenwart Jesu geprägt war.[18]

Einer, der die spirituelle Führung des Dominikaners auch an sich erfahren hat, war Jahrzehnte später Henri Nouwen. In einer tiefen persönlichen Krise nahm er an Exerzitien mit Père Thomas teil: «Er sprach zu uns während einer ganzen Woche, und an jedem Tag wollte er, dass ich mit ihm komme und einfach bei ihm bleibe, bis ich schließlich wahrnahm, dass in seiner Gegenwart eine Heilung geschah ... Ich wusste, dass er selbst Qualen durchlitten hatte wie niemand anderes und dass er nicht mehr darüber sprach, wie man mit gewissen Dingen umgehen könnte, aber er wurde selbst zur Quelle, ein Ort der Gnade. Er war so leer, wenn man in seiner Gegenwart war, dass man sich ganz in der Gegenwart Gottes wieder fand. Ich war in der Gegenwart eines heiligen Mannes ...».[19]

Vanier hatte bereits während der Zeit in der Gemeinschaft Eau Vive mit einer Promotionsarbeit zur Ethik des Aristoteles begonnen. Im Juni 1962 wurde er «cum maxima laude» zum Doktor der Philosophie ernannt und erhielt im Januar 1964 einen befristeten Lehrauftrag am St. Michael's College in Toronto. Zum ersten Mal erlebte er sich als Lehrenden. Begeisterte Studenten gaben ihm die Gewissheit, dass er diese neue Rolle bestens ausfüllte. Gleichwohl war er selbst weiter unruhig. Was wollte Jesus wirklich von ihm? Noch immer hatte er keine Antwort darauf gefunden. Er war weiterhin überzeugt, dass er diese Antwort wohl nur in der Nähe von Père Thomas finden würde. Nachdem dieser über zehn Jahre von seinem Orden aus kein geistliches Amt mehr anvertraut bekam und abgeschoben in verschiedenen Klöstern lebte, trat er 1963 eine sehr bescheidene Stelle als Kaplan in dem kleinen Ort Trosly-Breuil nahe Compiègne an. Dort lernte er das «Val Fleuri» kennen, eine Institution für 30 Männer mit einer geistigen Behinderung, und bald schon hatte er sehr herzliche Beziehungen zu diesen gefunden. Über die Weihnachtstage 1963 lud er Vanier mit den Worten zu sich ein, er möchte ihm seine neuen Freunde vorstellen.[20]

Vanier war innerlich überhaupt nicht auf die Begegnung mit geistig behinderten Menschen vorbereitet. Wie sollte er sich ihnen gegenüber verhalten? Was konnte man überhaupt mit ihnen reden? Einige konnten gar nicht sprechen! Während der anschließenden Lehrtätigkeit in Toronto klang der Aufenthalt im Val Fleuri nach, und bald wurde ihm klar, dass diese Begegnungen eine einschneidende Bedeutung für ihn bekommen sollten. Diese Menschen wollten nicht seinen Verstand wie die vielen Studenten am College, diese Menschen wollten sein Herz, ihn selbst. Ihre Fragen ließen ihn nicht mehr los: «Wann kommst Du wieder?» «Hast Du mich gern, wirklich gern?» Père Thomas hatte Vanier erzählt, dass es eine große Zahl behinderter Menschen gäbe, die in Anstalten abgeschoben und unter menschenunwürdigen Bedingungen leben mussten. «Was könnte man da tun?» fragte ihn der Pater. Gegen Ende des Frühlings 1964 besuchte Vanier mehrere dieser Anstalten. «Besonders erschüttert war ich von einer Anstalt im Departement ‹Seine et Marne›: Dort lebten 80 Männer in 2 Schlafsälen ohne jede Beschäftigung. Große Mauern umgaben das Betongebäude. ... Die Atmosphäre war angefüllt von Traurigkeit und stummen Schreien, und doch fühlte ich gleichzeitig die geheimnisvolle Gegenwart Gottes. Und in dieser Anstalt begegnete ich zum ersten Mal Philippe und Raphaël. Sie waren nach dem Tod ihrer Eltern dort untergebracht worden.»[21]

Vaniers Entschluss stand nun fest. Der Lehrauftrag in Toronto lief Ende Mai aus und sollte sein erster und letzter gewesen sein. Er kündigte Père Thomas an, dass er ein «foyer» eröffnen wolle, in dem er mit einigen behinderten Menschen zusammen leben wolle. Anschließend suchte und kaufte er ein kleines Häuschen in Trosly-Breuil. Am 4. August zog Vanier ein, und am 5. brachte die Leiterin der erwähnten Anstalt Raphaël Simi, Philippe Seux und einen schwer behinderten Mann namens Dany für einen Probemonat zu ihm. Zum gemeinsamen feierlichen Abendessen waren auch Père Thomas und einige andere anwesend, dann aber war Vanier allein mit den Dreien.[22]

«Ich war völlig verloren, vor allem wegen Dany. Er konnte weder hören noch sprechen. Es war verrückt, ihn auszuwählen. Ich hätte niemals gefragt werden sollen, ihn aus der völlig abgeschlossenen Anstaltswelt unvermittelt in eine so freie Situation hineinzunehmen.»[23] Dany halluzinierte, rannte auf die Straße hinaus und bedrohte Passanten. Nach einer chaotischen und schlaflosen Nacht war klar, dass Dany nicht bleiben konnte. Mit Raphaël und Philippe hingegen sollte der Versuch gelingen. «Die Anfänge der Arche waren von Armut und Einfachheit geprägt. Das Haus war spärlich eingerichtet. Es gab keine Toiletten. Man hatte im Garten einen Eimer aufgestellt. Es gab nur einen Wasserhahn und einen Holzofen. … Wir lernten zusammen zu leben, aufeinander zu achten, einander zuzuhören, uns gemeinsam zu amüsieren und miteinander zu beten.»[24]

Die weitere Entwicklung der Arche soll nun nur kurz skizziert werden. Wenige Monate später wurde Vanier gebeten, die Leitung des Val Fleuri zu übernehmen, da der bisherige Direktor gekündigt hatte. Aufgrund seiner internationalen Kontakte fand Vanier eine Reihe Leute, die bereit waren, zu ihm zu kommen und zu helfen, mit den 30 Männern aus dem Val Fleuri ebenfalls in kleinere Hausgemeinschaften umzuziehen und mit ihnen in familiärer Atmosphäre zusammenzuleben. Weitere Neuaufnahmen aus umliegenden Anstalten ließen die Arche schnell weiter wachsen. Das Departement unterstützte dies mit Geldern. 1970 zählte die Arche in Trosly-Breuil samt Häusern in der näheren Umgebung bereits 112 geistig behinderte Bewohnerinnen und Bewohner und dazu eine große Zahl an Begleitpersonen, Assistenten genannt.[25]

Begonnen hatte alles in einem ausgesprochen katholischen Milieu. Vanier und Père Thomas waren ja beide fest im katholischen Glauben verwurzelt und eng mit ihrer Kirche verbunden. Doch recht schnell sollte der Horizont weiter werden. Schon 1970 entstand mit «Asha Niketan» in Bangalore die erste Arche in Indien, zu der von Beginn an Christen wie Hindi gehörten. Die erste Arche in England entstand 1974 in engem Kontakt zur anglikanischen Kirche. Heute gibt es eine rechte Vielfalt unter den Archegemeinschaften. In der 1993 verabschiedeten Charta der Internationalen Arche-Föderation wird deshalb Folgendes formuliert:

> «In einer zerrissenen Welt möchte die Arche ein Zeichen der Hoffnung sein. Ihre Gemeinschaften gründen sich auf tiefe, beständige Beziehungen zwischen Menschen von unterschiedlichem intellektuellen Niveau und verschiedener sozialer, religiöser und kultureller Herkunft. Sie möchten so Zeichen der Einheit, der Treue und der Versöhnung sein. … Jedes Mitglied der Gemeinschaft wird ermutigt, ihr oder sein geistiges Leben innerhalb der eigenen Religion oder Konfessionszugehörigkeit zu leben und zu vertiefen. Auch wer keinen bestimmten Glauben hat, wird aufgenommen und in ihrer/seiner Gewissensfreiheit respektiert. … Die Gemeinschaften sind sich bewusst, dass sie eine Berufung zur Ökumene haben und den Auftrag, auf die Einheit hinzuarbeiten.»[26]

Aus der unscheinbaren ersten Hausgemeinschaft mit Raphaël, Philippe und Jean war ein weltweites ökumenisches Netzwerk von Lebensgemeinschaften entstanden.

Auf internationaler Ebene zog sich Vanier bald aus der obersten Verantwortung zurück. 1975 wurde Sue Mosteller Koordinatorin des internationalen Rates der Arche. 1980 übernahm Odile Ceyrac die Leitung der Arche in Trosly-Breuil.

Auf der «Reise» eines Menschen – Vanier benützt diese Umschreibung sehr gerne – gibt es immer wieder Wegstrecken und Bruchstellen, an denen Reichtum und Armut in einem zusammengebracht werden. 1976 kehrte Vanier ernsthaft erkrankt von einer Indienreise zurück. Es folgten zwei Monate Klinikaufenthalt und weitere zwei Monate für Erholung. «Die regelmäßigen Flugreisen, die Nächte auf Bänken in Flughäfen, der Kontakt mit Leiden in mannigfaltigen Formen, von dem er spürte, dass dies auch ein wenig in sein eigenes Fleisch überging, die Anspannung, immer erreichbar zu sein, Überbringer der Botschaft der ‹Armen› zu sein, manchmal für ‹Reiche›, die diese nur widerwillig entgegennahmen, das Schlafen in vielerlei Betten in unterschiedlichem Klima hatte schließlich seinen Zoll gefordert.»[27] Vanier war Patient im Hôpital Cochin in Paris. Amüsiert stellte er fest, dass er wegen seiner ungewöhnlichen Körpergröße von rund 194 cm das Bett erhalten hatte, das 1964 auch Charles de Gaulle während eines Krankenhausaufenthaltes dienlich war. Er hatte sich mit einer Amöbenhepatitis angesteckt. Schnell realisierte er, dass er wohl zum ersten Mal in seinem Leben selbst einer gründlichen Betreuung bedurfte. In der Arche war er oft genug in der Rolle des «Assistenten» gegenüber den geistig behinderten Bewohnern. Nun war er unvermittelt zum Patienten geworden, dem «assistiert» wird. Der Aufenthalt wurde zu einer wahren Schule der Geduld und des Wartens, dazu schlaflose Nächte und die Ungewissheit, wann er wieder gesund und bei Kräften sein würde. Für seine Persönlichkeit bezeichnend ist, dass er betont, es sei ihm nicht sehr schwer gefallen, sich dieser Erfahrung zu öffnen und an ihr zu reifen.[28] Nach dieser schweren Erkrankung gestaltete Vanier sein Leben ruhiger, achtete auf Erholung und gab dem Nachdenken viel mehr Raum. Einzig seine Reisen setzte er ohne Abstriche fort, denn weiterhin wurde er von vielen aus der ganzen Welt angefragt und war auch selbst überzeugt, dass es seine Sendung ist, von seinem Glauben und seinem Leben in der Arche, vom unschätzbaren Wert und von dem spezifischen Beitrag geistig behinderter Menschen für die Gestaltung einer humanen Welt zu sprechen.

Seine Sicht auf behinderte Menschen sollte in naher Zukunft aber nochmals entscheidend vertieft werden. 1978[29] wurde in Trosly-Breuil eine neue Hausgemeinschaft eröffnet. Der Neubau «La Forestière» war speziell für die Aufnahme von zehn Menschen mit schwersten Behinderungen konzipiert. Die Arche hatte mit Menschen begonnen, die bis zu einem gewissen Grade behindert waren, aber in der Regel einer einfachen Tätigkeit in einer Werkstätte nachgehen konnten. Die neuen Bewohner der Forestière hingegen waren kaum in der Lage, ihre eigenen Glieder zu bewegen. Keiner konnte sprechen, und alle bedurften einer intensiven pflegerischen und medizinischen Begleitung. Jean Vanier fragte an, ob er in dieser Hausgemeinschaft ein Sabbatjahr verbringen könne. Dort erlebte er 1980 intensive und prägende Zeiten mit Eric, Lucien und den anderen Bewohnern und Bewohnerinnen. Diese Menschen waren in hohem Grade eingeschränkt in ihren Lebensmöglichkeiten und vollständig auf eine intensive Begleitung angewiesen. Gleichwohl hatten sie unglaubliche Fähigkeiten, Beziehungen zu leben, und offenbarten Vanier, welch menschlicher Reichtum in ihren Herzen verborgen lag. Um sich der «anderen Welt» dieser Bewohner zu öffnen, war es nötig, sich ihnen auf einfachste und unmittelbare Weise zu nähern. Zeitweise führte dies in eine nur schwer zu ertragende Welt hinein: tiefe Traurigkeit und Verzweiflung, weinen, jammern und schreien, sich blutig kratzen, sich und andere schlagen. Diese Erfahrungen weckten in den Begleitern und so auch in Jean Vanier eigene dunkle Seiten, innerste Gefühle der Ohnmacht und der Aggression, die sie bisher so nicht wahrgenommen hatten. Ein offener und ehrlicher Umgang mit all den negativen Gefühlen, die manchmal unvermittelt in ihnen aufbrachen, war unabdingbar. Im Gebet legte Vanier in dieser Zeit all die Dunkelheit offen, die er in sich verspürte, und bat um Gnade und Geduld, dass er dies gut annehmen könne. In der Begleitung dieser Menschen zeigte sich eine große Herausforderung: «Wer ist schon bereit, Zorn, Gewalttätigkeit und Depression hinzunehmen in der Hoffnung, dass in aller Verwirrung und Finsternis doch noch ein Licht ist? Wer wird ihnen mehr glauben und vertrauen als sie sich selbst glauben und vertrauen können?»[30] Aber in dieser «anderen Welt», der Vanier hier begegnete, gab es noch viel mehr zu entdecken. Sie hatte etwa ganz eigene zeitliche Gesetze. Es wurde zum Segen, sich wirklich ausgiebig Zeit zu nehmen für einen Tee, für die Mahlzeiten, für einfaches beieinander Sein mit Singen, Lachen und Spielen, für gemeinsames Stillwerden und Beten. Die notwendige Behutsamkeit im Umgang erforderte ein ungewohnt langsames Agieren. Aufmerksamkeit mit allen Sinnen war erforderlich, beim Sehen, Hören, Berühren wie auch beim vorsichtigen hin und her Wiegen des Körpers des Anderen.

Der sowohl blinde wie auch taubstumme Eric etwa befand sich oft in einem körperlich äußerst angespannten Zustand, der seiner Einsamkeit und Verlorenheit Ausdruck gab. Schenkte man ihm aber Zeit und Aufmerksamkeit und nahm man ihn vorsichtig in den Arm oder auf den Schoß, so konnte sich die Spannung lösen, und Eric war voller Glück und Zufriedenheit. Manchmal huschte auch ein Lächeln über sein Gesicht. Vanier entdeckte, wie das Schwachsein Erics und sein Bedürfnis nach Liebe und Zuneigung bei ihm selbst die Fähigkeit, lieben zu können, weckte und ihn in der Liebe wachsen ließ. Innige und zarte Augenblicke des stillen Aufgehobenseins stellten sich im leiblich nahen Vis-a-vis ein, eine tiefe wechselseitige Ruhe. Vanier lernte so eine völlig neue Weise der Kontemplation kennen: durch menschliche Nähe vermittelt, Zärtlichkeit und Vertrautheit, die ihn gleichsam in ein stilles, aber hoch aufmerksames Beten hineinführten. Ein ansonsten eher schwierig zu verstehendes Paulus-Wort wurde lebendig und klar: «Meine Gnade genügt Dir; denn sie erweist ihre Kraft in der Schwachheit» (2 Kor 12,9). Eric und viele andere behinderte Menschen lehrten Vanier neu zu verstehen, was Liebe ist. «Lieben bedeutet nicht, ‹für› jemand etwas zu ‹tun›, sondern ‹mit› ihm zu ‹sein› – und sich an seiner Gegenwart zu freuen. Erst das gibt ihm Vertrauen in den Wert des Daseins.»[31] Und die wahre Befreiung des Menschen liegt in der Erfüllung seiner zweifachen Bestimmung: «zu lieben und geliebt zu werden.»[32]

Die Erfahrungen in der Forestière haben bei dem ehemaligen Marineoffizier bewirkt, mit ganz neuem Gespür die Problematik asymmetrischer Beziehungen wahrzunehmen. Menschen wie Eric, die in so großer Abhängigkeit von den für sie sorgenden Menschen stehen, sind in der Gefahr, auf die offensichtliche und in vielen Handlungen ja auch unausweichliche Asymmetrie fixiert zu werden; dass nur sie die Empfangenden, Nehmenden und Schwachen sind. Vanier hat sich demgegenüber die Wirklichkeit der wechselseitigen Beziehung zwischen Begleitetem und Begleiter erschlossen, in der beide, er wie Eric, empfangen und geben, in der bei beiden Stärken und Schwächen mit im Spiel sind und in der beide durch «mutual relationship», durch die wechelseitige Beziehung, «transformation», Wandlung, inneres Reifen und Wachsen an sich erfahren. Diese für ihn neue und tiefe Einsicht wird zum Fundament seines Denkens wie seiner Spiritualität. Ausgerechnet die schwächsten Mitglieder der Menschheitsfamilie werden Lehrer und Propheten für eine humane Welt. «Der geistig behinderte Mensch hat der Kirche und der Welt eine Botschaft zu verkünden. Er verkörpert im Wesentlichen das Herz und den Aufruf zur und für die Gemeinschaft. Von diesem Standpunkt her ist er prophetisch, und wie jeder Prophet verwirrt er. Er ruft uns auf, uns zu ändern und uns verändern zu lassen, anzuhalten, um liebender und menschlicher zu werden … Aber diese Propheten sind schweigsam. Sie machen nicht viel Lärm. Es ist einfach, sie beiseite zu schieben, sie als unnütz zu beurteilen oder sie zum Tode zu verurteilen.»[33] Bedenkt man, dass die Archegemeinschaften ein Antwortversuch auf den Ruf geistig behinderter Menschen sind, so fällt auf folgendes Psalm-Wort ein ungewohntes Licht: «Der Stein, den die Bauleute verworfen haben, ist zum Eckstein geworden» (Ps 118,22). Eric ließ Jean begreifen, wie fundamental für eine humane Welt gemeinsames Menschsein in Geschwisterlichkeit ist: «Ich muss nicht länger etwas vortäuschen. Ich kann jetzt akzeptieren, das Kind zu sein, das ich bin, ein Kind Gottes … Und jetzt, da ich realistischer, und ich hoffe auch demütiger geworden bin, kann ich eine wahrere Beziehung zum behinderten Menschen aufnehmen. Ich bin sein Bruder, ein Bruder, der verantwortlich ist für seinen Bruder.»[34]

Wir haben hier den Kern dessen vor uns, was Jean Vanier als die «message», die Botschaft bezeichnet, die er aus der Welt mit geistig behinderten Menschen in deren Namen überbringt.

> «Das Geheimnis des Menschen mit einer geistigen Behinderung – und wohl jedes geschwächten und verworfenen Menschen –, ist, Quelle des Lebens und der Wahrheit zu sein, sobald wir ihn annehmen, in Beziehung mit ihm treten und ihm dienen. Durch unsere Annahme ersteht er zu neuem Leben und neuer Hoffnung. Darüber hinaus aber gibt er uns Leben und Hoffnung. In unserer so gespaltenen und verhärteten Welt voller Streit und Hass führt er uns neue Wege des Vertrauens, der Einfachheit, der Liebe und der Einheit.»[35]

> «Geistig behinderte Menschen unterscheiden sich so sehr von den Intellektuellen oder von Personen, die eine gewisse Macht innehaben, die hinter einer Maske leben oder die sich anderen überlegen fühlen und die ihr Herz verstecken. Sie sind spontan und aufrichtig! Ihr Durst nach Freundschaft, nach Liebe und Gemeinschaft kann niemand kalt lassen: Entweder man wird hart gegenüber ihrem Schrei und stößt sie zurück, oder man öffnet sich und geht sehr einfache Beziehungen mit ihnen ein, eine Beziehung auf der Basis von Vertrauen und Gesten der Zärtlichkeit ohne vieles Reden. Es gibt eine geheimnisvolle Macht bei jenen, die keine Macht haben: Sie ziehen das Herz an und beleben es.»[36]

Die Urzelle der Arche, die 1964 in Trosly-Breuil ins Leben gerufene kleine Hausgemeinschaft mit Jean Vanier, Raphaël Simi und Philippe Seux ist ein gewichtiger und bleibender Bezugspunkt für die Identität und Sendung der internationalen Föderation der Arche-Gemeinschaften. Von außen und manchmal auch von innen wird die Idee der Arche aber geradezu gleichgesetzt mit diesem ursprünglichen Modell der Hausgemeinschaft. Ich begegne regelmäßig Personen, die ein wenig über die Arche gehört oder gelesen haben und während des Gesprächs dann sehr überrascht und gelegentlich auch enttäuscht sind, wenn sie die Auskunft bekommen, dass die Arche nicht eine auf Lebenszeit fest verschworene Hausgemeinschaft von «behinderten» und «nicht behinderten» Menschen ist. Kathryn Spink lässt dazu einen Gemeinschaftsleiter der Arche zu Wort kommen:

> «Die Geschichte der Arche hat eine Wahrheit und Weisheit, die nicht zufällig ist. Jeans Aufmerksamkeit galt den Bedürfnissen der behinderten Menschen. Einige in meiner Gemeinschaft sagen heute, dass sie in einem großen Haus leben und so ihr Zuhause mit anderen teilen wollen, und einige sagen absolut das Gegenteil. Wenn wir treu darin sind, den Leuten zuzuhören, was sie wollen, dann müssen wir damit auf den Weg gehen und vertrauen, dass uns nicht eine Sendung gegeben wurde, die sich nur in *einem* speziellen Mo-

dell verwirklichen lässt. Beziehungen, persönlicher Wandel und persönliches Wachstum, Zeichenhaftigkeit, Glaube verweisen nicht allein auf das gemeinsame Leben in Hausgemeinschaften, obwohl dies ein besonders guter Weg ist, diese Aspekte zu praktizieren. Das physische Modell ist es nicht, in dem die Wahrheit liegt. Da ist etwas viel Tieferes im Spiel.»[37]

Für ein in diesem Sinne lebendiges und offenes Wachsen der Arche ist es geradezu ein Segen, dass die Gründer selbst die erste Hausgemeinschaft wieder verlassen haben, als in ihnen der Wunsch nach einem anderen Lebensort und Zuhause reif geworden war.[38] Nach seinem Aufenthalt in einer geschlossenen Anstalt hatte Philippe die erste Zeit in dem kleinen und durch seine abgelegene Lage auch Schutz gebenden Dorf Trosly-Breuil sehr gut getan. Es wurde aber bald sichtbar, dass er eigentlich im Herzen ein Stadtmensch ist, der sich in belebten Straßen sehr wohl fühlt, Läden und Schaufenster genießt und auch gerne mal ins Kino geht. All das konnte ihm Trosly-Breuil nicht bieten. Als die Arche-Gemeinschaft in der nahen Stadt Compiègne entstand, verbrachte er manchmal das Wochenende dort. Glücklich über die neuen Lebensmöglichkeiten in der Stadt wechselte er schließlich ganz die Gemeinschaft. Bei Raphaël zeigte sich ein ganz anderer Wunsch. Das rasche Anwachsen der Zahl der Hausgemeinschaften in Trosly-Breuil mit so vielen und immer wieder neuen Menschen belastete ihn, je älter er wurde, immer mehr. Er wählte daher die nicht sehr weit weg gelegene kleine und ländliche Gemeinschaft «La Rose des Vents» in Verpillières als neuen Lebensort, was ihm offensichtlich sehr wohl tat. Im März 2003 starb Raphaël nach längerer Krankheit im Alter von 74 Jahren. Jean selbst lebt heute in einem Reihenhäuschen in Trosly-Breuil. Er ist Mitglied der Hausgemeinschaft «Val Fleuri» und nimmt nach seinen Möglichkeiten am dortigen Leben wie an den Festen teil. Außerhalb einer Hausgemeinschaft zu leben gibt ihm einen gewissen Abstand und eine Rückzugsmöglichkeit, die ihm auch hilft, mit seinen Kräften im Alter angemessen umzugehen.

5. Ein Lebensweg mit dem Johannes-Evangelium – Freundschaft mit Jesus

Die Verbindung von tiefem persönlichem Glauben und authentischem Leben ist für mich das wirklich Inspirierende und Faszinierende an Jean. Seine Besuche in den so trostlosen Anstalten für geistig behinderte Menschen anfangs der 60er Jahre und die dazu im völligen Kontrast stehenden herzlichen Begegnungen mit den dorthin abgeschobenen Menschen haben ihn dazu bewogen, seine akademische Laufbahn abzubrechen und mit Raphaël und Philippe eine Hausgemeinschaft zu begründen. Er sei dabei einfach seiner Intuition gefolgt, gleichwohl habe er gewusst, dass dies für ihn ein unumkehrbarer Schritt war. In einem Rückblick beschreibt Vanier sehr schön und offen, wie in diese Entscheidung sein Glaube hineingespielt hat: «Obwohl ich keine großen Erleuchtungen hatte – das passt nicht zu mir –, erschien es mir dennoch ziemlich klar, dass Jesus wollte, dass etwas geschieht. Ich war – und bin es heute noch! – ziemlich naiv. Ich machte mir nicht allzu viel Gedanken, ich war verfügbar, wollte Jesus folgen und mein Leben nach dem Evangelium ausrichten.»[39] In dieser Nachfolge lässt sich Vanier von Jesus zu den «Armen» führen, zu den Menschen, die sich aus verschiedensten Gründen am Rand der Gesellschaft befinden und von Ausgrenzung betroffen sind. «Aus seinem Leben geht klar hervor, dass sich Jesus nicht bei den Intellektuellen und Machthabern am wohlsten fühlt, sondern bei den Armen, den Bedürftigen und den Leidenden, bei den Kindern … Mit zunehmendem Wirken wird deutlich, wie sehr er in seiner Sichtweise und in seinem Herzen auf den privilegierten Platz der Armen besteht. …Ihnen gilt seine bevorzugte Liebe: ‹Wenn du ein Essen gibst, so lade nicht deine reichen Freunde und Verwandten ein, sonst laden auch sie dich wieder ein; nein, lade lieber die Armen und Lahmen, die Kranken und Blinden zum Festmahl ein.›»[40] Vanier fügt hinzu: «Er erzählt von dem König, der ein Hochzeitsmahl für seinen Sohn gibt. Alle geladenen ‹würdigen› Gäste sagen ab. ‹Geht auf die Straßen und Gassen der Stadt›, sagt er zu seinen Dienern, ‹und ladet die Armen, Lahmen, die Kranken und die Blinden ein.› Die nehmen die Einladung natürlich voll Freuden an.»[41] Um klar zu machen, dass diese Frohbotschaft wirklich jeden Christen zu praktischem Handeln aufruft, konkretisiert Vanier dies: «Die Botschaft Jesu ist klar: Sei den Menschen nahe, besonders den Einsamen, Schwachen und Bedürftigen; werde ihr Freund, ihr Bruder, ihre Schwester. Mag sein wir können nicht alle mit den Benachteiligten unserer Stadt leben oder mit den am meisten Unterdrückten, aber jeder von uns kann sich eines schwachen Menschen annehmen und ihm behilflich sein, einer betagten Frau mit Alzheimer etwa oder eines jungen Mannes mit HIV/Aids.»[42]

Seine Spiritualität verdankt Vanier insbesondere einer sehr persönlichen Bindung an das Johannes-Evangelium. Wir werden im Folgenden sehen, wie er die einerseits mystische und die andererseits so unglaublich konkrete Botschaft des Evangelisten Johannes verinnerlicht hat. Schon 1965 hatte Vanier damit begonnen, spezielle Vorträge zu Johannes zu halten. 2001 sprach er in einer 25-teiligen kanadischen TV-Produktion über das vierte Evangelium, und schließlich veröffentlichte er 2004 ein umfangreiches Buch dazu: «Dieses Buch ist die Frucht vieler Jahre des Nachdenkens, des Studiums, des Gebetes und des gemeinschaftlichen Lebens. Es begann 1950, als ich die Navy verließ, um Jesus näher nachzufolgen. Zu dieser Zeit traf ich Père Thomas Philippe o.p., der mein geistlicher

Vater wurde und der mich ermutigte, mich in das Geheimnis Jesu durch das Evangelium des Johannes hineinziehen zu lassen. Über all diese Jahre hin haben sich meine Freundschaft mit Jesus und mein Verständnis dieses Evangeliums vertieft.»[43] Es zeigt sich hier eine schöne Verbindung zum aktuellen Jesus-Buch von Papst Benedikt XVI. In seinem Vorwort stellt dieser den eigentlichen Bezugspunkt für den christlichen Glauben heraus: «Die innere Freundschaft mit Jesus, auf die doch alles ankommt … ».[44] Mit seinem in meditativer Prosa gehaltenen Johannes-Kommentar legt uns der bald achtzigjährige Vanier ein geistliches Vermächtnis vor. «Was ich mit diesen Seiten weitergeben möchte, ist die Musik, die ich hinter den Worten gehört habe … Ich habe diesem Lied zugehört, das mich gewärmt und mitgerissen hat, das meine Intelligenz geöffnet hat, das mir Hoffnung, Sinn und Ausrichtung für mein Leben gegeben hat, mit all dem, was schön an mir und was gebrochen an mir ist und Sinn hat für die leidende Welt, in der wir leben. Ich will dieses Lied singen, auch wenn meine Stimme schwach ist und manchmal schwankt, damit andere es singen können und damit wir gemeinsam ein Lied der Hoffnung in dieser Welt singen, um Freude zu bringen, wo Trauer und Verzweiflung ist.»[45] Das Angebot und Geschenk der Freundschaft mit Jesus ist für Vanier der eigentliche Schlüssel zur Frohbotschaft. Und Glauben an Jesus ist Antwort auf diese Einladung zur freundschaftlichen Verbundenheit mit ihm. Bei Vorträgen oder bei Besinnungstagen bringt Vanier regelmäßig, mit aller Behutsamkeit und liebevoll diese Einladung Jesu den Zuhörern nahe: «Jesus fragt Dich wie Petrus: Liebst Du mich? Willst Du, dass ich an Deiner Seite bin? Willst Du, dass ich mit Dir verbunden bin? Willst Du, dass ich Dir nahe bin und Dir beistehe?»

In der Einleitung zu seinem Buch gibt Vanier eine für ihn sehr typische Diagnose der Gegenwart:

> «Das letzte Jahrhundert war ein Jahrhundert der Hoffnung, einer immensen Hoffnung in die Wissenschaft. Wir dachten, wir könnten der Welt endlich Frieden bringen, könnten uns um die Bedürfnisse, die Not eines jeden kümmern. Aber was sehen wir zu Beginn des neuen Jahrtausends? Krieg, Genozid, neue Vernichtungswaffen, HIV/Aids, einen immer tiefer werdenden Graben zwischen reichen und armen Ländern. Eine Welt, die mehr und mehr von einer Ökonomie regiert wird, die respektlos gegenüber Minderheiten und den tiefsten menschlichen Bedürfnissen ist. Es herrscht ein aggressiver Individualismus, der die Selbstsucht pflegt. … Wir sehen den Zusammenbruch dessen, was Menschen in Familien und kulturellen Gruppen zusammenhält. Unsere arme Erde wird gierig missbraucht. Die Schwachen werden mit leichter Hand zerquetscht und zur Seite geschoben. Wir alle wollen Gewinner sein, aber in Wirklichkeit können dies nur wenige.»[46]

Diese recht allgemeine Diagnose konkretisiert Vanier bei Vorträgen mit aktuellen Ereignissen wie zum Beispiel der tödlichen Gewalt in Bosnien, in Ruanda, in Palästina oder dem Elften September und seinen Folgen. Er schließt dann jeweils die Frage an, die ihn bei all dem Leid menschlich umtreibt, die aber so oft vergessen wird: «Wo sind da heute Zeichen der Hoffnung?»[47]

Vanier nimmt den Hörer oder Leser gleichsam an die Hand und weist auf die Wirklichkeit hin: Trotz der unheilen Weltsituation wächst das Bewusstsein mehr und mehr, dass jedes menschliche Wesen wertvoll und wichtig ist, unabhängig von Rasse, Kultur oder Religion, persönlichen Fähigkeiten oder Behinderungen. Gleichzeitig wird unverhüllt sichtbar, wie verletzlich und gefährdet unsere Erde und unser menschliches Leben sind. Die Fragen sind lebendig im Raum: Was tun? Was ist der Sinn unserer Welt? Was ist der Sinn unseres Lebens? «Viele heute suchen Sinn in Spiritualität, suchen innere Heilung und Ganzheit, inneren Frieden und Ruhe, um das Unendliche und Göttliche in sich zu verkosten.»[48] Diese Spiritualität aber ist nicht davor gefeit, sich in sich selbst zu verschließen, sich auf Distanz zum Leid und zur Unterdrückung in der Welt zu halten. Angesichts dessen möchte Vanier ins Spiel bringen, was er für sich entdeckt hat: «Eine Spiritualität, die mir das Licht gibt, die Kraft und die Liebe, mein Leben in der Arche zu leben, mit meinen behinderten Brüdern und Schwestern, und eine Erfahrung der Verbundenheit (communion) mit Gott zu leben, durch eine persönliche Beziehung mit Jesus.»[49]

Vanier führt dies im Anschluss daran näher aus: Jesus, das Herz des Johannesevangeliums, will die Menschen zum Gott des Erbarmens, des Mitgefühls und der Vergebung führen. Die Jünger sind ausgesandt in eine Welt des Leidens und der Konflikte. Ihr Auftrag ist es, Brücken zu schlagen, die den Graben zwischen den Mächtigen und den Ohnmächtigen, zwischen Menschen unterschiedlicher Kulturen überwinden und einen Weg zu universellem Frieden sichtbar machen. Dabei geht es nicht allein um Gerechtigkeit oder Heilung. Vielmehr bietet Jesus seine Liebe und seine Freundschaft jedem Menschen an. Jede und jeder ist schön, wertvoll und von Gott geliebt. Auf diese Weise weckt und erfüllt Jesus in den Menschen ihr tiefstes Bedürfnis, nämlich ohne Einschränkungen geliebt zu werden.

Für Vanier sind die Begegnungen und Zeichenhandlungen, von denen Johannes berichtet, nicht vorrangig dazu da, zu einem Glaubensbekenntnis an Jesus, den Sohn Gottes und den Menschensohn, zu bewegen, sondern um in eine Erfahrung der Kommunion, der Gemeinschaft mit Gott hineinzuführen. Es geht um eine Freundschaft mit Jesus, die uns herausführt aus unserer Selbstbezogenheit und hineinnimmt in eine neu werdende Beziehung zu Gott und zu anderen Menschen. Vanier weist darauf hin, welch große Bedeutung bei Johannes dem griechischen Wort «menein» zukommt. 63 mal wird es im Evangelium und in den drei Johannesbriefen verwendet. Es steht an vielen Stellen für eine nähere Umschreibung der Freundschaft, die Jesus schenken will. «Menein» meint so viel wie beieinander «bleiben», «verweilen» oder auch «wohnen».[50] Auf diese Weise führt Jesu Freundschaft letztlich in das wahre Leben Gottes hinein, von dem wir durch die Menschwerdung des Wortes Kunde haben. Der Prolog Joh 1 ist für Vanier eine verdichtete Erzählung der ganzen Heilsgeschichte. Aus der Kommunion mit Gott kommend wird das Wort Fleisch, um die Menschen in die Kommunion mit Gott hinein zu führen. Es darf wohl gesagt werden, dass wir hier den innersten Kern des Glaubens von Jean Vanier vor uns haben. Glauben als tiefe Freundschaft mit Jesus, als «mutual in-dwelling», als wechselseitiges Einwohnen.[51] Für Vanier scheint diese Art Glauben etwas völlig Natürliches und Unkompliziertes zu sein. «Beten ist für mich in Jesus sein und wohnen und Jesus in mir wohnen lassen.»[52] «Diese Freundschaft mit Jesus ist etwas tiefes aber doch einfaches, wie jede Freundschaft. Es ist nicht eine große, mystische Erfahrung oder beeindruckende Erscheinung; es meint Tag für Tag mit Jesus zu leben, mit ihm zu gehen, ihm zuzuhören, seinen Wünschen zu folgen und genährt zu werden durch seine Worte und seinen Leib.»[53]

Der Autor des Johannes-Evangeliums nennt sich nie beim Namen, aber er identifiziert sich mit dem Lieblingsjünger Jesu (vgl. Joh 21,20–24). Das heißt, er spricht nicht mit einem Namen von sich, sondern nur in der Beziehung zu Jesus. Sein wahrer Wert und seine Identität scheinen ausschließlich aus dieser Beziehung hervorzugehen. Vanier sieht darin eine Einladung für sich selbst wie für jeden Leser, auch sich als den geliebten Jünger zu verstehen und aus dieser Beziehung heraus zu leben und zu glauben.[54]

Vanier meint, «es gab gegen Ende des ersten Jahrhunderts ein Bedürfnis, das mystische Element der frohen Botschaft besser bekannt zu machen. Dieses mystische Element, das wohl in der Gemeinde des Johannes in besonderer Weise lebendig war, war der Ruf Jesu an seine Jünger, eins mit ihm zu sein und mit ihm wie einem geliebten Freund zu leben.»[55] Je größer die Gruppe der Christen wurde, umso mehr gab es Streit und Konflikte, Regeln wurden notwendig und die Gefahr nahm zu, dass Strukturen Vorrang vor dem Geist erhalten. Das Mystische und Spirituelle geriet in Gefahr, verloren zu gehen.

Gleichzeitig gab es die aufkommende Irrlehre, Jesus sei nicht wirklich Mensch gewesen, sein Leib sei also völlig unwichtig für die Botschaft. Bei Johannes wird deutlich, dass der Leib Jesu, die Inkarnation des Logos, im Herzen des mystischen Lebens ist und auch ein neues Wissen über Gott mit sich bringt. Vanier malt sich aus, wie Maria, die in so intimer Weise mit Jesus durch ihren Leib verbunden war, das Herz des Lieblingsjüngers, ihres geistlichen Sohnes (vgl. Joh 19,26f), bei der inneren Reise in die Verbundenheit mit Jesus geführt und angeleitet hat. Mit dem mystischen Realismus einer Frau, die erfüllt ist vom Geist der Wahrheit, muss sie ihm geholfen haben, die tiefe Bedeutung vieler seiner Worte und Gesten zu entdecken. Maria hat für Vanier ihren einzigartigen Beitrag am mystischen Gehalt der Frohbotschaft, dass das Leben der Kommunion mit Gott aus der Menschlichkeit des Sohnes hervorgeht. Er legt nahe, dieses Evangelium nicht zuvorderst um eines besseren theologischen, historischen und biblischen Wissens willen zu lesen, sondern aus dem Wunsch, sich in Jesu Geheimnis hineinnehmen zu lassen. Deshalb der Titel seines Johannes-Buches: «Drawn into the Mystery of Jesus through the Gospel of John».[56]

Mit Maria und Josef lebte Jesus in einer einfachen Handwerkerfamilie für gut dreißig Jahre im unbedeutenden Nazareth, ein gewöhnlicher Mensch unter gewöhnlichen Menschen, aß und trank wie alle, war auf Festen und Hochzeiten wie die anderen auch, ging in die Synagoge und an hohen Festtagen in den Tempel, um Gott zu verehren. Einer der ersten fünf Jünger, Philippus, scheint für alle zu sprechen, die skeptisch dieser unspektakulären Vorgeschichte gegenüber stehen: «Was soll aus Nazareth schon Gutes kommen?» (vgl. Joh 1,46). Für Vanier sind diese unscheinbaren Jahrzehnte Jesu jedoch von höchster Bedeutung, ja selbst Teil der Botschaft des Evangeliums. «Ich finde es wunderbar, dass Jesus mit Maria und Josef dreißig Jahre lang in Nazareth verborgen gelebt hat. Niemand hat ihn dort als den Christus, den Sohn Gottes, erkannt. Er hat demütig die Seligpreisungen gelebt. … Er hat den Alltag im Herzen der jüdischen Gemeinde … gelebt. Erst nachdem er die Frohbotschaft bereits gelebt hatte, hat er sie anderen verkündet.»[57] «Nazareth ist unsere Lebensschule, in der wir lernen, schlicht und bescheiden in der Gegenwart Gottes zu leben, mit unseren Händen zu arbeiten, unsere Mitmenschen aufzunehmen, wie sie sind … und unser Herz auf Mensch und Natur hin zu öffnen.»[58] Er sieht hier eine enge Verbindung zum alltäglichen Leben in der Arche, das meist auch völlig unspektakulär, gewöhnlich und scheinbar bedeutungslos ist. Man lebt miteinander, isst miteinander, spült ab, redet dies und das, gerät manchmal aneinander, versöhnt sich, feiert zusammen, singt und schweigt, lacht und weint, tanzt und betet. Aber genau dieser so gewöhnliche Lebensvollzug ist von allerhöchster Bedeutung und darf keiner irgendwie der Welt enthobenen Spiritualität geopfert werden. Vanier sieht ein eindeutiges Indiz, dass Jesus tatsächlich ein völlig unauffälliges Leben geführt hat. Er brauchte nämlich einen ‹sehr sichtbaren› Vorbereiter, der ihn kraftvoll öffentlich machte, er brauchte einen Johannes den Täufer. Dieser lebte spektakulär, in der Wüste, in einem Gewand aus Kamelhaar. In der Tradition der Propheten wandte er sich wortgewaltig an das Volk Israel und forderte es heraus, er erregte Aufsehen, zog Mengen von Menschen in seinen Bann. War er etwa selbst der verheißene und angesichts andauernder Fremdherrschaft so sehnlich erwartete Messias? Nein, er verweist auf den, der kommen wird. Vanier betont, dass alle, die Jesus nachfolgen, in der Tradition Johannes des Täufers stehen müssen. «Was für ein schöner Mensch! Welche Transparenz! Welche Demut! Wenn wir nur alle so sein könnten, nicht auf uns selbst und unsere spirituelle Macht zu verweisen, sondern auf Jesus, der uns in eine neue und tiefere Liebe hineinzieht.»[59] Meine Wahrnehmung von Jean ist, dass er diesen Johannes den Täufer bei allem, was er tut, schreibt und spricht, fest im Blick hat. Nicht eigene Ideen und Worte dürfen dominieren. Entscheidend ist das Verweisen auf Jesus und die Ermutigung der Menschen, sich auf ihn einzulassen, in freundschaftliche Beziehung mit ihm zu treten, auf seinen Namen hin und seiner Wahrheit zu glauben.[60]

Vanier erkennt beim Lesen der ersten Berufungen bei Johannes, dass die ersten fünf Jünger einander kennen und wohl befreundet sind. Durch ihre Freundschaft bestärken sie einander, Jesus nachzufolgen! Vanier betont, dass Freundschaft eine tiefe humane Realität ist, der Schatz eines jeden Menschen und die Basis für Gemeinschaft. Menschen mit der gleichen Hoffnung und Vision, ihrem Leben Sinn zu geben, die einander helfen, wenn einer in Schwierigkeiten ist, die miteinander arbeiten und kämpfen, sich miteinander vorwärts zu Neuem bewegen. Jesus, das fleischgewordene Wort, kennt die Bedeutung von Freundschaft, ja Freundschaft ist im Herzen seiner Botschaft. Er will unser Freund werden, damit wir Freunde Gottes werden.[61]

Jesus bildet die Fünf nicht aus, wie man es erwarten könnte. Er geht zum Beispiel nicht in die Wüste mit ihnen. Nein, als erstes geht er mit ihnen auf ein Fest, eine Hochzeit! Typisch für Vanier ist, dass er dazu phantasievoll hinzufügt, er könne sich nicht vorstellen, dass Jesus abseits mit ernster Miene saß, vielleicht mal mit dem einen oder anderen ein paar Worte wechselte oder gar erst im letzten Moment erschien, um ein Wunder aufzuführen! Er hat natürlich mitgefeiert![62] Sinnbildlich ist eine Hochzeit die Feier der Einheit, der Liebe und der Freude, aber auch des sich Anvertrauens in aller Kleinheit; verletzlich, nackt und demütig. Die Botschaft Jesu entspricht dem tiefen Verlangen des Menschen, geliebt zu werden. Es geht da nicht um ein hohes spirituelles Bewusstsein. «Religion ist nicht einfach ein ‹ernstes› Geschäft, Gutes tun, Theologie lernen, Pflichten erfüllen, der Gier entsagen. Das Herz der Religion Jesu ist Beziehung, Feier und Kommunion in der Freude der Liebe. … Ist nicht die Eucharistie ein Ort für so eine Feier, Kommunion und Zusammengehörigkeit?»[63] Auch für die Arche sind Feste und Mahlzeiten von zentraler Bedeutung, geben der Freude aneinander Ausdruck und führen befreiend über den Alltag hinaus, ja, erschließen erst den tieferen Sinnhorizont.

Bei der Begegnung mit der Samariterin am Brunnen zeigt Jesus exemplarisch, wie er heilt und Menschen aufrichtet. Er gibt ihr zu verstehen, dass er sie braucht, gibt ihr so Leben, und dadurch verwandelt kann sie anderen Leben geben. Die Samariterin gehört für die Juden zu einer verachteten Minderheit. Sie hatte viele zerbrochene Beziehungen hinter sich, weshalb sie auch innerhalb ihres eigenen Volkes eine Ausgegrenzte war. Mit einem zerbrochenen Selbstbild, tiefen Gefühlen der Schuld und Wertlosigkeit kommt sie allein und in der Mittagshitze zum Brunnen. Sie meidet den Kontakt zu den anderen. Jesus ist allein dort und müde. «Gib mir zu trinken!» (Joh 4,7). Er bricht mit den Regeln, denn ein Jude spricht nicht mit Samaritern und auch nicht mit einer Frau, die allein ist. Jesus verurteilt sie nicht, belehrt sie nicht, sondern nähert sich ihr als müder und durstiger Bettler. Er sucht das Gespräch und die Beziehung mit ihr, vertraut ihr, und so gibt er ihr Selbstwertgefühl. Für Vanier ist das Verhalten Jesu geradezu ein Lehrbeispiel: So sollen wir uns Menschen nähern, die zerbrochen und verwundet sind! Nicht von oben herab, sondern demütig von unten. Ihnen mit Wertschätzung Hoffnung geben: «Du bist wertvoll, einzigartig und wichtig!» In der Arche hat es Vanier so oft erlebt, wie zerbrochene Menschen wieder Selbstvertrauen und Selbstwert zurückgewinnen. Damit sie wachsen können, braucht es jemanden, der sie liebt, wertschätzt, bestätigt.[64] Es braucht aber auch die vertrauende Annahme der eigenen Verwundungen. Deshalb berührt Jesus die Wunde der Frau: «Geh, ruf Deinen Mann und komm wieder her! ... Ich habe keinen Mann» (Joh 4,16f). Nur durch die Annahme der eigenen Wunden kann letztlich Heilung geschehen.

Beim ersten Besuch Jerusalems geht Jesus in den Tempel, das Haus des Vaters, das Haus der Gegenwart Gottes. Was findet er vor? Marktgeschrei und Geldgeschäfte ... Jesus ‹räumt auf› damit. Gott kann Rituale nicht ertragen, die leere Handlungen sind und nicht vom Herzen her kommen.[65] Als Jesus zum zweiten Mal nach Jerusalem kommt, geht er nicht in den Tempel, sondern ins Asyl für die Ungewollten und Ausgestoßenen. Für Vanier spielt das darauf an, dass Jesus auch hier das Haus des Vaters sieht. «In Jerusalem gibt es beim Schaftor einen Teich, zu dem fünf Säulenhallen gehören; dieser Teich heißt auf Hebräisch Betesda. In diesen Hallen lagen viele Kranke, darunter Blinde, Lahme und Verkrüppelte.» (Joh 5,2f). Indem Jesus das Asyl beim Teich Betesda aufsucht, zeigt er, dass er den Graben, der Menschen voneinander trennt, überbrücken möchte. Er möchte die Menschen zusammenführen, seien sie nun Verrückte, Weise, Mächtige oder Schwache.[66] Vanier belebt diese Szenerie: «Stellen Sie sich Jesus vor, wie er von einem zum anderen geht, freundlich und mitfühlend jeden berührt, jeden als Person ansieht und ein Wort der Ermutigung und des Friedens findet!»[67] Diese von Jesu vorgelebte personale Weise der Begegnung mit einem Hilfebedürftigen ist für Vanier von hoher Bedeutung. Er weist darauf hin, dass von der Arche aus immer wieder solche Asyle besucht werden. Es können aber nur einige aufgenommen werden. «Unsere Gemeinschaften sind nicht eine Lösung für alle behinderten Menschen.»[68] Es ist mehr zeichenhaft: So wie den wenigen Aufgenommenen Wertschätzung entgegengebracht wird, so müsste es gegenüber allen sein. Und in jeder Begegnung mit einem armen und schwachen Menschen wird eine Wirklichkeit berührt, die ganz einfach zum Leben eines jeden Menschen gehört. «Unser Leben ist eine Reise von der Schwachheit eines Neugeborenen, das wir einst waren, zur Schwachheit eines alten Menschen, der wir einmal sein werden. Unser Leben ist eine Reise des Wachstums, von Unwissenheit zur Weisheit, von der Selbstsucht zum sich Geben, von der Angst zum Vertrauen, von Schuldgefühlen zu innerer Befreiung, vom Mangel an Selbstwert zur Annahme unserer selbst.»[69] Menschen, die die auch zu ihrer Lebensgeschichte gehörende konstitutive Schwachheit übersehen, werden weder einem anderen in seiner Schwachheit noch sich selbst wahrhaft menschlich begegnen können.

Sind behinderte Kinder oder ist eine Behinderung eine Strafe Gottes? Diese Meinung war zur Zeit Jesu sehr verbreitet, und deshalb war es auch nicht weiter verwunderlich, dass man diese Menschen ausgrenzte. Jesus nimmt Stellung zu dieser unheilen Situation. Er und seine Jünger verlassen den Tempel, in dem eine leidvolle Diskussion mit Pharisäern und Schriftgelehrten stattgefunden hatte. Am Ende wollte man ihn gar steinigen (vgl. Joh 8,59). Sie treffen auf einen Bettler, einen Blindgeborenen. Vanier stellt sich vor, dass Jesus sicher tief bewegt von diesem aus der Gesellschaft Ausgeschlossenen war. Speziell jetzt, da er selbst Ausschluss seitens der jüdischen Autoritäten erfahren hatte.

> «Die Jünger stellen Jesus eine Frage, die jede Kultur kennt: ‹Warum wird jemand mit einer Behinderung geboren? Wessen Fehler ist dies?› Ich habe diese Frage immer wieder von Eltern behinderter Menschen gehört: ‹Warum wir?› – ‹Rabbi, wer hat gesündigt, dieser Mann oder seine Eltern, sodass er blind geboren wurde?› (Joh 9,2) Hier sehen wir Leute, die *über* einen Menschen mit einer Behinderung sprechen; sie treten nicht in ein Gespräch oder in eine Beziehung *mit* ihm ein. Der Blinde erscheint als ein Niemand, ohne Stimme, Hoffnungen oder eigene Bedürfnisse. So ergeht es Menschen mit Behinderungen nicht selten. Sie werden als Nobodys behandelt. Warum werden sie so zur Seite geschoben? Warum sind wir so voller Vorurteile in Bezug auf sie? Kann eine Behinderung eine Strafe Gottes für irgendeine geheime Sünde sein? So eine Idee kann uns nur kommen, wenn wir denken, Gott handle wie wir: ‹Du tust mir weh, so werde ich Dir nun auch weh tun. Auge um Auge und Zahn um Zahn.› Wir meinen, wenn Leute Erfolg und Wohlstand haben, eine gute Arbeit, gute Familien, dann ist dies ein Zeichen, dass sie von Gott gesegnet sind, während Versagen, zerbrochene Beziehungen und

> schlechte Gesundheit Zeichen dafür sind, dass etwas falsch oder schlecht in ihrem Leben läuft.»[70]

Jesus hat eine andere Sicht: «Weder er noch seine Eltern haben gesündigt, sondern das Wirken Gottes soll an ihm offenbar werden» (Joh 9,3). Und Vanier zieht daraus eine ganz einfache Schlussfolgerung:

> «Menschen mit Behinderungen sind wie jeder andere auch. Jede Person ist einzigartig und wichtig, was immer ihre Kultur, Religion, Fähigkeiten oder Behinderungen sein mögen. Ein jeder wurde von Gott und für Gott geschaffen. Ein jeder von uns hat ein verletzbares Herz und sehnt sich danach zu lieben, geliebt und geachtet zu werden. Ein jeder hat eine Sendung. Ein jeder von uns ist geboren, damit Gottes Werk in uns getan werde. Menschen mit Behinderungen mögen viele Nachteile haben, wenn es um Wissen und Macht geht, aber in Bezug auf das Herz und die Dinge der Liebe haben viele einen Vorteil. Sie brauchen Hilfe und rufen nach Gegenwart und Freundschaft. Auf geheimnisvolle Weise scheinen sie Offenheit für den Gott der Liebe und die Liebe Gottes zu bewirken. Im Kontrast dazu scheinen die, die für sich selbst Einfluss, Beifall und Reichtum suchen, Gott gegenüber in ihrer Selbstgenügsamkeit verschlossen zu sein. Jesus offenbart, dass dieser blind geborene Mann für die Liebe gemacht ist.»[71]

Vanier spricht offen an, dass viele in unserer Gesellschaft und in unseren Kirchen Schwierigkeiten haben zu glauben, dass schwache Menschen anderen etwas geben können. Zu sehr favorisiert unsere Kultur die Kleveren, die Gewinner und die Produktiven. Mag sein, dass viele sogar bereit sind, sich zu bücken, um den Schwachen und Armen zu helfen. Aber glauben sie wirklich, dass diese im vollen Sinne Menschen und Kinder Gottes sind? Dass sie etwas zur Gesellschaft und zur Kirche beitragen können? Vaniers Schlussfolgerung: «Unsere am Produktiven ausgerichtete Kultur erkennt in ihrem Leben keinen Sinn.»[72] In diesem Zusammenhang erinnert er gerne an ein Paulus-Wort: «Seht doch auf eure Berufung, Brüder! Da sind nicht viele Weise im irdischen Sinn, nicht viele Mächtige, nicht viele Vornehme, sondern das Törichte in der Welt hat Gott erwählt, um die Weisen zuschanden zu machen, und das Schwache in der Welt hat Gott erwählt, um das Starke zuschanden zu machen. Und das Niedrige in der Welt und das Verachtete hat Gott erwählt: das, was nichts ist, um das, was etwas ist, zu vernichten, damit kein Mensch sich rühmen kann vor Gott» (1 Kor 1,26–29). Auch das Pendant dazu, der Jubelruf Jesu bei Lukas, gehört zu den Lieblingsstellen Vaniers: «In dieser Stunde rief Jesus, vom Heiligen Geist erfüllt, voll Freude aus: Ich preise dich, Vater, Herr des Himmels und der Erde, weil du all das den Weisen und Klugen verborgen, den Unmündigen aber offenbart hast. Ja, Vater, so hat es dir gefallen» (Lk 10,21). «Das heißt nicht, dass die Starken, Klugen oder von der Gesellschaft geachteten nicht wertvoll und von Gott gewählt sind! Aber sie müssen entdecken – und vielleicht können ihnen die Schwachen und die ‹Verrückten› dabei helfen –, wie Schwachheit uns zu Gott hinziehen kann.»[73] Vanier nimmt sich da nicht aus, sondern spricht offen an, dass ihm dies so selbst widerfahren ist: «Ich muss sagen, dass es für mich selbst eine Verwandlung war, in der Arche zu sein. Als ich die Arche gegründet habe, war dies, um ‹gut zu sein› und ‹Gutes zu tun› für behinderte Menschen. Ich hatte keine Idee davon, dass diese Menschen mir selbst Gutes tun würden. Ein Bischof sagte mir einmal: ‹Ihr in der Arche seid verantwortlich für eine kopernikanische Revolution: Bis jetzt waren wir gewohnt zu sagen, dass wir den Armen Gutes tun sollten. Ihr sagt, dass die Armen Euch Gutes tun!› Die Menschen, die wir heilen, heilen in Wahrheit uns, auch wenn sie das gar nicht wahrnehmen. Sie rufen uns zur Liebe auf und erwecken in uns das Wertvollste: Mitgefühl.»[74]

Wir kommen zu einer Szene, in der uns Vanier eine wirklich außergewöhnliche Sicht des Lazarus vorstellt (vgl. Joh 11,1–44). Für mich ist dies eine kleine Perle in seinen Johannes-Meditationen: «Dies ist eines der einfachsten und schönsten Kapitel im Evangelium nach Johannes. Es zeigt, wie zutiefst menschlich und gänzlich göttlich Jesus ist. Es geht um Jesus, der Menschen liebt und einen Mann vom Tod erweckt, der bereits vier Tage im Grab lag … Es geht um Lazarus … Lazarus wird tief geliebt von seinen beiden Schwestern, und Jesus hat eine ganz besondere Beziehung mit ihm.»[75] Diese besondere Beziehung wird durch den Evangelientext sehr deutlich. Marta und Maria, die Schwestern des Lazarus, lassen Jesus eine Nachricht zukommen: «Herr, dein Freund ist krank» (Joh 11,3). Vanier macht darauf aufmerksam: Dies ist das erste Mal bei Johannes, dass Jesus jemanden so liebt, in Freundschaft und Gegenseitigkeit. Die ihm Nachfolgenden werden bis dahin als Jünger, als Schüler bezeichnet. Erst später wird Jesus auch sie Freunde nennen (vgl. Joh 15,15).

Soweit ist alles nicht neu. Aber Jean Vanier geht noch einen Schritt weiter. Was für ein Freund ist denn dieser Lazarus? Es ist eigentümlich. Er spricht nichts und man erfährt praktisch nichts über ihn. Das Haus der Geschwister wird im Lukas-Evangelium als Haus der Marta bezeichnet (vgl. Lk 10,38). Das befremdet zusätzlich. Denn wenn der Bruder dort mitlebte, so wäre üblicherweise nach ihm, dem «Mann im Haus», das Haus benannt. Aber: «Lazarus scheint ein Nobody, ein Niemand zu sein, ausgenommen, dass seine Schwestern und Jesus ihn zutiefst liebten. Er scheint in der Mitte der Familie zu sein und lebt gemeinsam mit seinen zwei unverheirateten Schwestern. Nachdem ich all das gelesen hatte, konnte ich mir nicht helfen, ich musste aufgrund meiner Erfahrung mit behinderten Menschen in der Arche zum Schluss kommen, dass Lazarus eine Behinderung hatte und wahrscheinlich eine sehr schwere. Hatten die zwei unverheirateten Schwestern die Aufgabe, nach ihm zu schauen?»[76] Dieser Mann und seine zwei Schwestern werden als Erste bei Johannes Freunde Jesu genannt. Sie waren also wohl schon über eine lange Zeit hin einander bekannt und vertraut. Hatte Jesus einen schwer behinderten Mann zum Freund? Einen, der nichts reden konnte, der vielleicht täglicher Pflege bedurfte? Vanier erweitert das Zitat aus Joh 11,3: «Der, den Du oft besuchst und badest, den du mit Zärtlichkeit und tiefem Gefühl liebst, ist in Todesgefahr.»[77] Vanier fügt sogleich hinzu, dass diese Gedanken natürlich nur eine Vermutung sind. Aber was hätte Jesus aus dieser besonderen Freundschaft heraus für sich und seine Botschaft gelernt? Aus dem Umgang mit einem schwer behinderten Menschen? Einem Menschen, bei dem es nicht um Heilung geht, sondern darum, ihm zärtlich zugewandt zu sein, Zeit mit ihm zu teilen, auch wenn über Worte kein Gespräch zustande kommen kann, ein Bad liebevoll zu gestalten, ihn spüren zu lassen: «Du bist wertvoll und geliebt!» …? Lazarus – ein Freund Jesu. Eine Freundschaft, die zum Nachdenken einlädt.

Wir gehen weiter zur Fußwaschung im 13. Kapitel nach Johannes. Vanier liebt diese Szene ganz besonders. «Jesus kniet vor seinen Jüngern wie ein Sklave und wäscht ihnen die Füße. In dieser einfachen Geste enthüllt er das Angesicht Gottes und einen neuen Weg für uns, Autorität auszuüben, Menschen zur Einheit zu bringen und für Frieden zu arbeiten. Es ist der Weg der Demut und des Dienstes.»[78] Petrus wehrt entschieden ab. Der Meister darf nie und nimmer ihm die Füße waschen! Er braucht Jesus über sich, nicht unter sich. Aber Jesus will eine andere Beziehung zu Petrus. Jesus nimmt in der Fußwaschung den untersten Platz ein. 1998 wurde Jean Vanier zum Weltkirchenrat in Genf eingeladen. Am Ende seines Vortrags leitete er zu einer liturgischen Fußwaschung über, mit Vertretern aus rund 230 verschiedenen christlichen Kirchen. «Gesten sagen manchmal mehr als Worte. Es war ein Moment der Gnade und der Einheit.»[79] In den Archen hat das Ritual der Fußwaschung einen festen Platz. Bei uns im «Nauen» geschieht dies am Gründonnerstag. Wir setzen uns in überschaubaren Gruppen in einem Stuhlkreis zusammen. In einer ruhigen und besinnlichen Atmosphäre ist jede und jeder einmal in der Rolle des Waschenden und einmal in der Rolle dessen, der die Füße gewaschen bekommt. Das geht ohne vorherige Ordnung einfach der Reihe nach vor sich. Wenn dabei eine Bewohnerin mit einer geistigen Behinderung einer Assistentin die Füße wäscht, die vielleicht sonst gerade in pflegerischen Belangen die Begleiterin ist, so wird durch diese Handlung das im Alltag meist unvermeidbare Gefälle zwischen dem Menschen, der hilft, und dem, dem geholfen wird, sichtbar und erlebbar umgekehrt. Durchs Tun wird für beide tief spürbar zum Ausdruck gebracht, dass die Beziehung zwischen Bewohnerin und Assistentin nicht eine Einbahnstraße, sondern ein Miteinander ist, bei dem beide geben und empfangen. Ich wurde schon oft Zeuge, wie liebevoll und durchaus auch mit innerem Stolz Bewohner und Bewohnerinnen unserer Arche ihren Begleitern und Begleiterinnen die Füße gewaschen haben. Diese Geste stiftet eine wirklich tief gehende Verbundenheit. Das Waschen der Füße wird jeweils damit abgeschlossen, dass der Gewaschene für einen stillen Moment die Hände zum Segen und Dank dem anderen auflegt. Jean Vanier erläutert, wie ihm der Sinn der Fußwaschung in der Begleitung des bereits erwähnten Eric aufgegangen ist.

> «Ich habe noch nie so viel Pein in einem jungen Menschen gesehen wie bei Eric. Es war ein Wunsch in ihm zu sterben. Viele der behinderten Menschen, die in der Arche willkommen geheißen werden, haben ein gebrochenes Selbstbild. Sie wurden als Enttäuschung für ihre Eltern angesehen; sie sind nicht so gewollt, wie sie sind, und so fühlten sie, dass sie nicht gut sind. Wenn Menschen nicht geliebt werden, mögen sie sich selbst als nicht liebenswert fühlen. … Die Vision der Arche ist, Menschen zu helfen, ihren Wert wiederzuentdecken, ihre Schönheit und ihre Bedeutung. Aber wie können wir jemandem wie Eric zu dieser Verwandlung helfen, der weder sieht noch hört noch versteht? Der einzige Weg, mit ihm zu kommunizieren, war durch Berührung. Durch die Weise, wie wir ihn berührten, hielten und seinen Leib mit Respekt und Liebe wuschen, waren wir in der Lage, uns ihm mitzuteilen und ihm zu zeigen, dass er wertvoll ist.»[80]

Von dieser Erfahrung her beleuchtet Vanier die Szene in Johannes 13: «Ich kann mir vorstellen, mit welcher Zärtlichkeit Jesus die Füße der Jünger wäscht, in ihre Augen schaut, jeden bei seinem Namen ruft und an jeden ein besonderes Wort richtet. Wenn er beim Mahl spricht, spricht er zu allen. Er hat nicht einen persönlichen, individuellen Kontakt zu jedem. Aber als er demütig vor jedem hinkniet und ihre Füße wäscht, hat er einen persönlichen Kontakt mit jedem. Er zeigt jedem seine Liebe, und das ist beides, Trost und Herausforderung.»[81] Die Fußwaschung ist eine Zeichenhandlung, die dazu hinführt, andere so zu lieben, wie Gott sie liebt.[82]

Wir nähern uns dem Ende dieser Hinführung zu Jean Vanier und der Arche. Mir ist sehr bewusst, was alles nicht angesprochen wurde. Ein nochmaliger Hinweis auf die umfangreiche und gehaltvolle Biographie Kathryn Spinks sei deshalb erlaubt.[83] Bei ihr finden sich hochinteressante und manchmal auch sehr amüsante Details zu Jean Vanier, Père Thomas und der Arche. Die ökumenische, interreligiöse und interkulturelle Ausrichtung der Arche wird dort ausführlicher dargestellt. Thematisiert wird auch die Gratwanderung und Zerreißprobe für so viele Archegemeinschaften, der Spagat zwischen religiös fundierter Lebensgemeinschaft *mit* geistig behinderten Menschen und staatlich anerkannter, subventionierter und professioneller Institution *für* sie, samt Qualitätsmanagement und behördlichen Auflagen. Dies alles kann hier nicht vertieft werden. Ich ziehe einen «leichten» Abschluss vor.

Es gibt neben der zu Beginn ausführlich geschilderten Begegnung zwischen Jean Vanier, der Arche und Papst Johannes Paul II. eine weitere sehr anschauliche Episode. Anlässlich einer Wallfahrt nach Rom bekamen Vanier und Mitglieder der Arche eine Privataudienz bei Johannes Paul II. Die Gruppe wurde in einen Saal geführt und wartete dort auf sein Kommen. Dabei war auch Fabio, ein recht schwer behinderter junger Mann. Fabio kann nicht sprechen, aber recht flott und gut gehen! Er blieb nicht bei den anderen stehen, sondern lief schnurstracks zum schönsten Sessel, den er ganz vorne erspäht hatte, machte es sich in ihm bequem und schaute freudig erregt dem Treiben im Saal zu. Der Sessel war natürlich für den Papst bestimmt! Vanier schreibt dazu, er hätte es nie gewagt, zu tun, was Fabio tat. Die Haltung, sich bestimmten Erwartungen anzupassen und möglichst nicht gegen Normen zu verstoßen, vielleicht auch die Befürchtung, zurechtgewiesen zu werden, hätte ihn wohl davon abgehalten. Menschen wie Fabio sind da viel unbefangener. Weder hatte Fabio bei seiner spontanen Aktion Scheu vor irgendetwas, noch wollte er jemanden verärgern. Es ist einfach seine Art, intuitiv und innerlich frei zu handeln. Fabio ist dabei ganz in der Gegenwart, was sehr typisch für viele Menschen mit einer geistigen Behinderung ist. Irgendwann in der Vergangenheit angeeignete Konventionen spielen da kaum eine Rolle, ebenso wenig eine in der Zukunft erwartete oder gar befürchtete Konsequenz des Handelns.[84] Ich kenne Fabio auch ein wenig und spüre bei ihm eine ganz andere Frage, die ihn umtreibt und die er einem mit einem wortlosen Blick zu stellen scheint: «Hast Du mich wirklich gern?» Menschen wie Fabio scheinen in dieser Frage wie gefangen zu sein. Aber gerade dadurch rufen sie andere zu Vertrauen, zu Beziehung und Freundschaft. Vanier erkennt darin Folgendes: «Ich spüre, dass heute eine neue Form der Spiritualität in der Kirche geboren wird, die aus den verwundeten Herzen der Schwachen und Zerbrochenen fließt, die nach Freundschaft rufen. Diese Freundschaft ist auch eine Quelle der Heilung für die, die ihrem Ruf antworten.»[85] Dazu ein letzter Gedanke von Jean Vanier: «Wenn die Armen und Schwachen gegenwärtig sind, bewahren sie uns, in die Falle der Macht zu treten, auch der Macht, Gutes zu tun, zu denken, es seien wir, die die Guten sind, die Spirituellen, die den Erlöser und seine Kirche retten müssen. Wenn wir nahe bei den Armen und Schwachen sind, dann beginnen wir unsere eigene Armut und Schwachheit anzunehmen; wir lernen, verletzlich anderen gegenüber zu werden, sie nicht zu beherrschen.»[86]

Schließen möchte ich mit einer Einschätzung der Arche aus der Feder von Pater Medard Kehl SJ, Professor für Dogmatik und Fundamentaltheologie an der

Philosophisch-Theologischen Hochschule St. Georgen in Frankfurt am Main. Er ist langjähriger Freund und seit 2005 geistliches Mitglied unserer Arche «Im Nauen». In seiner Darlegung der Ekklesiologie kommt er auch auf die Arche zu sprechen, und ich meine, er trifft die Ausrichtung der Spiritualität Jean Vaniers und den grundlegenden Sinn der Arche sehr genau. Kehl ist überzeugt, die Kirche werde die gegenwärtige Situation gut bestehen, «wenn es ihr gelingt, im Vertrauen auf die einheitsstiftende Kraft des Hl. Geistes allmählich neue ‹kommunikative Sozialmilieus› zu bilden».[87] Bei der Suche nach Modellen für solche Milieus spricht er Gemeinschaften wie der Arche eine beispielhafte Rolle zu:

> «Neue Sozialformen des Glaubens werden wohl Orte sein, in denen Menschen, die in irgendeiner Form zu den *Armen* zählen, in der Mitte des gemeinsamen Lebens ihren Platz haben. Diese Erfahrung ist mir bei den behinderten Menschen in den Arche-Gemeinschaften nach der Spiritualität Jean Vaniers geschenkt worden. Ohne einer leicht schwärmerischen Mythologisierung der Armen zu verfallen, als wenn sie nicht wie alle Menschen erbsündlich belastet und auf ihre Weise von Trägheit, Bosheit und Aggressivität u. ä. angefochten wären, stellt es sich doch in solchen und ähnlichen Gruppen immer wieder heraus, dass die Armen da, wo sie nicht bloß Adressat noch so guter, fürsorglicher Betreuung sind, sondern mittragendes Subjekt einer Gemeinschaft sein können, ein großes Geschenk für diese Gemeinschaften sind.»[88]

1 Zur Arche und speziell auch zum «Nauen»: Hans Schaller SJ, Wenn Leid Gemeinschaft stiftet. Fribourg 1992.

2 Die offiziellen Redetexte von Vanier und Papst Johannes Paul II. finden sich in: L'Arche et L'Eglise. Remise du Prix Paul VI 1997 à Jean Vanier. Herausgeber: L'Arche – La Ferme, B.P. 35, F-60350 Trosly-Breuil 1997. Zum Verlauf der Übergabe gibt es eine nicht veröffentlichte Zusammenfassung des Archemitgliedes Alain Saint-Macary. Pater Hans Schaller SJ hat gestützt auf diese Zusammenfassung und unter Berufung auf weitere Augenzeugen einen kleinen Artikel veröffentlicht: Als der Papst wieder zu Kräften kam. Eine Glosse von Hans Schaller. Schweizerische Kirchenzeitung (SKZ) 29–30/1998.

3 Jean Vanier, Jesus – geschenkte Liebe. Freiburg i. Br. 1994.

4 Nachdem dieses Buch auf Deutsch längere Zeit vergriffen war, ist es in einer Neuauflage wieder erhältlich: Jean Vanier, In Gemeinschaft leben. Haan 2006. Auf Vaniers Ausführungen zum gemeinschaftlichen Leben kann ich im Rahmen dieses Beitrags nicht näher eingehen, weshalb ich einschlägig Interessierte auf diese Neuauflage hinweisen möchte.

5 Kathryn Spink, Jean Vanier. The miracle, the message, the story. Jean Vanier and l'Arche. London 2006.

6 Vgl. ebd., 192 und 213f.

7 Ein empfehlenswertes Buch mit Erfahrungen und Geschichten aus der Arche Tirol: Christian

Sint, Karriere nach innen. Innsbruck/Wien 2004.

8 Erna Mauderli hat sehr gerne zugestimmt, dass die kleine Episode mit ihrem Namen in dieses Buch aufgenommen wird.

9 Vgl. Anmerkung 5.

10 Meine Ausführungen zur Biographie Jean Vaniers und zum Werdegang der Arche basieren auf meiner eigenen Kenntnis, ergänzt durch Informationen aus dem Buch von Spink (s. Anm. 5). Wo ich mich direkt auf Abschnitte aus der Biographie von Spink beziehe oder – in eigener Übersetzung aus dem Englischen – zitiere, habe ich das entsprechend in den Fußnoten angemerkt.

11 Vgl. Spink (s. Anm. 5), 13–17.

12 Vgl. ebd. 17f.

13 Vgl. ebd. 18–21.

14 Vgl. ebd. 22–29.

15 Père Thomas wurde 1905 bei Lille geboren und starb 1993. Er ist in Trosly-Breuil begraben.

16 Spink (s. Anm. 5), 41.

17 Vgl. ebd. 41–44.

18 Vgl. ebd. 31 und 39–45.

19 Ebd. 169.

20 Vgl. ebd. 46, 49 und 55f.

21 Jean Vanier, Lettres de L'Arche N° 59 et 60, Edition spéciale, 25ème anniversaire – notre histoire, Eigenverlag der Arche in F-Trosly-Breuil 1989, 2f. Die Übersetzung aus dem Französischen ist hier wie im Folgenden der deutschsprachigen Auflage dieser Sonderausgabe der «Briefe der Arche» Nr. 59 und 60 entnommen. Hg.: Christlicher Verein Arche e. V., Hamburg o. J.

22 Vgl. Spink (s. Anm. 5), 59–61.

23 Ebd. 61.

24 Vanier, Lettres (s. Anm. 21), 4.

25 Vgl. ebd. 9–14.

26 Die «Charta der Gemeinschaften der Arche» wurde im Mai 1993 beim internationalen Föderationstreffen der Arche-Gemeinschaften in Québec, Kanada verabschiedet. Die von den deutschsprachigen Gemeinschaften koordinierte Übersetzung aus dem Englischen und Französischen kann unter folgender Adresse bezogen werden: Arche Im Nauen, Postfach 34, CH-4146 Hochwald. Sie ist auch wiedergegeben in der Zeitschrift Entschluss, 7/8 (1995) 6–8.

27 Spink (s. Anm. 5), 173.

28 Vgl. ebd. 172–174.

29 Vgl. zum Folgenden ebd. 177–180.

30 Jean Vanier, Herausfordernde Gemeinschaft – Eine praktische Hinführung zum gemeinsamen Leben. Salzburg 1985, 140.

31 Ebd. 140.

32 Vanier, In Gemeinschaft leben (s. Anm. 4), 27.

33 Vanier, Lettres (s. Anm. 21), 56f.

34 Spink (s. Anm. 5), 180.

35 Jean Vanier, Heilende Gemeinschaft. Salzburg o. J., 179.

36 Vanier, Lettres (s. Anm. 21), 10.

37 Spink (s. Anm. 5), 265f.

38 Vgl. zum Folgenden ebd. 217.

39 Vanier, Lettres (s. Anm. 21), 2.

40 Jean Vanier, Heile, was gebrochen ist. Die Botschaft vom ganzen Menschen. Freiburg i. Br. 1990, 61. Vgl. Lk 14,12–14.

41 Ebd., 61f.; vgl. Lk 14,15–24.

42 Jean Vanier, Drawn into the Mystery of Jesus through the Gospel of John. London 2004, 238. Übersetzungen aus dem Englischen hier und im Folgenden durch Th. W.

43 Ebd. 7.

44 Joseph Ratzinger/Benedikt XVI., Jesus von Nazareth. Freiburg i. Br. 2007, 11.

45 Vanier, Drawn into the Mystery of Jesus (s. Anm. 42), 15.

46 Ebd. 9.

47 Ebd.

48 Ebd. 10.

49 Ebd.

50 Vgl. ebd. 39f.

51 Vgl. ebd. 17–24.

52 Ebd. 358.

53 Ebd. 276.

54 Ebd. 12.

55 Ebd. 13.

56 Vgl. ebd. 13f.

57 Vanier, In Gemeinschaft leben (s. Anm. 4), 387.

58 Vanier, Heile, was gebrochen ist (s. Anm. 40), 165.

59 Vanier, Drawn into the Mystery of Jesus (s. Anm. 42), 32.

60 Vgl. ebd. 25–35.

61 Vgl. ebd. 45.

62 Vgl. ebd. 52.

63 Ebd. 61.

64 Vgl. ebd. 92.

65 Vgl. ebd. 71.

66 Vgl. ebd. 104.

67 Ebd.

68 Ebd. 105.

69 Ebd. 116.

70 Ebd. 171f.

71 Ebd. 172f.

72 Ebd. 103.

73 Ebd. 173.

74 Ebd.

75 Ebd. 195.

76 Ebd. 196.

77 Ebd.

78 Ebd. 223.

79 Ebd. 230.

80 Ebd. 231f.

81 Ebd. 232f.

82 Vgl. ebd. 233.

83 Vgl. Anmerkung 5.

84 Vgl. Jean Vanier, Einfach Mensch sein – Wege zu erfülltem Leben. Freiburg i. Br. 2001, 110f.

85 Jean Vanier in: Stanislaus Kennedy (Hrsg.), Spiritual Journeys. An anthology of writings by people living and working with those on the margins. Dublin 1997, 7.

86 Vanier, Drawn into the Mystery of Jesus (s. Anm. 42), 238f.

87 Medard Kehl SJ, Die Kirche – Eine katholische Ekklesiologie. Würzburg 1992, 199.

88 Ebd. 203.

Albert Schmucki

Henri Nouwen – Zum Haus des Segens finden

Irgendwie habe ich den Eindruck, Henri Nouwen persönlich begegnet zu sein. Vielleicht hängt dies mit einer kurzen Begegnung im Jahr 1986 zusammen: Es war in der Nähe des Bahnhofs «Stazione Termini» in Rom. Ich war mit einer Gruppe der Comunità di S. Egidio, einer Art studentischer Basisgemeinde, unterwegs, um einige «Barboni», so heißen die Clochards in Rom, zu besuchen. Da sah ich, wie ein Mann sich unbemerkt unserer Gruppe anschloss. Er schien irgendwie in den Anblick dieser Begegnung mit Bettlern versunken zu sein, hielt sich jedoch bewusst im Hintergrund. Nach kurzer Zeit wurde er von einem Mitglied der Comunità weitergeführt und verschwand. Erst einige Jahre später fiel mir beim Betrachten eines Photos von Henri Nouwen diese Szene wieder ein, und mir wurde klar, warum mir sein Gesicht irgendwie bekannt vorkam.

Allerdings ist es nicht so sehr diese eine Erinnerung, die in mir den Eindruck weckt, Henri Nouwen persönlich begegnet zu sein. Es ist vielmehr die Unmittelbarkeit Nouwens, seine Art, sich selbst mitzuteilen und mich so an seinem äußeren und inneren Leben teilhaben zu lassen, die mir das Gefühl vermittelt, mehr von ihm zu kennen als nur einige seiner Ansichten zu einer erneuerten christlichen Spiritualität. Die Faszination der Texte Nouwens hängt nicht zuletzt damit zusammen, dass er sich selbst als Person immer mit ins Spiel bringt, sogar dann, wenn dies bedeutet, dass sich dadurch seine Verletzlichkeit nur umso deutlicher zeigt:

> «Heute Nachmittag um drei Uhr rief meine Schwester aus den Niederlanden an, um mir mitzuteilen, dass meine Schwägerin ein, wie die Diagnose ergab, mongoloides Töchterchen zur Welt gebracht habe… Ich telefonierte in die Niederlande und sprach mit Heiltjen, meiner Schwägerin. ‹Unser Leben wird fortan mit Laura ganz andere Formen annehmen›, sagte sie. Mein Bruder Laurent war zur Zeit meines Anrufs nicht im Krankenhaus, aber meine Schwester wie auch Heiltjen sagten mir, wie sehr es ihn getroffen habe. Noch fällt es mir schwer, mir diese Nachricht ganz zu eigen zu machen. Mir will kaum viel anderes in den Sinn kommen als dieses Kindchen, das für meinen

Bruder und meine Schwägerin zum Mittelpunkt des Lebens werden und sie in eine Welt führen wird, an die sie nicht im Traum gedacht haben... Laura wird einmal für unsere ganze Familie wichtig sein. Wir haben noch nie einen ‹Schwächling› in der Familie gehabt. Wir sind samt und sonders Menschen, die zupacken, ehrgeizig sind, es zu etwas gebracht haben und selten Ohnmacht hinnehmen mussten. Da kommt nun Laura mit einer ganz neuen Geschichte, einer Geschichte, deren Thema Schwäche, Gebrochenheit, Gefährdung und totale Abhängigkeit sind... Ich hoffe und bete, dass ich Laurent und Heiltjen auf ihrem langen Weg mit Laura Stütze sein kann und dass Laura uns alle einander und Gott näher bringen möge».[1]

Aus welcher Quelle nährt sich dieser Drang Henri Nouwens, andere Menschen an seinem geistlichen Weg teilhaben zu lassen? Woher nimmt er diesen Mut zu einer Offenheit, die weder ihn noch seine Leser schont? Wer ist dieser Henri Nouwen, der sich aus eigener Erfahrung so sehr in das menschliche Suchen nach Geborgenheit und Identität einfühlen kann? Vielleicht kann uns eine geraffte Darstellung seiner Biographie einen ersten Zugang zum Geheimnis seines spirituellen Weges eröffnen.

1. Biographische Skizze

Henri (Jozef Machiel) Nouwen wird am 24. Januar 1932 – also noch vor der Zeit des Nationalsozialismus – im niederländischen Nijkerk geboren. Er selber schreibt über seine Kindheit: «Ich wuchs in einer sehr behüteten und geschützten Umgebung auf und lernte schon früh, dass ich Niederländer bin und dass ich katholisch bin. Es dauerte ziemlich lange, bis ich entdeckte, dass es auch andere Menschen, sogar viele andere Menschen gibt, die weder Niederländer noch katholisch sind».[2]

Tatsächlich wächst Henri Nouwen in einem sehr stabilen Umfeld auf, das stark vom vorkonziliären Katholizismus geprägt ist. Der Vater Laurent Nouwen arbeitet als Rechtsanwalt in Den Haag und lehrt ab 1959 an der katholischen Universität Nijmegen als Professor für notarielles Recht und Steuerrecht. Seine Mutter Maria Nouwen-Ramselaar ist als Tochter einer Buchhändlerfamilie sehr aufgeschlossen für alles, was mit Bildung, mit Sprache und vor allem mit christlicher Mystik zusammenhängt. Henri ist das älteste von drei Kindern und wird von seinen Eltern und Geschwistern als außerordentlich energisches Kind beschrieben: stets interessiert an Neuem, sehr lebhaft und voller Tatendrang.

Der Wunsch, Priester zu werden, meldet sich bei Henri Nouwen schon früh und wird von den Eltern gefördert. Der Weg durch das Gymnasium bei den

Jesuiten in Apeldoorn über das Priesterseminar in Rijsenburg bis hin zur Priesterweihe 1957 in der Kathedrale von Utrecht erfolgt äußerst zielstrebig. Nouwen wird von Erzbischof B. Alfrink, dem späteren Kardinal und bedeutenden Konzilstheologen, auf die Liste derjenigen Seminaristen gesetzt, die nach Rom zum Weiterstudium geschickt werden sollen. Doch Nouwen schlägt das Angebot des Erzbischofs aus und trägt ihm einen ganz anderen Wunsch vor: Er möchte Psychologie studieren, um noch besser in Dialog mit dem Denken der Moderne und dem Empfinden der Menschen seiner Zeit treten zu können. So besucht Nouwen in den Jahren 1957–1964 an der kath. Universität Nijmegen Psychologievorlesungen, was damals für einen katholischen Priester keineswegs selbstverständlich ist. Gleichzeitig sammelt er während der Sommermonate erste seelsorgerliche Erfahrungen, unter anderem in den Bergwerken von Limburg und Rotterdam, beim Militär und nicht zuletzt beim «katholischen Emigrationsdienst» auf der Schifffahrtslinie «Amsterdam-Amerika-Lijn». Bereits hier wird deutlich: Nouwen möchte Menschen in verschiedensten Lebenssituationen begegnen, und er interessiert sich leidenschaftlich für das, was sie in ihrem Innersten bewegt.

Ob Nouwen bereits als Schiffsseelsorger seine Leidenschaft für Amerika – das damalige «Land der unbegrenzten Möglichkeiten» – entdeckt hat? Tatsache ist, dass sich Nouwen unmittelbar nach Abschluss seines Psychologiestudiums für eine Zusatzausbildung in die Vereinigten Staaten begibt. Am Menninger Institute in Topeka lernt Nouwen nicht nur die Methode des Pastoral Counseling nach C. Rogers kennen. Hier wird er – nach seinen eigenen Worten – geistig erwachsen. Nouwen versteht sich auf der einen Seite als engagierter Vordenker einer ganzheitlichen Seelsorge, welche sich den Erkenntnissen von Psychologie und Psychotherapie nicht verschließt, sondern diese ganz konkret in den Dienst der praktischen Theologie bzw. in den Dienst am konkreten Menschen nimmt. Auf der anderen Seite entwickelt Nouwen während seiner Ausbildung am Menninger Institute auch eine besondere Sensibilität für die Opfer gesellschaftlicher Unterdrückungsmechanismen. Er verfolgt wachsam die Auseinandersetzungen in der amerikanischen Gesellschaft rund um die Aufhebung der Rassendiskriminierung und beteiligt sich am Protestmarsch Martin Luther Kings von Selma nach Montgomery im Jahr 1965. Kurz darauf veröffentlicht er in der Zeitschrift «Sjaloom» einen Artikel, in welchem er seine Erlebnisse während dieser Auseinandersetzungen so persönlich wie möglich beschreibt. Dies ist seine Form des Protestes.

Von 1966 bis 1968 lehrt Nouwen als Gastdozent für Pastoralpsychologie an der Notre Dame University in Indiana. In dieser Zeit entstehen zwei Bücher, deren Titel programmatisch für die damalige Suche Nouwens sind: «Intimacy» und «Creative Ministry».[3] Nouwen plädiert darin nicht nur für die Wiederentdeckung der therapeutischen Dimension der Seelsorge. Er lädt auch zu einer Auffassung des seelsorgerlichen Gesprächs ein, welche dem Wirken des Geistes auf der Ebene der personalen Begegnung mehr zutraut als vorgefertigten pastoralen Strategien.

Nach nur zwei Jahren an der Notre Dame University kehrt Nouwen zwar in die Niederlande zurück, um seinen pastoralpsychologischen Ansatz an der Universität Utrecht bzw. in der Priesterausbildung seiner Heimatdiözese weiterzuvermitteln. Doch bereits nach zwei Jahren kehrt er wieder in die Vereinigten Staaten zurück: diesmal für rund 15 Jahre. Über die Hintergründe dieser «Auswanderung» oder gar dieses «Exils» in Amerika ist viel spekuliert worden. Jurjen Beumer, ein Studienkollege Nouwens und einer seiner ersten Biographen, sieht den eigentlichen Grund für Nouwens Entscheidung in der starken Polarisierung, welche die katholische Kirche in den Niederlanden nach dem Zweiten Vatikanischen Konzil erschütterte. Angesichts der innerkirchlichen Konflikte, die auch vor der katholischen Universität Utrecht nicht Halt machen, zeigt sich ein wichtiges Paradox in der Persönlichkeit Nouwens: Nouwen ist einerseits ein wissbegieriger Mensch und offen für alles Neue, anderseits braucht er die Erfahrung des Heiligen, den spirituell heilenden Raum, um seine eigenen Wurzeln nicht zu verlieren. Daher geht er zu bestimmten nachkonziliären theologischen Strömungen auf Distanz, welche sich ganz dem «Programm der Säkularisierung» verschrieben haben. Ihn interessieren weniger die damals typischen Richtungskämpfe an den theologischen Fakultäten, als die spirituellen Suchbewegungen der Menschen in einer sich rasant verändernden Gesellschaft. Die eher traditionelle Religiosität der katholischen Kirche in den Vereinigten Staaten mit ihrer pragmatischen Offenheit gegenüber den Humanwissenschaften stellt für Nouwen in seiner Situation offenbar die interessantere Alternative dar.[4]

Nouwen nimmt zunächst das Angebot eines Lehrstuhls für Pastoraltheologie an der Yale Divinity School an, bedingt sich jedoch von Anfang an längere Sabbatzeiten zum Schreiben seiner Bücher aus. Später wird Nouwen auch am ökumenischen Institut Collegville in Minnesota und ab 1983 an der bekannten Harvard Divinity School in Massachusetts als Dozent für Spiritualität lehren. Nouwen profitiert von der enormen Freiheit, die ihm an den amerikanischen Universitäten gewährt wird. Gleichzeitig profitieren die Studierenden von seinem kreativen Denkansatz, mit dem er die zentralen Fragen der Pastoraltheologie, der Psychologie und der Spiritualität miteinander in Beziehung bringt. Fast jedes Jahr veröffentlicht Nouwen ein neues Buch, allein in Yale sind es 10 Bücher. Allerdings sucht man darin vergeblich die Zusammenfassung seiner pastoralpsychologischen Vorlesungen. Nouwen will nicht wissenschaftliche Untersuchungen resümieren. Was ihn weit mehr interessiert, ist eine Art «Zusammenschau» von Theologie, Psychologie und Spiritualität, die letztlich in seinem eigenen geistlichen Erleben ihren Ursprung hat. Ein Wort, das den methodischen Ansatz Nouwens in komprimierter Form wiedergibt, stammt von C. Rogers: «Das Allerpersönlichste ist auch das Allergemeinsamste».[5] Spiritualität bedeutet für Nouwen mehr als «nur» die Fähigkeit, mit dem göttlichen Geheimnis in einen existentiellen Dialog zu treten. Spiritualität heißt für ihn auch: Sich der Einzigartigkeit dieses Dialogs mit Gott, mit den jeweiligen Gesprächspartnern und mit sich selbst bewusst zu werden.

Bereits an der Divinity School in Yale zeigt sich, dass Nouwen zwar ein äußerst beliebter und auch erfolgreicher Dozent ist, dass er selbst jedoch im akademischen Umfeld keine echte Heimat finden kann. Der universitäre Campus mit dem üblichen Konkurrenzkampf ist für Nouwen zu sehr ein getreues Abbild der amerikanischen Leistungsgesellschaft, als dass er hier sein eigentliches Anliegen verwirklichen könnte. 1974 zieht sich Nouwen für sechs Monate in das Trappistenkloster «Genesee» zurück und lässt sich vom dortigen Abt und Psychiater Dom Eudes Baumberger geistlich begleiten. In seinem Tagebuch «Ich hörte auf die Stille» beschreibt er sein inneres Ringen:

> «Ich war voll Sehnsucht nach dem Alleinsein und hatte zugleich Angst davor, allein gelassen zu werden. Je mehr ich mir dieser Widersprüche bewusst wurde, desto mehr begann ich einzusehen, wie sehr ich in Wirklichkeit in meine Zwänge und Illusionen verliebt war und wie sehr es mir Not tat, auf Abstand zu gehen und der Frage auf den Grund zu kommen: ‹Gibt es unterhalb des Hin- und Hergewoges von Bestätigt- und Zurückgewiesenwerden in meiner kleinen Welt einen ruhigen, beharrlichen Strom? Gibt es einen Fluchtpunkt, in dem mein Leben verankert ist und von dem aus ich voll Hoffnung und Zuversicht in die Welt hinausgehen kann?›»[6]

Die Suche nach dem Ort, an dem sein Leben heil werden kann – für ihn und für andere – intensiviert sich für Nouwen nach dem Tod seiner Mutter weiter. 1978 kehrt er für sechs Monate in das Trappistenkloster «Genesee» zurück. Es entsteht das Buch «Gebete aus der Stille». Allerdings spürt Nouwen bei diesem zweiten längeren Aufenthalt in «Genesee» auch, dass der monastische Lebensstil seine Suche nach einer Verbindung von Mystik und weltbezogener Solidarität nicht wirklich befriedigen kann. Seit seiner Zeit am Menninger Institute lässt ihm die schreiende ökonomische Ungerechtigkeit im Verhältnis zwischen Nord- und Südamerika keine Ruhe. Obwohl Nouwen sich immer wieder gegen eine einseitige Politisierung der Theologie ausgesprochen hat, fragt er sich nun immer mehr, wie es möglich ist, von christlicher Spiritualität zu reden, ohne zugleich von den Opfern und Benachteiligten einer ganz dem materiellen Fortschritt verpflichteten Gesellschaft zu sprechen. Nouwen nimmt Kontakt mit Gustavo Gutiérrez auf und lässt sich von ihm in die Befreiungstheologie einführen. Mehrere Begegnungen mit der Realität der Kirche in Südamerika führen Nouwen so weit, dass er 1981 als bereits 49-jähriger seinen Lehrstuhl für Pastoraltheologie in Yale verlässt, um sich der Frage nach seiner Berufung neu zu stellen. Der Titel des Tagebuchs, das in dieser Zeit entsteht, heißt denn auch: «Wohin willst du mich führen?» Nach einem Praktikum in Bolivien lebt er drei Monate mit einer Familie in einem Elendsviertel in Lima. Nouwen trägt sich mit der Vision einer Evangelisierung Nordamerikas durch den lebendigen Glauben Südamerikas. Doch das gewaltsame Klima in den Favelas und die fehlende Zeit für Stille und Gebet setzen Nouwen so sehr zu, dass ihm seine Begleiter nach einem sechsmonatigen Aufenthalt in Südamerika raten, nach Nordamerika zurückzukehren. Nouwen willigt – wohl selber erleichtert – ein und tritt eine Professur für Spiritualität an der renommierten Harvard University an.

Der eigentliche Abschied Nouwens vom universitären Umfeld kündigt sich sehr leise an. Ende der 70er Jahre besucht ihn eine junge Frau, Jan Risse, um ihm Grüße von Jean Vanier zu überbringen. Über seine erste Begegnung mit Jean Vanier schreibt Nouwen später:

> «Ein paar Jahre vergingen, und ich hatte den Besuch von Jan völlig vergessen. Da rief mich Jean Vanier an und sagte: ‹Ich komme zu Besinnungstagen nach Chicago. Kommst du auch?› Erst dachte ich, er wolle mich fragen, ob ich einen Vortrag halten wolle. Aber er bohrte weiter: ‹Henri, es sind stille Besinnungstage. Wir können doch einfach gemeinsam beten.› So begegnete ich Jean. In Stille. Wir sprachen wohl ab und zu miteinander, aber nicht viel. In den folgenden Jahren besuchte ich zweimal seine Gemeinschaft in Frankreich. Während meines zweiten Besuchs machte ich dreißigtägige Exerzitien, und mir wurde allmählich klar, dass der Besuch von Jan Risse der Anfang einer Reihe von Ereignissen war, durch die Jesus mein Gebet um eine tiefere Nachfolge beantwortete».[7]

Nouwen verbringt rund ein Jahr in Trosly, dem Gründungsort der Arche-Bewegung, und nimmt im Sommer 1986 die Einladung an, geistlicher Begleiter der Arche-Gemeinschaft «Daybreak» in der Nähe von Toronto zu werden. Zwei wichtige Einsichten sind es, die ihn zu diesem Schritt bewegen: Zunächst spürt Nouwen, dass alles, was er bisher in seinem Leben entwickelt und gelehrt hat, letztlich auf seine eigene Initiative zurückgeht. Es sind «Berufungen», die er sich selbst ausgesucht hat. Erst jetzt wird ihm bewusst, wie wichtig es ist, sich von der Not anderer – in diesem Fall einer Gemeinschaft von Behinderten und Gesunden – *berufen zu lassen*. Weiter ahnt Nouwen, dass es für ihn keinen Fortschritt im geistlichen Leben geben kann vorbei oder abseits verbindlich gelebter Beziehungen. Bezüglich dieses zweiten Punktes gibt es für ihn in diesem Moment keinen besseren Ort der Heilung bzw. der Selbstannahme, als die Begegnung mit behinderten Menschen. Während Nouwen bisher viel Bestätigung durch seine Vorlesungen und Publikationen erhalten hat, interessieren sich behinderte Menschen wenig bis gar nicht für seine Bücher und Vorträge. Das einzige, was sie von ihm empfangen möchten, ist: Echtheit in der Beziehung zu ihnen und die Fähigkeit, sich tatsächlich auf ihre Situation einzulassen. Was Nouwen bisher in den Hörsälen gelehrt hat, nämlich dass es im geistlichen Leben letztlich darum geht, innere Wahrnehmung und Sich-dem-andern-Mitteilen zu verbinden, so dass echte Kommunikation und Begegnung möglich werden, kann Nouwen nun im Zusammenleben mit behinderten Menschen umsetzen – allerdings nur, indem er sich auch seinen eigenen Blockaden und Behinderungen stellt.

Wie erwartet gestalten sich die ersten Jahre in der Archegemeinschaft Daybreak äußerst schwierig. Nouwen hat nicht nur keine Ahnung von Haushaltsarbeiten und von der Pflege behinderter Menschen. Er tendiert auch dazu, sich und die behinderten Menschen zu überfordern. Es ist Adam, ein schwerstbehinderter junger Mann, der Nouwen eine neue Dimension des geistlichen Lebens eröffnet:

> «Ich muss gestehen, dass ich manchmal ungeduldig und in Gedanken bei meiner Arbeit war, die ich nach den morgendlichen ‹Routinetätigkeiten› mit Adam erledigen wollte. Dann fing ich an – ohne mir seiner Person bewusst zu sein –, ihn zur Eile zu bewegen. Bewusst, doch meist unbewusst, steckte ich schnell seine Arme in die Hemdsärmel oder seine Beine in die Hosenbeine. Ich wollte gern um neun Uhr fertig sein und mit meiner anderen Arbeit beginnen. Eben hier lernte ich, dass Adam sich mitteilen konnte! Er ließ mich wissen, dass ich nicht wirklich bei ihm war und mehr meinen als seinen Stundenplan im Kopf hatte. Ein paar Mal reagierte er auf mein Drängen mit einem heftigen epileptischen Anfall. Ich verstand, was er mir damit sagen wollte: ‹Mach langsam, Henri! Mach langsam!›... Adam teilte sich mir mit. Er erinnerte mich konsequent daran, dass es besser und notwendig ist, bei ihm behutsam und nicht in Eile vorzugehen. Er fragte mich klar und deutlich, ob ich gewillt war, seinem Rhythmus zu folgen und mich seinen Bedürfnissen anzupassen. Ich stellte fest, dass ich dabei war, eine neue Sprache zu erlernen, die Sprache Adams».[8]

Nach dem zweiten Jahr in der Archegemeinschaft meldet sich eine schwere depressive Krise, aus der sich Nouwen nur mit intensiver therapeutischer Begleitung wieder befreien kann. Unmittelbarer Auslöser des psychischen Zusammenbruchs ist das Ende einer Freundschaft mit Nathan, dem damaligen Leiter der Archegemeinschaft. In seinem geistlichen Tagebuch «Die innere Stimme der Liebe» beschreibt Nouwen den Weg durch die Krise: «Sehr alte schmerzende Stellen, die längst vernarbt waren, brachen auf, und angstvolle Erfahrungen aus lange zurückliegenden Jahren wurden plötzlich wieder lebendig. Das Scheitern der Freundschaft zwang mich dazu, den Grund meiner Seele zu betreten und direkt festzustellen, was sich hier verbarg, um dann bei allem, was zum Vorschein kam, nicht den Tod, sondern das Leben zu wählen».[9] Die «Todes-Erfahrung» auf dem Weg durch die Wüste der Depression verändert Nouwen und vertieft seine spirituelle Suche nach seiner wahren Identität. Zwar bleibt Nouwen unersättlich in seinem Drang, möglichst viele Buchprojekte zu verwirklichen. Es fällt ihm auch nach dieser Krise schwer, sich gegenüber den vielen Anfragen und der immensen Briefkorrespondenz abzugrenzen. Dennoch finden sich in seinen letzten Büchern Anklänge an eine unerschütterliche Gewissheit, dass sein Leben – jenseits seiner momentanen Gefühle und Stimmungen – vom Ja Gottes zu seinem Leben gehalten ist. Nouwen beginnt die Botschaft religiöser Kunst, vor allem die Botschaft der Ikonen zu meditieren, um in ihnen ein Fenster zum «Haus der Liebe mitten in einer zerrissenen und gewaltsamen Welt» zu entdecken.[10] Eines seiner letzten Bücher trägt den Titel «Nimm sein Bild in dein Herz» und ist dem Gleichnis des barmherzigen Vaters und des verlorenen Sohnes gewidmet. Es ist gleichsam das geistliche Testament Nouwens an seine Nachwelt und soll deshalb im zweiten Teil dieses Beitrags eingehender vorgestellt werden.

Während eines Sabbatjahres im Sommer 1996 nimmt Nouwen die Einladung an, innerhalb eines Dokumentarfilms die Gedanken seines Buches «Nimm sein Bild in dein Herz» in St. Petersburg vor dem berühmten Rembrandt-Gemälde vorzutragen. Enthusiastisch bereitet sich Nouwen auf diesen für ihn so wichtigen Moment vor. Doch der Weg nach St. Petersburg wird zu seinem eigenen Weg zum Haus des Vaters. Am 15. September 1996, kurz nach seiner Zwischenlandung in Amsterdam, erleidet Nouwen einen ersten Herzinfarkt, von dem er sich nur für kurze Zeit erholt. Es wird ihm noch die Zeit geschenkt, sich von seiner Familie und seinen engsten Freunden zu verabschieden. Dann stirbt Nouwen genau eine Woche später, am Morgen des 21. Septembers 1996, am Erscheinungstag seines geistlichen Tagebuchs «Die innere Stimme der Liebe».

2. Die Grundzüge der Spiritualität Nouwens

Nouwen war – wohl auch aufgrund seines Charakters – nie versucht, eine systematische Darstellung seiner Spiritualität vorzulegen. Er hat sich im Gegenteil oft dezidiert gegen ein allzu akademisches Vorgehen in der Vermittlung spiritueller Inhalte gewehrt. Geistliches Leben war für ihn immer mit lebendigen Vollzügen und mit möglichst unmittelbarer Begegnung verbunden. Viele seiner Bücher sind denn auch durch persönliche Erlebnisse entstanden, die ihn veranlassten, sich mit einem gesellschaftlichen Problem, mit einem geistlichen Text oder mit einem Kunstwerk tiefer auseinanderzusetzen. Obwohl sich Nouwen gerade aus diesem Grund mit sehr verschiedenen Aspekten des geistlichen Lebens auseinandersetzt, kreist sein Denken während seiner gesamten Schaffenszeit letztlich doch um einige für ihn zentrale Fragen: Inwiefern gibt es einen inneren Zusammenhang zwischen Berufungs- und Identitätsfindung? Wie finden wir zu dem Ort, an dem unsere Sehnsucht nach Annahme und Beheimatung «geheilt» werden kann? Wie können wir bei uns in unserem Personenkern ankommen und zugleich wach und verletzbar für eine verwundete und sich zusehends entfremdende Gesellschaft bleiben?

Erste Anklänge der Suche Nouwens nach einer identitätsstiftenden und beheimatenden Spiritualität finden sich bereits in seinem ersten größeren Werk «Intimacy». In seinem späteren Buch «Reaching out»,[11] das auf Deutsch so viel wie «Sich-Ausstrecken», «Sich-Entgegenstrecken» heißt, befasst sich Nouwen wiederum mit der Frage der Identitätsfindung, allerdings stellt er das Gleichgewicht von erfüllter Beziehung und erfülltem Alleinsein explizit in einen größeren gesellschaftlichen Zusammenhang. Geistliches Leben im ausgehenden 20. Jahrhundert muss sich wachsam und kritisch gegen verschiedene Formen der Instrumentalisierung des Lebens abgrenzen: «Wir müssen uns tatsächlich unsere eigene Wüste schaffen, in die wir uns jeden Tag zurückziehen, unsere Zwänge abschütteln und in der wohltuenden heiligen Gegenwart des Herrn verweilen können. Ohne solche Wüste verlieren wir unsere eigene Seele, während wir anderen das Evangelium verkünden».[12]

Eine Spiritualität, welche dem einzelnen hilft, seine tiefere Identität zu finden, zeichnet sich nach Nouwen gerade dadurch aus, dass sie sich in dreifacher Weise als eine Alternative zu den entfremdenden Kräften des Alltags anbietet: 1. Sie bietet die Möglichkeit eines erfüllten Alleinseins in der Kontemplation als Alternative zur Isolation des Ichs in der Moderne an; 2. sie glaubt an die heilende Kraft solidarischer Gastfreundschaft als Alternative zum erbarmungslosen Konkurrenzkampf des Marktes und der damit verbundenen Leistungsgesellschaft; 3. sie erlöst den modernen Menschen von seiner Unsterblichkeits-Illusion, indem sie ihm hilft, seine Verwundbarkeit und seine Sterblichkeit als Weg zu Gott anzunehmen.

Es ist diese gesellschaftskritische und dennoch auf das Individuum hin zentrierte Haltung, die typisch für Nouwen ist. Christliche Spiritualität darf sich nicht naiv dem Fortschrittsdenken und dem Machbarkeitswahn anbiedern, sondern muss den Personkern, das «heilige Zentrum»[13] des Menschen – wie Nouwen sich ausdrückt – freilegen, um dort einen «Freiraum für den Geist» zu schaffen:

«Was mir nach meiner Abwesenheit hier in den Vereinigten Staaten am meisten auffällt, ist die ungebrochene Kraft, mit der Rastlosigkeit, Einsamkeit und Stress so viele Menschen im Griff halten. In den Gesprächen, die ich heute geführt habe, ging es um das geistliche Überleben. Viele meiner Freunde fühlen sich erdrückt von den Anforderungen, die man an sie stellt; nur wenige spüren den inneren Frieden und die Freude, nach denen sie sich so sehnen... Es schmerzt sehr, das zu beobachten und zu spüren... Ich spüre, wie wichtig Disziplin, Gemeinschaft, Gebet, Stille, liebevolle Anteilnahme, schlichtes Zuhören, Anbetung und tiefe, dauerhafte, treue Freundschaften für mich sind. Wir alle sehnen uns so sehr danach, und doch ist die Suggestivkraft der Mächte, die uns einreden, all dies sei Phantasterei, gewaltig. Aber wie müssen, statt um die Macht zu kämpfen, darum kämpfen, einen Freiraum für den Geist zu schaffen».[14]

Der Weg zum eigenen Personkern und zur Heimat bei sich selbst ist für Nouwen nicht zuletzt deshalb so wichtig, weil es ohne dieses Gespür für die eigene Mitte keine echte Begegnung und keine wirkliche Achtung vor der Würde des andern Menschen geben kann. Es ist kein Zufall, dass Nouwen in diesem Zusammenhang ein Wort von Thomas Merton zitiert, der während seiner Zeit in Yale eine seiner wichtigsten Inspirationsquellen ist: «Gerade in tiefer Stille finde ich die Güte, in der ich meine Brüder (und Schwestern) wirklich lieben kann. Je eingezogener ich lebe, umso größere Zuneigung habe ich zu ihnen. Sie ist selbstlose Zuneigung und volle Achtung vor der Stille anderer».[15] Bevor der Mensch zum Ort der selbstlosen Zuneigung und Achtung vor der Stille des andern werden kann, muss er sich nach Nouwen seiner eigenen existentiellen Verunsicherung und seiner Abhängigkeit von der Anerkennung anderer stellen. Dies ist für Nouwen der eigentliche Grund, warum besonders der moderne Mensch der Versuchung erliegt, in eine veräußerlichte Welt zu flüchten, um sich selbst nicht begegnen zu müssen:

«Unsere Zivilisation hat die raffiniertesten Mittel gegen Schmerzen erfunden, nicht nur gegen unsere Schmerzen im leiblichen Bereich, sondern auch gegen unsere Gemüts- und Seelenleiden. Wir begraben nicht nur unsere Toten so, als wären sie noch am Leben, sondern wir begraben auch unsere Schmerzen, als wären sie eigentlich nicht vorhanden. Wir haben uns so an diesen Zustand der Unempfindlichkeit gewöhnt, dass uns Angst packt, wenn nichts oder niemand mehr da ist, um uns abzulenken. Wenn wir kein Vorhaben zu Ende zu führen, keinen Freund zu besuchen, kein Buch zu lesen, keine Fernsehsendung anzuschauen und keine Platte aufzulegen haben und, wenn wir einzig und allein uns selbst ausgeliefert sind, geraten wir so nahe an die Schwelle der Entdeckung unserer menschlichen Ur-Einsamkeit und fürchten uns so sehr vor dem Gefühl einer totalen Verlassenheit, dass wir um jeden Preis wieder in die Geschäftigkeit stürzen und das Spiel fortsetzen, das uns glauben macht, es sei schließlich doch alles in bester Ordnung».[16]

Das Ablegen der «Unempfindlichkeit» gegenüber eigener Verletzbarkeit und Gebrochenheit, aber auch gegenüber fremdem Leiden bildet neben der Stille die zweite wichtige Voraussetzung, um zum eigenen «heiligen Zentrum» zu finden. Der neue Name für die Erfahrung der Wüste in der Moderne heißt für Nouwen – wiederum im Anschluss an Thomas Merton – «geteiltes Leid».[17] Doch die Bereitschaft, sich für das Leiden der Welt zu öffnen, ist mit einer Umkehr verbunden, welche dem Menschen in der Moderne sehr schwer fällt. Es ist die Umkehr vom Machbarkeitswahn und Kontrollbedürfnis hin zum Zulassen der eigenen Ohnmacht angesichts des Geheimnisses des Leidens:

> «Was hält uns davon ab, uns der Wirklichkeit der Welt zu öffnen? Könnte es sein, dass wir es nicht fertig bringen, uns mit unserer Ohnmacht abzufinden, und nur die Wunden zu sehen gewillt sind, die wir heilen können? Könnte es sein, dass wir nicht von unserer Illusion lassen möchten, wir seien Herr über unsere Welt, und dass wir uns daher unser eigenes Disney-Land bauen, indem wir uns einreden können, dass wir alle Wechselfälle des Lebens fest im Griff haben? Könnte es sein, dass unsere Blindheit und unsere Taubheit Zeichen dafür sind, dass wir uns gegen das Eingeständnis sträuben, nicht Herr der Welt zu sein?»[18]

Doch der heilende Gegenpol zum Anspruch des modernen Menschen, sein Leben – ja das Leben an sich – fest im Griff zu haben, heißt für Nouwen nicht nur Eingeständnis der eigenen Ohnmacht, sondern vor allem Gastfreundschaft. Der Weg von der Angst vor dem Fremden hin zur Haltung einer alles umfassenden Gastfreundschaft vollzieht sich nach Nouwen nur sehr langsam und in immer neuen konzentrischen Kreisen. Mit jedem Kreis weitet sich das Vertrauen und damit der Horizont des Mitgefühls, der Empathie. Mit jedem Kreis wird unser «heiliges Zentrum» ein Stück mehr zum Haus für *den* Andern, für Gott:

> «Sobald wir im eigenen Herzen die Mitte unseres Lebens entdeckt und unser Alleinsein nicht als Schicksal, sondern als Aufgabe bejaht haben, können wir andern Freiheit einräumen. Sobald wir unser Verlangen nach totaler Erfüllung aufgegeben haben, können wir leer sein für andere. Sobald wir arm geworden sind, können wir gute Gastgeber sein. Das Paradox der Gastfreundschaft besteht tatsächlich darin, dass die Armut die Schule ist, die uns zu guten Gastgebern macht. Die Armut versetzt unser Herz in die Lage, unsere Schutzwehr abzubauen und unsere Feinde in Freunde zu verwandeln. Wir können im Fremden nur so lange einen Feind sehen, wie wir etwas zu verteidigen haben. Aber wenn wir sagen: ‹Bitte, treten Sie ein – mein Haus ist

Ihr Haus, meine Freude ist Ihre Freude, mein Schmerz ist Ihr Schmerz, und mein Leben ist Ihr Leben›, brauchen wir nichts mehr zu verteidigen, da wir nichts mehr zu verlieren, aber alles zu geben haben».[19]

In letzter Konsequenz bedeutet jedes Gespräch, und erst recht jedes Seelsorgegespräch, eine Form der Gastfreundschaft für die Welt des andern und die Bereitschaft, leer zu werden für seine Sprache:

> «Unsere Erfüllung besteht darin, Leere anzubieten; unser Nutzen im Nutzlos- und unsere Macht im Ohnmächtigwerden. Es ist doch eine entscheidende Aussage der christlichen Verkündigung, dass Gott sich uns nicht als der starke Andere und der in seiner Allwissenheit, seiner Allmacht und seiner Allgegenwart Unnahbare offenbart hat. Stattdessen ist er in Jesus Christus zu uns gekommen; der ‹aber hielt nicht daran fest, wie Gott zu sein, sondern entäußerte sich… und wurde den Menschen gleich. Sein Leben war das eines Menschen; er erniedrigte sich und war gehorsam bis zum Tod, bis zum Tod am Kreuz› (Phil 2,6–8). Gott selbst ist es, der uns zeigt, wohin unser geistliches Leben sich bewegt. Es ist keine Bewegung von der Schwachheit zur Macht, sondern eine Bewegung, bci der wir mehr und mehr unsere Furcht und unsere Abwehrhaltung (gegenüber dem Fremden) ablegen und immer offener werden für den andern und seine Welt, selbst um den Preis von Leid und Tod».[20]

Nouwen ortet hinter der Aggression und Brutalität, welche das 20. Jahrhundert kennzeichnet, einerseits die Angst des sich selbst entfremdeten Menschen, andererseits – und daraus hervorgehend – den Versuch der Menschheit, sich des Lebens als eines manipulierbaren Privatbesitzes zu bemächtigen. Authentisches Gebet wird deshalb für Nouwen erst möglich, wenn wir «den Tod als unser Menschenlos voll und ganz bejahen und uns über die Grenzen unseres Daseins hinaus nach Gott ausstrecken, aus dessen inniger Liebe wir stammen».[21] Dies ist wohl der tiefste Sinn des Buchtitels «Reaching out»: Sich eigenen und fremden Absolutheitsansprüchen entziehen, um sich über das eigene Ich hinaus dem Gott entgegenzustrecken, der uns in der Stille unseres Herzens berührt und anspricht.[22]

Nouwen selbst ist es alles andere als leicht gefallen, eigenen und fremden Absolutheitsansprüchen Grenzen zu setzen. Obwohl er als geistlicher Schriftsteller, als Seelsorger und Prediger in unzähligen Menschen die Sehnsucht nach Spiritualität und Selbstannahme geweckt hat, tut er selbst sich äußerst schwer, an ein bedingungsloses Ja Gottes zu seinem eigenen Leben zu glauben. Seine Freunde beschreiben ihn als einen Menschen, der pausenlos zwischen Vorlesungen und Seminaren, Seelsorgegesprächen und Interviews, therapeutischen Gruppen und Vorträgen, zwischen der Arbeit an seinen Büchern und den Briefen, die sich auf seinem Pult stapelten, hin- und herpendelte, getrieben vom Bedürfnis, Nähe zu schenken und dafür Bestätigung zu empfangen. Welche persönlichen und familiären Einflüsse zur Entstehung seiner Wunde des Sich-nicht-geliebt-Fühlens geführt haben, wird sich nie ganz ergründen lassen. Viel wichtiger ist, dass aus dem Ringen Nouwens um die Gewissheit, von Gott bedingungslos geliebt zu sein, seine wohl kostbarste Botschaft an die Nachwelt hervorgegangen ist:

> «Ein Leben lang sehnte sich Nouwen nach der souveränen Sicherheit, so geliebt zu werden. Ein Leben lang zweifelte er, beobachtete er ängstlich seine Freunde und solche, die er gern zu Freunden gehabt hätte, registrierte er fast panisch vermeintliche Zurückweisungen und Unfreundlichkeiten. Und ausgerechnet dieser skrupulöse Zweifler gab seinem Leserpublikum als kostbarste Botschaft die Gewissheit weiter, die er unter Schmerzen gelernt hatte und bis an sein Lebensende nie so wirklich hundertprozentig glauben konnte: Gott liebt unverbrüchlich, bedingungslos, ohne Vorleistungen. Gott ist das – in Jesus Christus fleischgewordene – Gegenprogramm zu den zerstörerischen Mechanismen der Angst und Machtausübung... Nicht wir entscheiden uns für Gott, er hat sich längst für uns entschieden, er liebt uns, bevor wir überhaupt wissen, was Liebe ist».[23]

Der Weg hin zu dieser inneren Gewissheit des Geliebt-Seins beginnt mit einem Bild, das Nouwen 1983 im kleinen Dokumentationszentrum der Archegemeinschaft in Trosly entdeckt. Fast zufällig fällt sein Blick auf ein großes Poster, auf dem ein Ausschnitt von Rembrandts Gemälde «Rückkehr des Verlorenen Sohnes» abgebildet ist. Nouwen fühlt sich von der innigen Berührung zwischen der Gestalt des Vaters und derjenigen des Sohnes so unwiderstehlich angezogen, dass er sich vom Bild kaum mehr losreißen kann: «Vor allem aber waren es die Hände, die Hände des alten Mannes, und die Art und Weise, wie sie auf den Schultern des Jungen lagen. Das traf mich an einer Stelle, an der ich niemals zuvor getroffen worden war».[24] Er beschäftigt sich intensiv mit der Entstehungsgeschichte des Gemäldes, reist nach Sankt Petersburg, um das Original in der Eremitage stundenlang zu betrachten, hängt ein Poster des Gemäldes in seinem Arbeitszimmer in Daybreak auf – und entdeckt immer mehr Bezüge zwischen seinem bisherigen Lebensweg und dem Bild der «Rückkehr des Verlorenen Sohnes»:

> «Je öfter ich vom Verlorenen Sohn sprach, desto mehr betrachtete ich dieses Gemälde als mein ganz eigenes, als ein Gemälde, das nicht nur den Kern dessen aufzeigt, was Gott mir sagen möchte, sondern den Kern dessen, was ich Gott und dem Volk Gottes sagen möchte. Das ganze Evangelium ist darin enthalten; mein ganzes Leben ist darin enthalten; die Leben meiner Freunde sind darin enthalten. Das Gemälde ist zu einem geheimnisvollen Fenster

geworden, durch das ich in das Reich Gottes eintreten kann; es ist wie ein riesiges Tor, das mich ins Jenseits hinüberschreiten lässt, und von dort aus kann ich einen Blick auf die merkwürdige Ansammlung von Menschen und Ereignissen meines Alltagslebens zurückwerfen».[25]

Ein Grund, warum sich Nouwen so sehr mit der Figur des Verlorenen Sohns identifizieren kann, sind seine Erfahrungen im Zusammenleben mit behinderten Menschen in Daybreak. Er ist fasziniert, aber auch beschämt von der Unmittelbarkeit und Ehrlichkeit dieser Menschen. Später gesteht er, dass es ihm nicht immer leicht gefallen ist, sich bei diesen von der Gesellschaft verwundeten Menschen zu Hause zu fühlen, dass es aber gerade sie waren, die ihm eine Tür zu seiner eigenen geschädigten Gefühlswelt öffneten.[26] Die Behinderten durchschauen jede seiner Fassaden und prüfen immer wieder die Echtheit seiner Fähigkeit, einfach für sie dazusein. Angesichts dieser Herausforderung wird Nouwen sich immer mehr bewusst, dass er sich in seinem bisherigen Leben an eine Zuschauer- und Beobachterrolle geklammert hat: sowohl seinen Freunden und Bekannten als auch Gott gegenüber. Die «Heimkehr» in die Gemeinschaft von Daybreak wird für ihn zum Einstieg in eine neue Rolle – die Rolle des verwundeten Sohnes, der in die Arme des Vaters heimkehrt:

«Gewiss gab es vor dem Eintritt in Daybreak viele Stunden des Gebets, viele Tage und Monate der Einkehr und zahllose Gespräche mit geistlichen Beratern, aber dennoch hatte ich die Rolle des Zuschauers nie ganz aufgegeben. Auch wenn ich mein Leben lang den Wunsch hegte, als Innenstehender, der dazugehört, nach draußen zu schauen, hatte ich doch immer wieder die Rolle eines Außenstehenden gewählt, der hineinschaut. Dieses Hineinschauen zu denen drinnen geschah manchmal aus Neugier, manchmal aus Eifersucht, manchmal aus Angst und gelegentlich sogar aus Liebe. Das Aufgeben der einigermaßen sicheren Rolle des kritischen Beobachters schien mir ein großer Sprung in etwas vollkommen Ungewisses zu sein. Ich wollte meine geistliche Reise immer ein Stück weit unter Kontrolle behalten und ihr Ergebnis zumindest teilweise voraussagen können. Daher brachte ich es nicht fertig, die sichere Warte des Beobachters aufzugeben und ein verwundbarer zurückkehrender Sohn zu werden».[27]

Die Gewissheit, dass er sich mit all seinen Verwundungen jeden Augenblick neu vom Vater umarmen lassen darf, besänftigt allmählich die inneren Zweifel und Ängste Nouwens. Nicht ohne innere Widerstände entdeckt er schließlich die Entsprechungen zwischen den übrigen Figuren des Gemäldes und seiner Wunde des Sich-ungeliebt-Fühlens. Gleicht er nicht ebenso dem älteren Sohn auf dem Bild, dem es schwer fällt, an die nichtvergleichende Liebe des Vaters zu glauben? Gibt es nicht auch in seinem Herzen ein tief sitzendes Misstrauen, ob er es wert ist, vom Vater gesucht und gefunden zu werden? Ist es nicht dieses Misstrauen, das ihn in einem vergleichenden Konkurrenzdenken gefangen hält?

> «Ohne Vertrauen kann ich mich nicht finden lassen. Vertrauen ist die tiefe innere Überzeugung: Der Vater möchte, dass ich zu Hause bin. Solange ich zweifle, ob ich es wert bin, gefunden zu werden, und mich selbst herabsetze, weil ich weniger geliebt wäre als meine jüngeren Brüder und Schwestern, kann ich nicht gefunden werden. Ich muss zu mir selbst sagen und nicht davon ablassen: ‹Gott schaut nach dir. Um dich zu finden, wird er überall hingehen. Er liebt dich; er möchte, dass du zu Hause bist; er hat keine Ruhe, bevor er dich nicht bei sich hat›.»[28]

Die Bereitschaft, sich vertrauensvoll vom Vater immer wieder neu finden zu lassen, eröffnet Nouwen allmählich einen Zugang zum sehnsüchtigen Herzen des Vaters:

> «Das Geheimnis liegt darin, dass Gottes Mütterlichkeit in ihrem unendlichen Mitleiden sich auf ewig mit dem Leben ihrer Kinder verbunden hat. Sie hat sich frei dafür entschieden, von ihren Geschöpfen abhängig zu werden. Diese Entscheidung verursacht Herzensleid, wenn die Kinder sie verlassen; diese Entscheidung bringt Herzensfreude, wenn sie heimkehren. Aber ihre Freude ist nicht vollkommen, solange nicht alle, die Leben von ihr empfangen haben, nach Hause gekommen und um den Tisch versammelt sind, der für sie bereitet ist».[29]

Auf dem Tiefpunkt seiner depressiven Krise, die Nouwen kurz nach seinem Eintritt in die Archegemeinschaft heimsucht, trifft ihn ein Wort von Sr. Sue Mosteller, die ihm in Erinnerung ruft, dass seine tiefste Berufung wohl darin bestehe, selbst wie der barmherzige Vater auf dem Bild zu werden. Obwohl Nouwen seit seiner Kindheit ein «frommes Leben» geführt hat und obwohl er mittlerweile zu den bekanntesten geistlichen Schriftstellern im englischsprachigen Raum gehört, macht ihm gerade dieser Schritt Angst: die Wahrheit von Gottes mütterlicher, nichtvergleichender Liebe in die Mitte seines Herzens eindringen zu lassen. Er gesteht: «Als ich den bärtigen alten Mann mit seinem großen roten Umhang betrachtete, empfand ich einen tiefen Widerwillen, mich in ihm wiederzuerkennen. Ich war gern bereit, mich mit dem verschwenderischen jüngeren Sohn oder mit dem grollenden älteren Sohn zu identifizieren, aber die Vorstellung, dem alten Mann zu gleichen, der nichts zu verlieren hatte, weil er bereits alles verloren hatte, und der dennoch alles geben konnte, erfüllte mich mit Angst».[30] Und doch ist es diese Bereitschaft, sich vom Vater nicht nur finden zu lassen, sondern seine nichtvergleichende Liebe auch in seinem Innersten wohnen zu lassen, welche die Suche Nouwens nach Beheimatung und Identität grundlegend verwandelt. Statt bei der Wahrnehmung seiner Zweifel und Ängste stehen zu bleiben, beginnt Nouwen nun sein verlorenes Ich – als ob es der verlorene Sohn in ihm wäre – mit den Augen des Vaters zu suchen und zu finden. Je tiefer Nouwen seine Berufung, dem Herzen des Vaters in sich Raum zu geben, erkennt, desto mehr wird er selbst zu einem «verwundeten Heiler».[31] Indem er sich in seiner Gebrochenheit vom Vater umarmen lässt, wird seine verwundete Sehnsucht «gesegnet» und führt ihn zu einer neuen, sehr intimen Weise von Liebe. Was Nouwen als Pastoralpsychologe schon früh intellektuell begriffen und in seinen Vorlesungen gelehrt hat, wird für ihn nun existentielle Wirklichkeit. Er darf die Freude des Vaters mitten in einer vom Leiden gezeichneten Welt in seinem Herzen tragen:

> «Wenn Jesus über die Welt spricht, ist er sehr realistisch. Er spricht über Kriege und Revolutionen, Erdbeben, Seuchen und Hungersnot, Verfolgung und Kerker, Verrat und Mord. Es gibt überhaupt keinen Hinweis darauf, dass diese Zeichen für die Finsternis der Welt jemals fehlen werden. Aber dennoch, mitten in all diesem Dunkel kann Gottes Freude uns zuteil werden. Es ist die Freude, zum Hause Gottes zu gehören, dessen Liebe stärker ist als der Tod und der uns die Kraft gibt, in der Welt zu sein, während wir bereits zum Reich der Freude gehören. Dies ist das Geheimnis der Freude der Heiligen. Von Antonius, dem Wüstenvater, über Franz von Assisi bis zu Frère Roger von Taizé und Mutter Teresa von Kalkutta ist Freude das Merkmal des Volkes Gottes gewesen. Diese Freude ist auf den Gesichtern der vielen einfachen, armen und oft leidenden Menschen zu sehen, die heute unter großen wirtschaftlichen und sozialen Schwierigkeiten und Umwälzungen leben, die aber bereits die Musik und den Tanz im Hause des Vaters zu hören vermögen. Ich selbst sehe diese Freude jeden Tag in den Gesichtern der geistig Behinderten meiner Gemeinschaft. Alle diese heiligen Männer und Frauen, ob sie vor langer Zeit lebten oder zu unserer Zeit gehören, vermögen die vielen kleinen Formen von Heimkehr zu erkennen, die jeden Tag geschehen, und sich mit dem Vater zu freuen. Sie haben irgendwie die Bedeutung wahrer Freude durchschaut».[32]

3. Der Einfluss Nouwens auf die Spiritualität im Übergang zum 21. Jahrhundert

Nouwen war schon früh in seinem Leben ein Star unter den geistlichen Schriftstellern. Seine Bücher erreichten Rekordauflagen und wurden in verschiedenste Sprachen übersetzt. Als äußerst erfolgreicher Autor konnte sich Nouwen also nicht über mangelnde Popularität oder fehlende Breitenwirkung beklagen. Doch worin besteht das Geheimnis der Faszination, die seine Bücher auf seine Leserschaft ausübten? Gibt es neben der quantitativen Breitenwirkung auch eine qualitative «Tiefenwirkung» Nouwens auf die Spiritualität des 21. Jahrhunderts? Obwohl eine umfassende Beurteilung der Wirkungsgeschichte Nouwens zum gegenwärtigen Zeitpunkt nicht möglich ist, seien hier dennoch einige Aspekte der Spiritualität Nouwens zusammenfassend dargestellt, die dazu beigetragen haben, dass seine Gedanken ein solch starkes Echo ausgelöst haben.

3.1 Ein dynamisches Verständnis christlicher Spiritualität

Nach Deirdre LaNoue hat die Spiritualitätsgeschichte in Amerika während der zweiten Hälfte des 20. Jahrhunderts einen grundlegenden Paradigmenwechsel durchlaufen.[33] Aus einer statischen Spiritualität zu Beginn des 20. Jahrhunderts, welche sich an der Zugehörigkeit zu traditionell heiligen Orten wie etwa der Familie, der Gemeinde, dem Staat orientiert («dwelling-oriented spirituality»), entwickelt sich im Laufe der 60er-Jahre in Amerika ein dynamischeres Verständnis des geistlichen Lebens: Spiritualität als dynamische, lebenslange Suche nach Gott und nach der eigenen Berufung («seeking-oriented spirituality»). Das Fortschrittsdenken, die gesellschaftliche Individualisierung, aber auch die potentielle Selbstzerstörung der modernen Gesellschaft beeinflussen somit die Auffassung dessen, was Spiritualität ist oder sein soll, im ausgehenden 20. Jahrhundert entscheidend. Das Individuum mit seiner bedrohten Identität nimmt darin einen zentralen Platz ein: «Wer bin ich? Worauf lässt sich Identität in einer Zeit des ständigen Umbruchs gründen? Wem gehört mein Leben? Welche Verantwortung trifft mich angesichts immer globaler werdender Probleme? Und wie lässt sich diese Verantwortung mit der Suche nach echter spiritueller Verwurzelung verbinden?» Nouwen hat diesen Fragen in seinen Büchern nicht nur einen prominenten Platz eingeräumt und lehrreiche Gedanken über die Suche nach Spiritualität geäußert. Er lässt seine Leserschaft immer wieder so unmittelbar wie möglich an seinem eigenen Suchprozess teilhaben, und er tut dies in all seinen Selbstzweifeln und Schwächen so ehrlich und glaubwürdig, dass seine Leser offenbar von seinem Wagnis fasziniert sind.

3.2 Christliche Spiritualität in psychologischer Sprache

Nouwen drückt sich häufig in einem psychologischen Vokabular aus und kommt damit der Mentalität der amerikanischen Gesellschaft im ausgehenden 20. Jahrhundert entgegen. Begriffe wie «Beziehung», «Intimität», «Empathie», «Authentizität» gehören zu den Schlüsselbegriffen im Werk Nouwens. Allerdings – und dies ist wohl das besondere bei Nouwen – verbindet er psychologische Begriffe so sehr mit spiritueller Erfahrung, dass sie unter der Hand gleichsam transformiert und auf christliche Inhalte umgedeutet werden. So lässt sich für Nouwen beispielsweise die Heilung zwischenmenschlicher Intimität nicht von der Fähigkeit zu echter Intimität mit Gott trennen, ja die Intimität mit Gott steht für ihn am Ursprung jeder echt menschlichen Beziehung. Ohne explizit gegen eine einseitig psychologisierende Öffentlichkeit zu polemisieren, entpuppt sich Nouwen bei genauerem Hinsehen dennoch als einer ihrer schärfsten Kritiker. Sein Ziel ist es, dem modernen Menschen sein Geheimnis – oder wie er sich ausdrücken würde – sein «heiliges Zentrum» zurückzugeben.

3.3 Eine solidarische Spiritualität in einer verwundeten Welt

Nouwen ist sich – wohl auch aus eigener Erfahrung – der Gefahr narzisstischer Tendenzen in der modernen Gesellschaft bewusst. Gerade deshalb betont er, dass Empathie und Solidarität integrale Bestandteile der geistlichen Suche nach Identität und Intimität bleiben. Glück ohne die Bereitschaft zum Mit-leiden kann es für Nouwen nicht geben. Der sich durch die Spiritualität öffnende Innenraum des Menschen ist für Nouwen kein Selbstzweck, sondern ein gastfreundlicher Ort für Gott und für eine verwundete Welt. Darin zeigt sich einmal mehr, dass Nouwen sich zwar in der Form an manche Strömungen der postmodernen Gesellschaft anpasst bzw. ihre Anliegen in sich aufnimmt, dass er das Wertesystem der Postmoderne jedoch von einem christlichen Standpunkt aus radikal hinterfragt.

3.4 Eine christus-zentrierte und ökumenisch offene Spiritualität

Die Spiritualität Nouwens ist zugleich christus-zentriert und ökumenisch. Die meisten seiner biblischen Meditationen kreisen um die Notwendigkeit einer vertieften und umfassenden Jesusbeziehung. Jesus bleibt für Nouwen das wichtigste «Modell» eines vom Geist Gottes inspirierten Lebens. Indem Nouwen die Zentralität der Jesusbeziehung für alle Christen betont, stellt er innerhalb seiner Spiritualität eine klare «Hierarchie der Wahrheiten» auf, welche auch nichtkatholischen Christen einen Zugang zu seinen Texten ermöglicht. Sein Ansatz des geistlichen Lebens ist so sehr in den zentralen biblischen Texten verankert, dass Nouwen keine Angst haben muss, seinen Standpunkt im Dialog mit andern christlichen Konfessionen und Kirchen zu verwässern oder zu verlieren.

3.5 Eine Spiritualität, die sich in heilender Gemeinschaft verwirklicht

Für Nouwen ist die Kirche zuerst einmal eine Gemeinschaft derer, die von Gott berufen sind und nach einer heilenden Erfahrung mit Gott suchen. Je komplexer und entfremdeter die moderne Gesellschaft wird, umso notwendiger sind Orte, an denen Menschen mit dem «heilenden Herzen Gottes» in Berührung gebracht werden können.[34] Für Nouwen besteht die zentrale Sendung der Kirche darin, Gott in den Beziehungen ihres konkreten Gemeinschaftslebens erfahrbar, ja sogar für andere sichtbar werden zu lassen. Daher steht für ihn fest: Nur eine Kirche, die mit Beziehungen achtsam umgeht und gegenüber den Wunden der Welt Mitgefühl zeigt, kann auch auf das Mitgefühl Gottes mit dieser Welt hinweisen. Obwohl Nouwen sich immer als Priester in der katholischen Kirche verstanden hat und obwohl er in seiner Kritik an der katholischen Kirche sehr zurückhaltend war, enthält seine Vision einer heilenden Kirche dennoch mehr kritisches Potential, als man zunächst vermuten würde. Etwas salopp formuliert: Nouwen führt neben den traditionellen *notae ecclesiae* (Kennzeichen der wahren Kirche) eine weitere *nota* ein: Die wahre Kirche Jesu Christi verwirklicht sich für Nouwen überall, wo Menschen aus dem Glauben heraus befähigt werden, mit Gott in eine heilende Beziehung einzutreten und aus dieser Erfahrung heraus eine umfassend heilende Gemeinschaft zu bilden.

Henri Nouwen hat die Spiritualität des ausgehenden 20. Jahrhunderts nicht nur inhaltlich mitgeprägt. Er ist vor allem als glaubwürdiger Zeuge seines eigenen Suchprozesses zu einem wichtigen Wegweiser für die Spiritualität des 21. Jahrhunderts geworden. Mehr als seine Texte wird sein persönliches Ringen um Heimat und geistliche Identität in einer zunehmend funktional geprägten Welt in Erinnerung bleiben. Was Nouwen der geistlichen Entfremdung des modernen Menschen entgegensetzt, ist keine ausgewogene Theorie eines «spirituellen Heilungsweges». Es ist sein Mut, sein eigenes Herz für die Sehnsucht nach Nähe und Freundschaft zu öffnen und die damit verbundene Verwundbarkeit menschlich und geistlich zu durchleben. Es ist seine Bereitschaft, sich von der Zuschauer- und Beobachterrolle des gefeierten Schriftstellers zu lösen, um mit dem verwundbaren Herzen Gottes angesichts dieser Welt mitzufühlen.

1 H. J. M. Nouwen, Wohin willst du mich führen. Notizen aus Lateinamerika. Freiburg i. Br. 1983, 31–32.

2 In: Nouwen's Childhood, Henri Nouwen Index Society Homepage, http://www.henrinouwen.org/.

3 H. J. M. Nouwen, Intimacy: Essays in Pastoral Psychology. San Francisco 1969; deutsche Übersetzung: Nähe, Sehnsucht nach lebendiger Beziehung. Freiburg i. Br. 1992; H. J. M. Nouwen, Creative Ministry. New York 1971; deutsche Übersetzung: Schöpferische Seelsorge. Freiburg i. Br. 1989.

4 Vgl. dazu J. Beumer, Henri Nouwen. Sein Leben – sein Glaube. Freiburg i. Br. 1998, 43–48.

5 C. Rogers, On Becoming a Person. New York 1961, 26; z. B. zitiert in: H. J. M. Nouwen, Schöpferische Seelsorge (s. Anm. 3), 71.

6 H. J. M. Nouwen, Ich hörte auf die Stille. Sieben Monate im Trappistenkloster. Freiburg i. Br. 1978, 12.

7 H. J. M. Nouwen, Nachts bricht der Tag an. Tagebuch eines geistlichen Lebens. Freiburg i. Br. 1989, 8–9.

8 H. J. M. Nouwen, Adam und ich. Eine ungewöhnliche Freundschaft. Freiburg i. Br. 1998, 48–49.

9 H. J. M. Nouwen, Die innere Stimme der Liebe. Aus der Tiefe der Angst zu neuem Vertrauen. Freiburg i. Br. 1997, 14.

10 Vgl. H. J. M. Nouwen, Behold the Beauty of the Lord. Praying with Icons. Notre Dame 1987, 19–20; deutsche Übersetzung: Bilder göttlichen Lebens. Ikonen schauen und beten. Freiburg i. Br. 1991.

11 H. J. M. Nouwen, Reaching out: The Three Movements of the Spiritual Life. New York 1975; deutsche Übersetzung: H. J. M. Nouwen, Der dreifache Weg. Freiburg i. Br./Leipzig 1986.

12 H. J. M. Nouwen, Feuer, das von innen brennt. Stille und Gebet. Freiburg i. Br. 1981, 28.

13 Zum Begriff «Heiliges Zentrum», vgl. H. J. M. Nouwen, Unser heiliges Zentrum finden: Jesus und Maria. Münsterschwarzach 1998.

14 H. J. M. Nouwen, Nachts bricht der Tag an (s. Anm. 7), 222–223.

15 Th. Merton, Das Zeichen des Jonas. Einsiedeln 1954, 279.

16 H. J. M. Nouwen, Der dreifache Weg (s. Anm. 11), 23.

17 Vgl. ebd. 56; vgl. Th. Merton, Das Zeichen des Jonas (s. Anm. 15), 345.

18 H. J. M. Nouwen, Der dreifache Weg (s. Anm. 11), 54.

19 Ebd. 96–97.

20 Ebd. 103.

21 Ebd. 113.

22 Vgl. ebd. 116.

23 Ch. Feldmann, Henri Nouwen. Glaube heißt Sehnsucht. Freiburg i. Br. 2006, 57.

24 H. J. M. Nouwen, Nimm sein Bild in dein Herz. Geistliche Deutung eines Gemäldes von Rembrandt. Freiburg i. Br. 1991, 16.

25 Ebd. 29.

26 H. J. M. Nouwen, Nachts bricht der Tag an (s. Anm. 7), 263–264.

27 H. J. M. Nouwen, Nimm sein Bild in dein Herz (s. Anm. 24), 25–26.

28 Ebd. 103–104.

29 Ebd. 121.

30 Ebd. 36.

31 Vgl. H. J. M. Nouwen, The Wounded Healer: Ministry in Contemporary Society. New York 1972; deutsche Übersetzung: Geheilt durch seine Wunden. Wege zu einer menschlichen Seelsorge. Freiburg i. Br. 1987.

32 H. J. M. Nouwen, Nimm sein Bild in dein Herz (s. Anm. 24), 138.

33 Deirdre LaNoue, The Spiritual Legacy of Henri Nouwen. New York 2001, 3–11; 150–153; mit Hinweis auf: R. Wuthnow, After Heaven: Spirituality in America Since the 1950s. Berkeley 1998, 19.

34 H. J. M. Nouwen, Die innere Stimme der Liebe (s. Anm. 9), 85.

Albert Schmucki

Ausklang: Christliche Spiritualität des 21. Jahrhunderts – eine Spiritualität der Vermittlung?

1. Spiritualität als Sehnsucht nach einer idealen Wirklichkeit

Die gegenwärtig zu beobachtende Suche nach einer Respiritualisierung des eigenen Lebens wird in der theologischen Diskussion ganz unterschiedlich gedeutet und gewertet. Während einige Autoren bereits von einem gesellschaftlichen «Megatrend Spiritualität» sprechen, sehen andere darin eher eine Form der Flucht aus dem eindimensional gewordenen Alltagsleben der fortschreitenden Moderne. Das neu erwachte Interesse an Spiritualität ist in ihren Augen in erster Linie ein Krisensymptom der mit sich selbst überforderten Gesellschaft. Angesichts eines immer schnelleren, angstbesetzteren und entsolidarisierenden Lebens scheint im Menschen das Bedürfnis nach «Weite» und «Halt» zuzunehmen. Wenn man diesen Autoren glauben will, so ist dieses neu erwachte Interesse an Spiritualität in erster Linie durch die Suche nach Trost, Entstressung und Abgabe der alleinigen Verantwortung für das eigene Leben motiviert. Immerhin halten es einige für möglich, dass sich in dieser Suche auch die tiefere Sehnsucht des Menschen nach dem Eingebettet-Sein in etwas «Höheres» und «Übergeordnetes» zeigt.[1] Die neu aufbrechende Suche nach Spiritualität muss somit nicht nur als Fluchtreaktion oder Vertröstungstendenz, sondern kann auch als eine aus dem Innersten des Menschen aufsteigende Sehnsucht positiv gedeutet werden. «Vielleicht sucht», so Paul Zulehner, «eine kulturelle Avantgarde, um es im Bild der Wespe zu sagen, durch Heilung wieder ganz zu werden, um das zu tun, wozu sie ist, wie sie ist: zu fliegen? Spirituelle Menschen versuchen, der halbierten, ‹eindimensionalen› Wirklichkeit zu entgehen... In die Sprache der Theologie transponiert hieße das: Der Mensch ist einer, der die Weite sucht, letztlich jene Weite, die wir bildlich mit Paradies, Gott, Himmel in Verbindung setzen. Dann könnte es sein, dass nach jahrzehntelangem kulturell verordnetem Gottesfasten so etwas wie der unterdrückte Gotteshunger wieder zum Vorschein kommt, Kraft gewinnt und verwandelt».[2]

Auch eine aus dem Innersten des Menschen aufsteigende Sehnsucht nach der verlorenen Ganzheit des Menschseins sucht somit nach einer idealeren Wirklichkeit, aber im Gegensatz zu einer Spiritualität, die im tiefsten Sinn des Wortes einfach *nur* das Weite sucht, wird sie sich der Frage nach der Ganzheit des Lebens immer wieder neu stellen müssen. Während eine flüchtende Spiritualität dazu tendiert, die verschiedenen Lebensbereiche zu segmentieren oder beziehungslos nebeneinander zu tolerieren, wird eine erneuerte christliche Spiritualität der äußeren Realität nicht nur standhalten, sondern sie wird auch versuchen, die verschiedenen Lebensbereiche – trotz der damit verbundenen Spannung – miteinander in Beziehung zu setzen und neu zu gestalten.

Nicht nur innerhalb der Spiritualität, sondern auch aus anthropologisch-psychologischer Sicht ist klar, dass die Suche nach geistlicher Erfahrung immer auch Ausdruck der typisch menschlichen Sehnsucht nach Ausweitung und Entgrenzung des eigenen begrenzten Mensch-Seins auf ein Ideal hin ist. Daher gibt es aus Sicht der Humanwissenschaften wohl keinen Bereich, in welchem es so leicht zu Idealisierungen der eigenen und der fremden Wirklichkeit kommen kann, wie den Bereich der spirituellen Sehnsucht.[3] Die tiefenpsychologische Entwicklungspsychologie geht davon aus, dass es gerade idealisierte Objektbeziehungen sind, z. B. die verinnerlichte Mutter- oder Vaterbeziehung, die eine wichtige Rolle innerhalb der religiösen Entwicklung des Kindes spielen.[4] Auch im Erwachsenenalter scheinen Idealvorstellungen bezüglich der eigenen Person und ihrer Zukunft spirituelle Suchprozesse bzw. Berufungswege mehr zu beeinflussen, als dies der Person selbst oft bewusst ist. So ließ sich beispielsweise nachweisen, dass die Grundmotivation von Menschen, die sich allein durch eine vertiefte theologische Bildung auf einen kirchlichen Dienst vorbereiteten, d. h. ohne eine vertiefte Selbstwahrnehmung und Auseinandersetzung mit ihrer Biographie, in den ersten 10 Jahren der Grundausbildung kaum oder nur wenig verändert bzw. reifer wurde.[5] Umgekehrt hat dieselbe Untersuchung aufzuzeigen versucht, dass sich das Verständnis von Spiritualität bzw. Berufung durchaus wandeln kann, und zwar in dem Maße, wie die Person einzelne Idealvorstellungen, die in der Anfangsphase des Berufungsweges eine wichtige Rolle spielten, bewusst wahrnehmen und im Hinblick auf das Ziel ihrer Berufung kritisch hinterfragen und neu bewerten kann.[6] Mit diesem kurzen Hinweis soll in keiner Weise einer psychologistischen Verkürzung der im Menschen vorhandenen Sehnsucht nach Spiritualität das Wort geredet werden. Vielmehr soll deutlich gemacht werden, dass sich aus anthropologischer bzw. psychologischer Sicht nicht so sehr die Frage stellt, *ob* Spiritualität mit der Sehnsucht nach einer idealeren Wirklichkeit verbunden sein darf oder nicht, sondern dass sowohl aus geistlicher als auch aus psychologischer Perspektive vielmehr interessieren müsste, *wie* die Person auf ihrem geistlichen Suchweg mit dieser Sehnsucht umgeht und *ob* sie offen bleibt für eine beständige Ausweitung und Transformation der «ersten Sehnsucht» oder der «ersten Liebe», so dass diese immer mehr mit der konkreten Wirklichkeit in Beziehung gesetzt und verwoben werden kann.[7]

2. Spiritualität als Vermittlung zwischen Transzendenz und Geschichtlichkeit

Aus geschichtstheologischer Perspektive hat H. U. von Balthasar schon vor einiger Zeit eine «ordnende Übersicht der möglichen Heilswege» vorgelegt, die gleichzeitig eine Zusammenstellung dreier Modelle der Vermittlung zwischen der menschlichen Sehnsucht nach der idealen, transzendenten Wirklichkeit Gottes und der Wahrnehmung der eigenen begrenzten menschlichen Realität innerhalb von Raum und Zeit darstellt.[8] Insofern es sich dabei um Modelle handelt, ist nicht damit zu rechnen, dass die von Balthasar beschriebenen Heilswege in der konkreten Person in «Reinkultur» auftreten, sondern eher damit, dass die Heilssuche der meisten Menschen eine Mischform dieser Modelle darstellt. Da Balthasar aber auf einige wichtige Kriterien bezüglich der Beurteilung dieser Vermittlungsmodelle hinweist, seien die drei Heilswege hier dennoch kurz vorgestellt.

Innerhalb des ersten Modells der Vermittlung, dem Balthasar den Namen «Weg des Scheins» gibt, wird die konkrete geschichtliche Realität lediglich als Schein beurteilt und nur das ideale, transzendente Eine als das eigentliche Sein gelten gelassen. Um das Göttliche zu finden, muss die irdische Realität – da sie letztlich nur eine Illusion darstellt – überstiegen und verneint werden. Der mystische Weg nimmt daher innerhalb dieses Modells immer mehr die Gestalt der *via purgativa* bzw. der *via negativa* an. Das innere Ringen der Person mit ihrer Sehnsucht und die Auseinandersetzung des Menschen mit seiner konkret geschichtlichen Realität lassen sich hier letztlich nicht befriedigend in einen gesamtmenschlichen spirituellen Reifungsweg integrieren. Daher kommt Balthasar zum Schluss: «Die Erlösungswege, die mit dem Schema des Scheins operieren, das heißt mit der Unwirklichkeit des tödlichen Widerspruchs und damit des Todes selbst, zeugen zwar von verstiegener Kühnheit des Geistes, der die Totalität der Welt und ihrer Gesetze in die Schranken fordert, um sie aus höchster Freiheit zu negieren, aber diese Negation richtet sich vor allem zentral gegen das Wesen des Menschen selbst, der seine Wahrheit (im Absoluten) nur dadurch rettet, dass er seine ganze weltliche Wirklichkeit als verloren preisgibt.» Anthropologisch gewendet bedeutet der Weg des Scheins nichts weniger als eine Abwertung der komplexen psychischen Wirklichkeit des Menschen, die hinsichtlich ihres letzten Ziels – der Einung mit Gott – scheinbar irrelevant ist. Was innerhalb dieses Modells allein zählt, ist das Wirken Gottes, das allerdings unvermittelt und irgendwie mirakulös aus der Transzendenz in die geschichtliche Wirklichkeit des konkreten Menschen einbricht.

Innerhalb eines zweiten Modells der Vermittlung – von Balthasar als «Weg des Kampfes» bezeichnet – wird das Eigentliche weniger im einen Sein der transzendenten Wirklichkeit Gottes als vielmehr im diesseitigen, geschichtsträchtigen Kampf des Menschen mit seinem Schicksal gesucht. Die Unverhältnismäßigkeit der beiden Komponenten des Menschseins – die Gesetzmäßigkeit der Natur und die Transzendenz-Offenheit des Geistes – führt dazu, dass der Mensch sich immer wieder in einen heroischen und gleichzeitig tragischen Kampf mit sich selbst und mit seinem Schicksal verstrickt: Ein Kampf, der sowohl in den Mythen als auch in den großen Dramen der abendländischen Kultur seinen künstlerischen Ausdruck findet. Allerdings tendiert dieses zweite Modell dazu, den Horizont der menschlichen Heils-Sehnsucht auf den diesseitigen gesellschaftlichen Fortschritt zu beschränken. Der «Weg des Kampfes» hat zwar den unbestreitbaren Vorteil, dass er die geschichtliche und psychische Wirklichkeit des Menschen ernster nimmt als der «Weg des Scheins». Doch die Würdigung des typisch menschlichen Ringens geht auf Kosten der transzendenten Dimension des Geheimnisses. Das Tragische dieses Weges besteht für Balthasar darin, dass sich das menschliche Handeln selbst einen Sinn geben muss, selbst wenn es im Kampf um diesen Sinn heroisch scheitert.

Der dritte «Weg der Liebe» unterscheidet sich nach Balthasar insofern grundsätzlich von den bisher beschriebenen Heilswegen, als dass es sich bei ihm nicht um einen menschlich ahnenden Vorentwurf der Vermittlung zwischen Gott und Welt handelt, sondern um den Weg, den der dreifaltige Gott selbst in seiner sich geschichtlich ereignenden Offenbarung gegangen ist. Das eigentlich Unterscheidende liegt für Balthasar deshalb darin, «dass das Heilsereignis, durch das der Mensch in die erlösende Beziehung zu Gott gelangt, sich innerhalb der Geschichte abspielt, dass Gott nicht ein Zeichen oder Wort auf den Menschen hin setzt oder spricht, sondern den Menschen in seiner seinshaften Fragwürdigkeit und Zerbrechlichkeit und Unvollendbarkeit als die Sprache benützt, in der er das Wort der erlösenden Ganzheit ausdrückt».[9] Die menschliche Entwicklung in ihrer Prozesshaftigkeit und in ihrer damit verbundenen «seinshaften Fragwürdigkeit und Zerbrechlichkeit» wird innerhalb dieses Modells nicht nur ernst genommen und gewürdigt, die fragmentarische Realität des Menschseins wird hier sogar zum Ort, an dem sich die erlösende Ganzheit des dreifaltigen Gottes in der Geschichte offenbaren kann. In der Menschwerdung Jesu wird eine Form absoluter Liebe und Freiheit innerhalb der Grenzen von Raum und Zeit möglich, ohne dass dadurch die physischen und psychischen Gesetzmäßigkeiten innerhalb der menschlichen Entwicklung entwertet oder außer Kraft gesetzt werden müssten.[10] Die sich entwickelnde menschliche Sehnsucht ist innerhalb dieses Modells je schon umgriffen von der «positiven» Offenbarung der Sehnsucht Gottes nach der konkreten Befindlichkeit des Menschen, der sich allerdings dieser «anderen» Sehnsucht Gottes immer wieder neu öffnen muss. In der Sendung des Heiligen Geistes durchdringt die Sehnsucht Gottes die Konflikthaftigkeit des Menschen und öffnet sie aus der ihr eigenen psychischen Verfasstheit heraus auf die göttliche Ganzheit hin. Damit wird das Paradoxon der Unverhältnismäßigkeit zwischen Geist und Natur im Menschen nicht einfach abgewertet oder heroisch verklärt, sondern es wird in seiner ganzen Fragwürdigkeit in die innergöttliche Liebesbeziehung hinein geborgen.[11]

Obwohl die von Balthasar beschriebenen Vermittlungsmodelle zunächst sehr theoretisch erscheinen, lassen sich einzelne Aspekte dieser Heilsvorstellungen in seelsorgerlichen Gesprächen oder in der geistlichen Begleitung fast täglich beobachten:

– Da ist der junge Mann, der überzeugt ist von der Existenz Gottes und der auch gern gelehrte Diskussionen über theologische Fragen führt, aber dessen geistliches Leben sich seltsam welt- und geschichtslos anhört. Seine eigene emotionale Befindlichkeit oder diejenige seiner Mitmenschen bringt er nur selten und mit Mühe betend vor Gott zur Sprache. Das Stöhnen und Seufzen der ausgebeuteten Schöpfung oder der ethnischen und sozialen Konflikte in einer globalisierten Welt berühren ihn kaum. Für ihn geht es in der Spiritualität um Gott und nur um Gott. Dazu braucht er den «Umweg» der Wahrnehmung seiner selbst oder der Welterfahrung nicht.

– Da ist die ältere Frau, die sich in der geistlichen Begleitung immer wieder wegen ihrer vielen Zerstreuungen im Gebet anklagt. Nach dem Inhalt ihrer Zerstreuungen gefragt erzählt sie vom Schicksal ihrer Kinder und Enkelkinder: von deren beruflichen Schwierigkeiten, von deren Ehekrisen und von deren Distanz zur Kirche. Zwar kommt das Wort «Gott» nur selten in den Begleitgesprächen vor, aber man spürt förmlich, wie durchtränkt ihr geistliches Leben von der «condition humaine» mit all ihren Widersprüchen und Spannungen ist. Spiritualität bedeutet für sie Mitfühlen und Mitleiden mit dieser Welt. Eine innere Distanz zur Welt zu gewinnen, in der sich so etwas wie Gelöstheit und er-löste Gelassenheit einstellen kann, fällt ihr dagegen eher schwer.

– Und da sind die eher seltenen Augenblicke, in denen Menschen in und außerhalb der geistlichen Begleitung sagen können: «Mein Leben war zwar nicht immer leicht, und ich habe einige ziemlich schwierige Zeiten hinter mir, aber irgendwie spüre ich, dass mein Weg von Gott begleitet und von seiner Liebe trotz allem erfüllt ist. Durch die Erfahrung meiner Grenzen habe ich nicht nur mich, sondern auch Gott irgendwie ganz neu kennen gelernt. Während ich mich früher weitgehend über meine Stärken und meine Leistungsfähigkeit definiert habe, spüre ich nun immer mehr, dass es im Leben letztlich auf etwas ganz anderes ankommt: zulassen und geschehen lassen können, dass *seine Sehnsucht* in mir ankommen und durch mich hindurch wirken kann.»

3. Spiritualität als Vermittlung zwischen Innerlichkeit und gesellschaftlichem Kontext

Oft sind es nicht so sehr die veränderten Inhalte oder die außergewöhnlichen Erlebnisse, etwa so genannte «peak experiences», welche dem Begleiter oder der Begleiterin zeigen, dass ein Mensch sich auf dem Weg hin zu einer verwandelnden Spiritualität befindet, sondern die Tatsache, dass sich die Person in Begleitung immer bewusster wird, *wie* sie in ihrem konkreten Beten und Handeln zwischen ihrer Gottes- und Welterfahrung vermittelt, und dass sie annehmen kann, dass Gott ihr auch und gerade in diesem oft mühsamen Vermittlungsprozess begegnen möchte. Mit K. Rahner könnte man die Suche nach einer verwandelnden Spiritualität auch als Suche nach einem «Glauben, der die Erde liebt» bezeichnen. Das Unvollkommene und die Verwundbarkeit der eigenen Existenz werden in diesem Fall durch den Glauben nicht einfach weggedrängt oder aufgehoben, sondern werden gerade zur Gelegenheit, das eigene Menschsein noch mehr von der Ganzheit der Liebe Gottes durchdrungen sein zu lassen. Die Widerständigkeit der leiblichen Natur gegenüber der Sehnsucht des Geistes wird nicht einfach mit Verachtung gestraft, sondern erhält innerhalb des geistlichen Übungsweges ihren Sinn. So ist es nach A. Görres gerade der Widerstand, den die materielle Welt der menschlichen Geist-Natur entgegenstellt, welcher diese für den geistlichen Weg so kostbar macht:

> «Es gibt eine Größe des Menschen, an die der Engel nicht heranreicht. Es gibt Qualitäten und Werte, die geschöpflich nur in der Weise der materiellen Kreatur verwirklicht werden können. Alle auf die bona ardua, auf die schwer gegen einen Widerstand zu erringenden Güter bezogenen Tugenden, Geduld, Treue, Tapferkeit, Standhaftigkeit und Heroismus, sind nur im Stoff möglich, wo man verwundet, angegriffen werden und dem Angriff erliegen kann. Nur Menschen können Helden sein, nicht Engel. ‹Die Erde schenkt uns Selbsterkenntnis, weil sie uns Widerstand leistet›, sagt Antoine de Saint-Exupéry, aber sie schenkt uns nicht nur Selbsterkenntnis, sondern Selbstverwirklichung und Wertmehrung, weil sie uns Widerstand leistet. Auch die Großmut und Freigebigkeit, in der der Mensch über seine Pflicht hinausgeht, jene Möglichkeit, ein Mehr an Gottesliebe und Nächstenliebe zu geben, als die

gerechte Forderung verlangt, das alles ist nur einem werdenden materiellen Wesen und nur gegen Hindernisse möglich».[12]

Gerade weil christliche Spiritualität in der materiellen Welt und in der konkreten Geschichte nicht nur ein Hindernis sieht, sondern einen Widerstand, an dem sie wachsen kann und muss, wird sich die neu erwachte Sehnsucht nach geistlicher Erfahrung auch fragen lassen müssen, inwiefern sie tatsächlich kontextuell verankert und verortet ist. Einer Erlebnis-Spiritualität, die mit der gesellschaftlichen Eventkultur gleichzuziehen versucht, fehlt es oft weniger an Leibhaftigkeit oder Ganzheitlichkeit, sondern vielmehr an der Bereitschaft, zwischen perfekt aufbereiteten spirituellen Höhepunkten und sozialem Kontext zu vermitteln. So merkt Ch. Benke gegenüber einer solchen Event-Spiritualität kritisch an: «Die Bewegung der Respiritualisierung sucht das innere spirituelle Erlebnis. Bezüge zur Außenwelt sind unerwünscht oder sekundär: Weder Institutionen (Kirche oder Universitätstheologie ist out) noch Gemeinschaft haben sich einzumischen».[13] Soll Spiritualität nicht einfach für eigene narzisstische Bedürfnisse funktionalisiert werden, braucht es nach Ch. Benke deshalb – gleichsam als Gegenprobe zur Sehnsucht nach Gott – auch die Leidenschaft für den konkreten Menschen: «Ein Wunsch nach Tiefe (Geborgenheit, innerer Erfahrung, Selbsterkenntnis, Überstieg etc.), der später am Mitmenschen vorbeigeht, bringt nicht weiter. Aus Sicht christlicher Spiritualität hat sich eine Sehnsucht nach Spiritualität an einer Sehnsucht nach dem Menschen zu bewähren. Diese kann sich in einer Vielfalt von Stilen und Berufungen äußern. Damit ist nicht Leutseligkeit oder Extravertiertheit gemeint, sondern die Bereitschaft, sich auf wenigstens einen Menschen einzulassen».[14] Während eine Wellness-Spiritualität die Erlebnisqualität und die Stimmigkeit der Erfahrung für den einzelnen einseitig ins Zentrum stellt, fragt die jüdisch-christliche Tradition immer auch nach der Frucht geistlicher Erfahrung für das konkrete menschliche Umfeld: für den Partner oder die Partnerin, für die (Ordens-)Gemeinschaft, in der man lebt, für die Kinder und Jugendlichen, für die Arbeitskollegen und Nachbarn, für die Menschen am Rande der Gesellschaft... Da der christliche Gott selbst in sich (als Trinität) eine solidarische Gemeinschaft bildet, lässt sich sein Wesen gerade nicht im Rückzug auf eine völlig individualistische Lebensphilosophie erfassen. Erst die Erfahrung der Schönheit und Widerständigkeit personaler Beziehung öffnet die menschliche Sehnsucht tatsächlich für das Geheimnis der personalen und «kommunikativen Präsenz» Gottes in dieser Welt.[15] Daher wird sich eine erneuerte christliche Spiritualität auch im zwischenmenschlichen und sozialen Bereich immer wieder nach ihren konkreten Formen der Vermittlung fragen müssen. Das Ideal dieser Vermittlung wird immer wieder darin bestehen, «so in Gott einzutauchen, dass wir neben den Menschen auftauchen, und den Menschen so zu begegnen, dass wir in diesen immer auch Gott zu begegnen versuchen».[16] Gerade das Kantige und Sperrige des biblisch-christlichen Gottesglaubens wird für eine gelingende Verortung der Spiritualität in ihrem sozialen Kontext eine Hilfe sein: «Spirituelle Sehnsucht, die diffus-unverbindlich bleibt und so esoterisch-abgehoben wie politisch neutral agiert, wird schnell vereinnahmt. Sie läuft Gefahr, für andere Zwecke – ökonomische, politische... – benutzt zu werden. Religion und Spiritualität als bloße Bedürfnisbefriedigung ist von Machthabern gern gesehen, weil sie wie ein Schmiermittel den reibungslosen Ablauf des Systems fördert. Historisch nachweisbar ist jedoch: Das Bekenntnis zu einem personalen Gott macht freier gegenüber weltlichen Autoritäten und ökonomischen Systemzwängen».[17]

4. Spiritualität als Vermittlung zwischen ungeschuldetem Geschenk und notwendiger Einübung

Eine Spiritualität, welche die einzelnen Lebensbereiche nicht einfach segmentiert oder nebeneinander toleriert, sondern miteinander zu verbinden und zu verweben versucht, ist nicht nur geistlich anspruchsvoll, sondern erfordert auch einen längeren Entdeckungs- und Übungsweg. Im Gegensatz zu einzelnen «peak experiences» ist eine Spiritualität der Vermittlung nicht im Schnellverfahren zu haben. Daher wird die Einübung einer solchen im besten Sinn des Wortes nachhaltigen Spiritualität von verschiedenen Autoren mit dem Prozess der Schwangerschaft bzw. der Geburt eines Kindes verglichen. Nach Antoine de Saint-Exupéry ist es erst das eigene Handeln, d. h. die geduldige Umsetzung der Sehnsucht auf einem längeren Übungsweg, welches den Menschen spirituell geboren werden lässt: «Ich sage dir: Es gibt keine göttliche Amnestie, die dir das Werden erspart. Du möchtest sein: Du wirst nur in Gott sein. Er wird dich in seine Scheune einbringen, nachdem du langsam durch deine Handlungen geworden und geknetet sein wirst; denn der Mensch braucht lange zum Geborenwerden».[18] Auch W. Lambert vergleicht den geistlichen Übungsweg mit dem Werden des neuen Lebens im Mutterleib, betont jedoch stärker die verschiedenen Dimensionen dieses Geburtsvorgangs. Am Anfang der Beziehung einer werdenden Mutter zu ihrem Kind steht zunächst einmal das Staunen über das Geschenk des sich in ihr entwickelnden Lebens und nicht etwa eine bestimmte «Methode» des Gebärens. Zu diesem Staunen gesellt sich jedoch die berechtigte Sorge, ob sie diesem empfangenen Leben als Mutter und Erzieherin immer ganz gerecht werden wird. Erst als Folge des Staunens und der Sorge um die Erhaltung dieses neuen Lebens beschäftigt sich die künftige Mutter auch mit ganz praktischen Fragen wie mit dem Gymnastikkurs oder der konkreten Einrichtung des Kinderzimmers...

W. Lambert sieht gerade im Ineinander, aber auch in der klaren Reihenfolge dieser geistlichen Vollzüge die eigentliche Faszination des geistlichen Übungsweges:

> «Was für eine Meditation, wenn eine junge Frau, die um ihr Mutterwerden weiß, einfach dasitzt und sich in das wachsende Geheimnis hineinspürt! In jenes Geheimnis, das anfangs nur gewusst oder geahnt ist und erst nach Monaten sich durch Bewegungen bemerkbar macht. Was für ein Hineinspüren in einer stillen Stunde auf einer Gartenbank oder daheim im Bett. Staunen über das Heranwachsen von kindlichem Leben in mütterlichem Leben, Verwunderung über das Wunder des Daseins überhaupt. Entzückung und vielleicht auch Sorge über dieses Kaum-Leben, das in einer bedrohten dunklen Welt das ‹Licht der Welt› erblicken wird. Neben diesem Urstaunen über ein neues Leben gibt es aber auch noch eine andere, zweite Ebene geistiger Vollzüge in der werdenden Mutter: Es wird die Sorge sein, wie das kommende Kind wohl zurecht kommen wird mit seinen Geschwisterchen und vor allem diese mit dem Neuankömmling; die Frage: ‹Werde ich dem Kind gerecht werden, ihm die Liebe, die es zum Leben braucht, schenken können und ihm eine gute Erziehung geben› – die Überlegung, wie sich dieses Kind zurechtfinden wird in der Welt von heute. Und es gibt schließlich eine dritte Weise und Dimension der Beziehung, die sehr konkret ist, sehr handfest: der Gymnastikkurs für werdende Mütter; die Überlegung, wo denn wohl das Bettchen am besten hinkommt; die Frage, in welchem Krankenhaus die Frau entbinden lässt; der Kauf eines passenden Umstandskleides und, und, und...».[19]

Innerhalb des «Weges der Liebe» haben konkrete Übungsformen wie Gebetshaltungen oder Betrachtungsmethoden zwar lediglich eine Dienstfunktion, aber sie bleiben unentbehrlich, soll das Geheimnis des neuen Lebens im Menschen eine konkrete Gestalt annehmen. «Bücher über Liebe können Inspiration, Einsichten, Kenntnisse geben, aber es gilt: ‹Vom Kennen zum Können führt nur eines: das Üben› (O. F. Bollnow). Damit freilich das Üben nicht zur bloßen Technik, zur ‹Liebestechnik›, zur Kommunikationstechnik entartet und so letztlich unmenschlich wird, müssen ‹Kunst› und ‹Gunst›, ‹Inspiration› und ‹Transpiration› zusammengehen. Theologisch ausgedrückt: Gottes Gnade und das Mitwirken des Menschen geschehen in einem einzigen Vollzug».[20]

Die Mehrdimensionalität einer Spiritualität, welche zwischen ungeschuldetem Geschenk und notwendiger Einübung vermittelt, lässt sich auch anhand der drei Begriffe «Halt», «Haltung» und «Verhalten» aufzeigen. In der Mitte des christlichen Betens wird das Staunen und das geduldige Wahrnehmen des Beschenktseins durch die Liebe Gottes stehen. W. Lambert bezeichnet diese Mitte des geistlichen Übungsweges unter anderem als «Halt».[21] Beten heißt für ihn soviel wie «Sich Festmachen in Gott». Wer sich in ein vertrauensvolles Beten einübt, baut sein Lebenshaus auf *den* Felsen, der trägt und den Stürmen des Lebens standhält (vgl. Mt 7,24). Die innerste Mitte dieses «Haltes» wird die liebende Vaterbeziehung Jesu sein. Sein vertrauender Gebetsruf «Abba, lieber Vater» wird dem eigenen Beten zugleich Festigkeit und Ausrichtung geben. Um diesen innersten «Halt» des Gebets werden sich innerhalb eines geistlichen Übungsweges als Frucht des Geistes verschiedene «Haltungen» entwickeln wie Liebe, Freude, Friede, Langmut, Freundlichkeit, Güte, Treue, Sanftmut und Selbstbeherrschung (vgl. Gal 5,22). Gerade im Gebet wird der oder die Betende jedoch auch andere «Haltungen» in sich wahrnehmen, etwa die Angst, sich tiefer auf eine Beziehung zu Gott oder auch zu Menschen einzulassen und sich darin loszulassen. Erfahrungen der Enttäuschung oder erlittenen Unrechts werden sich in der Haltung der Frustration oder des Grolls äußern. Anklagen und Vorwürfe, die sich während der Gebetszeit mehr oder weniger lautstark im Innern zu Wort melden, können bald einmal in Kleinmut und Resignation umkippen... Der Wille erfährt sich angesichts solcher ambivalenter «Haltungen» gegenüber Gott und den Menschen zunächst einmal als ohnmächtig oder gar gelähmt. Da unsere inneren Haltungen oft in früheren Lebenssituationen «eingeübt» worden sind und daher eine Art «verfestigte Biographie» darstellen, lassen sie sich nicht so schnell durch eigene oder fremde moralische Appelle umstimmen. Oft wird es daher darum gehen, unsere verschiedenen «Haltungen» während des Gebets einfach wahrzunehmen und immer wieder vom eigentlichen «Halt» unseres Betens her zu deuten und zu bewerten.[22] In der Regel geht der inneren Freiheit gegenüber den verschiedenen «Haltungen» im Gebet (deren Ambivalenz nicht einfach verschwinden wird) ein längerer Weg der Einübung ins «Sich Lassen», d. h. in die Gelassenheit voraus. Erst auf der Ebene des konkreten «Verhaltens», d. h. der konkreten Gebetsformen und der konkreten Vermittlung zwischen Gebetzeiten und Herausforderungen des (beruflichen) Alltags wird es auch um die Einübung eigentlicher Methoden und Techniken gehen, deren Bedeutung in einer Zeit diffuser Spiritualitätsvorstellungen zwar nicht unterschätzt werden darf, deren Wert aber niemals mit dem eigentlichen «Halt» in Gott verglichen werden kann.

Gerade weil der innerste «Halt» christlichen Betens reines Geschenk ist, kann eine erneuerte christliche Spiritualität nicht ohne die Dimension der Bitte auskommen. Während eine schnelllebige Erlebnis-Spiritualität ebenso schnelllebige punktuelle Bitten an Gott richtet, wird eine vermittelnde Spiritualität immer mehr von der *einen* Bitte durchdrungen sein: der Sehnsucht und dem Wirken Gottes in dieser Welt nicht im Wege zu stehen, auch wenn dies eine – oft schmerzhafte – Vermittlung und Verwandlung eigener Wünsche und Sehnsüchte bedeutet. Hilde Domin hat stellvertretend für viele Menschen im Übergang zum 21. Jahrhundert diese Bitte und dieses Beten in Gedichtform ausgedrückt:[23]

Bitte

Wir werden eingetaucht
und mit dem Wasser der Sintflut gewaschen,
wir werden durchnässt
bis auf die Herzhaut.

Der Wunsch nach der Landschaft
diesseits der Tränengrenze
taugt nicht,
der Wunsch, den Blütenfrühling zu halten,
der Wunsch, verschont zu bleiben,
taugt nicht.

Es taugt die Bitte,
dass bei Sonnenaufgang die Taube
den Zweig vom Ölbaum bringe.
Dass die Frucht so bunt wie die Blüte sei,
dass noch die Blätter der Rose am Boden
eine leuchtende Krone bilden.

Und dass wir aus der Flut,
dass wir aus der Löwengrube und dem feurigen Ofen
immer versehrter und immer heiler
stets von neuem
zu uns selbst
entlassen werden.

1 P. Zulehner, Für eine empathische Spiritualitätskritik, in: K. Antz (Hrsg.), Religion im Aufwind. Eine kritische Bestandesaufnahme aus theologischer Sicht. Regensburg 2007, 14. Mit Verweis auf: A. Martin, Sehnsucht – der Anfang von allem. Dimensionen zeitgenössischer Spiritualität. Ostfildern 2005.

2 Ebd. 19. Mit Verweis auf einen Text von G. Orwell: «Ich erinnere mich an einen grausamen Scherz, den ich einst mit einer Wespe getrieben hatte. Sie leckte Marmelade von meinem Teller, und ich schnitt sie entzwei. Sie achtete gar nicht darauf, sondern fuhr einfach fort mit ihrem Mahl, während ein spärlicher Strom Marmelade aus ihrer abgetrennten Speiseröhre rann. Erst als sie dann zu fliegen versuchte, merkte sie, was mit ihr Schreckliches geschehen war. Genau so ergeht es dem modernen Menschen. Was weggeschnitten worden ist, ist seine Seele, und es gab eine Zeitspanne, von ungefähr zwanzig Jahren, da hat er es gar nicht gemerkt», G. Orwell, Gerechtigkeit und Freiheit. Gedanken über Selbstverwirklichung, Kreativität und Lebensqualität. Zürich 1991, 98.

3 Vgl. A. Godin, Psychologie des expériences religieuses. Le désir et la réalité, 1981, 159–179 (zitiert nach der ital. Übersetzung). Vgl. L. M. Rulla, der von einer Grunddialektik zwischen Ideal-Ich und Real-Ich in der religiösen Entwicklung ausgeht: L. M. Rulla, Antropologia della vocazione cristiana 1. Basi interdisciplinari. Casale Monferrato 1985, 109–110.

4 Vgl. A. Rizzuto, The Birth of The Living God. A Psychoanalytic Study. Chicago 1979.

5 Es handelt sich dabei um eine psychologische Untersuchung der Grundmotivation von Priesteramtskandidaten und Ordensleuten in der ersten Ausbildungsphase, durchgeführt an der Ostküste der Vereinigen Staaten zu Beginn der 70er Jahre: L. M. Rulla/F. Imoda/J. Ridick, Antropologia della vocazione cristiana 2. Conferme esistenziali. Casale Monferrato 1986, 125–159.

6 L. M. Rulla/F. Imoda/J. Ridick, Antropologia della vocazione cristiana 2 (s. Anm. 5), 190–224.

7 Vgl., A. Godin, Psychologie des expériences religieuses (s. Anm. 3), 181–188 (zitiert nach der ital. Übersetzung).

8 Vgl. H. U. v. Balthasar, Das Ganze im Fragment. Aspekte der Geschichtstheologie. Einsiedeln [2]1990, 63–93, hier 72.

9 Ebd. 84.

10 Vgl. ebd. 86.

11 Vgl. ebd. 91.

12 A. Görres, Der Leib und das Heil: Caro cardo salutis, in: K. Rahner/A. Görres, Der Leib und das Heil. Probleme der Praktischen Theologie. Mainz 1967, 23.

13 Ch. Benke, Sehnsucht nach Spiritualität. Ignatianische Impulse. Würzburg 2007, 10.

14 Ebd. 42.

15 J. Werbick, Gott verbindlich. Eine theologische Gotteslehre. Freiburg i. Br. 2007, 277.

16 Vgl. Gott und den Menschen nahe. Passauer Pastoralplan. Passau 2000, 16.

17 Ch. Benke, Sehnsucht nach Spiritualität (s. Anm. 13), 47.

18 Antoine de Saint-Exupéry, zitiert nach: W. Lambert, Das siebenfache Ja. Exerzitien – ein Weg zum Leben. Würzburg 2004, 25.

19 W. Lambert, Beten im Pulsschlag des Lebens. Gottsuche mit Ignatius von Loyola. Freiburg i. Br. 1997, 20–21.

20 W. Lambert, Aus Liebe zur Wirklichkeit. Grundworte ignatianischer Spiritualität. Mainz 1991, 36.

21 Vgl. zum Folgenden: W. Lambert, Beten im Pulsschlag des Lebens (s. Anm. 19), 21 bzw. 234–238.

22 Manchmal kann auf der Ebene der «Haltung» die Hilfe einer psychotherapeutischen Beglei-

tung ein notwendiger Zwischenschritt auf dem geistlichen Weg sein. Ziel einer solchen fachlichen Begleitung sollte aus geistlicher Perspektive primär die Einsicht in unbewusste Wertungen und Motive bzw. die Erweiterung des Freiheitsspielraums im Hinblick auf das von der Person anvisierte (geistliche) Ziel des Lebens sein.

23 H. Domin, Gesammelte Gedichte. Frankfurt a. M. 1987, 117.

Autorinnen und Autoren

Simon Peng-Keller (1969), Dr. theol., Dozent für Theologie der Spiritualität an der Theologischen Hochschule Chur und Wissenschaftlicher Mitarbeiter am Lehrstuhl für Fundamentaltheologie und Ökumene der Theologischen Fakultät Freiburg/CH. Ausgewählte Publikationen: Auferstehungsleicht. Der ikonografische Weg von Josua Boesch. Oberegg: Noah Verlag 1999; Gottespassion in Versunkenheit. Die psychologische Mystikforschung Carl Albrechts aus theologischer Perspektive. Würzburg: Echter Verlag 2003.

Albert Schmucki OFM (1963), Dr. theol. des., lic. psychol., bis Ende Sommersemester 2007 Spiritual am Priesterseminar St. Luzi in Chur, ab Herbst 2007 Dozent für Psychologie und Pastoralpsychologie am Franziskanischen Institut für Spiritualität (IFS) der Päpstlichen Universität Antonianum in Rom. Seine Doktoratsthese: Selbstbesitz und Hingabe. Die Freiheitsanthropologie des Petrus Johannis Olivi im Dialog mit dem modernen Freiheitsverständnis. Mönchenglattbach: Johannes-Duns-Skotus-Akademie (in Vorbereitung).

Thomas Wittkowski-Baumann (1963), Dipl. theol. Dipl. päd., seit 1990 Mitglied und seit 1992 Leiter der Arche «Im Nauen» in Hochwald SO/Schweiz.

Ulrike Wolitz (1961), Dr. theol., Sekretärin von Bischof Dr. Kurt Koch. Redaktionelle Leitung der Gesamtausgabe Silja Walter. Ausgewählte Publikationen: Der neue Mensch. Grundlinien im Werk Silja Walters. Fribourg: Paulus Verlag 1998; Von Schwelle zu Schwelle. Ein Kursbuch zum Credo. Fribourg: Topos 2001; Jemand muss dich kommen sehen, zusammen mit Silja Walter und Theo Flury. CD. Fribourg: Paulus Verlag 2005.

Eveline Zeder (1965), lic. phil. lic. sc. rel., Doktoratsstudium an der Theologischen Fakultät der Universität Freiburg/CH. Ausgewählte Publikationen: Ein Zuhause für jüdische Flüchtlingskinder. Lilly Volkart und ihr Kinderheim in Ascona 1934–1947. Zürich: Chronos 1998. Über Madeleine Delbrêl: L'amour de Dieu est prioritaire, in: Sources 30 (März-April 2004) 82–85.

Bildnachweis

S. 36 (Madeleine Delbrêl): Associations des Amis de Madeleine Delbrêl, 11, rue Raspail, F-94200 Ivry-sur-Seine.

S. 64 (Frère Roger Schütz): Foto S. Leutenegger © Ateliers et Presses de Taizé, F-71250 Taizé.

S. 90 (Silja Walter): Ulrike Wolitz, Solothurn.

S. 116 (Jean Vanier): L'Arche Internationale, 10, rue Fenoux, F-75015 Paris.

S. 150 (Henri Nouwen): Henri J. M. Nouwen Archives and Research Collection and American Theological Library Association, mit freundlicher Genehmigung.